# O BRASIL
## ENTRE DOIS MUNDOS
### Os Estados Unidos e a China

# O BRASIL ENTRE DOIS MUNDOS

## Os Estados Unidos e a China

Cristina Soreanu Pecequilo

2025

**O Brasil entre dois mundos**

Edições 70 é um selo da Editora Almedina do Grupo Editorial Alta Books (Starlin Alta Editora e Consultoria LTDA).

ISBN: 978-65-5427-341-1

Impresso no Brasil – 1ª Edição, 2025 – Edição revisada conforme o Acordo Ortográfico da Língua Portuguesa de 2009.

Dados Internacionais de Catalogação na Publicação (CIP)
**(BENITEZ Catalogação Ass. Editorial, MS, Brasil)**

P364b
1.ed. Pecequilo, Cristina Soreanu
O Brasil entre dois mundos : os Estados Unidos e a China / Cristina Soreanu Pecequilo. – 1.ed. – Rio de Janeiro : Edições 70, 2025.
176 p.; 15,7 x 23 cm.

Bibliografia.
ISBN 978-65-5427-341-1

1. Brasil – Relações – China e Estados Unidos. 2. Brasil – Política e governo. 3. Democracia. 4. Estados Unidos – China – Aspectos políticos. 5. Sociedade – Aspectos políticos. I. Título.

06-2025/79 CDD 320.981

**Índice para catálogo sistemático:**
1. Brasil : Relações : Estados Unidos e China : Aspectos políticos 320.981
**Aline Graziele Benitez – Bibliotecária – CRB-1/3129**



**Grupo Editorial Alta Books**

**Produção Editorial:** Grupo Editorial Alta Books
**Diretor Editorial:** Anderson Vieira
**Editor da Obra:** Marco Pace
**Vendas Governamentais:** Cristiane Mutüs
**Produtora Editorial:** Andreza Moraes
**Revisão:** Thaís Cotts
**Diagramação:** Anthares
**Capa:** Diego Santos

ALTA BOOKS
GRUPO EDITORIAL

Rua Viúva Cláudio, 291 – Bairro Industrial do Jacaré
CEP: 20.970-031 – Rio de Janeiro (RJ)
Tels.: (21) 3278-8069 / 3278-8419
**www.altabooks.com.br** – altabooks@altabooks.com.br
**Ouvidoria:** ouvidoria@altabooks.com.br

Editora **afiliada à:**

ASSOCIADO

**Cristina Soreanu Pecequilo**

Livre Docente em Política Internacional pela Universidade Federal de São Paulo (UNIFESP), Mestre e Doutora em Ciência Política pela Universidade de São Paulo (USP). Professora de Relações Internacionais da UNIFESP e da Pós-Graduação em Relações Internacionais San Tiago Dantas (UNESP/UNICAMP/PUC-SP) e Economia Política Internacional (UFRJ). Pesquisadora do Núcleo Brasileiro de Estratégia e Relações Internacionais da Universidade Federal do Rio Grande do Sul (NERINT/UFRGS) e do CNPq. Ocupou a Cátedra Rui Barbosa de Estudos Brasileiros na Universidade de Leiden.
e-mail: crispece@gmail.com

*Ao CNPq pela Bolsa Produtividade em Pesquisa*

*Para Americanistas e Sinológos brasileiros,*
*pioneiros, contemporâneos e futuros, que desvendam,*
*com um olhar nacional, nosso lugar entre os Mundos*

# Sumário

# Introdução

Durante a Guerra Fria (1947-1989), uma das divisões mais conhecidas referia-se à categoria de Mundos. Dentro de um sistema internacional caracterizado pela bipolaridade entre as superpotências Estados Unidos e antiga União Soviética tal cenário refletia a separação de zonas de influência entre os vencedores da Segunda Guerra Mundial (1939-1945). Cada esfera era organizada em torno de dois modelos sociopolítico-econômicos e estratégicos diferentes: o capitalista-ocidental e o socialista-oriental sob a égide, respectivamente, de norte-americanos e soviéticos. Como produto deste novo equilíbrio de poder, os demais Estados estariam alocados em um destes dois Mundos, ora blocos, ao leste e ao oeste, tornando-se parte de seus espaços geopolíticos, geoeconômicos e geoculturais.

Entre 1945-1947 não se vivia apenas a emergência da Guerra Fria, mas também a ascensão da *Pax Americana*. Baseada na construção de uma ordem internacional liberal, cujos pilares são a democracia política e o liberalismo econômico, a ordem era sustentada pelo exercício de uma hegemonia baseada na força militar, em estruturas multilaterais e no poder ideológico. Definidos por Nye Jr (1990) como poder duro e poder brando e de cooptação (*hard, soft and cooptive power*), estes mecanismos de projeção focavam na força e no convencimento, construindo a projeção do Leviatã Liberal, como classificado por Ikenberry (2012). Estruturalmente, predominavam a bipolaridade e a *Pax Americana*.

Porém, as transformações do pós-1945 não se encerraram como estes fenômenos. A descolonização afro-asiática, a defesa da soberania e as demandas por modernização já nos anos 1950 colocaram em xeque estas simplificações. Em 1955, a Conferência de Bandung, que reuniu as nações recém-independentes e os povos em desenvolvimento, tornou mais aparentes as novas dinâmicas do jogo de poder global. À cisão Leste-Oeste, agregava-se à Norte-Sul, e as possibilidades do não-alinhamento e da barganha. Não haviam apenas dois mundos, mas um cenário complexo de nações ricas e pobres, alinhadas ou não alinhadas, que buscavam maior autonomia.

Antes de Bandung a ideia de três Mundos era apontada na análise de Sauvy (1952), com o surgimento do conceito de Terceiro Mundo, como representativo das nações em desenvolvimento do Sul. O Primeiro Mundo referia-se às nações desenvolvidas do Norte, baseadas no núcleo Estados Unidos-Europa Ocidental, e o Segundo Mundo, era associado à União Soviética e o bloco socialista. Nos anos 1970, outra interpretação, sobre os Três Mundos surgiu, como aponta Yee (1983), atribuída a Mao Tse-Tung, líder da China,[1] mas

[1] Ao longo do texto, China e República Popular da China (RPC) podem ser utilizados como referência à China Comunista após 1949. Com relação à China Nacionalista, ou Formosa, a opção é por Taiwan.

concebida por seu Vice-Premiê Deng Xiaoping. Segundo esta visão, o Primeiro Mundo era composto pelas duas superpotências e o Segundo pelas potências desenvolvidas alinhadas às superpotências, enquanto o Terceiro era o bloco das nações em desenvolvimento.

A Queda do Muro de Berlim em 1989 trouxe uma inflexão a estas reflexões baseadas nas oposições de Mundos e de Eixos Norte-Sul-Leste-Oeste, como se estas categorias estivessem atreladas unicamente à Guerra Fria. Encerrada a disputa bipolar, não seria mais necessário pensar estas separações. Para isso, contribuía o otimismo da globalização e a universalização da ordem internacional liberal, interligado ao do fim da história (Fukuyama, 1989). Como a realidade concreta demonstrou, não só as divisões permaneceram, como se aprofundaram.

Diante destas tensões, o fim do século XX e o início do XXI trouxeram debates sobre o declínio dos Estados Unidos (Kennedy, 1991), o Choque das Civilizações (Huntington, 1993), a emergência de um novo Segundo Mundo (Khanna, 2008), para representar as antigas nações em desenvolvimento. Haveria a possibilidade de um mundo pós-americano (Zakaria, 2008) que preservasse as estruturas de poder da ordem, mas que as democratizasse diante da ascensão de novos atores e equilíbrios de poder.

Todas estas interpretações pareciam convergir em torno de alguns pontos comuns: a retomada de uma oposição binária entre o Ocidente, representado por Estados Unidos e União Europeia (e aliados tradicionais destes blocos como Japão, Austrália, Nova Zelândia), e países e/ou grupos de países não ocidentais. Tal oposição, podia ser encontrada diretamente em Huntington (1993), com referência ao "Ocidente e o Resto" (*The West and The Rest*, no original), que parecia se tornar um tipo ideal destes discursos. Entretanto, esse era um recorte limitado e muitas outras análises apontavam que estes países e/ou grupos surgiam como Oriente, Periferia/Grandes Estados Periféricos, países Emergentes e de Menor Desenvolvimento Relativo (Nayyar, 2013).

Para agregar ainda mais à discussão, o século XXI trouxe a era dos acrônimos. Antes pertencentes ao Terceiro Mundo, hoje definido como Sul Global (Haug, Bravejoy-Wagner and Miihold (2021) ou Sul Geopolítico (Milani e Kraychte, 2022; Costa e Duarte, 2023), as nações vistas como em ascensão foram apresentadas sob diversas siglas: BRIC (Brasil, Rússia, Índia, China), MINT (México, Índia, Nigéria, Indonésia e Turquia) ou Next-11 (Bangladesh, Coreia do Sul, Egito, Indonésia, Irã, México, Nigéria, Paquistão, Filipinas e Vietnã). Dentre estes, somente os BRIC, ampliado em 2011 com a África do Sul e em 2023-24 o *Plus*, com Arábia Saudita, Egito, Etiópia, Irã, Emirados Árabes Unidos, consolidou-se como bloco capaz de articular políticas e demandas.[2]

Outro acontecimento foi a expansão das coalizões de geometria variável como o IBAS (Índia, Brasil África do Sul), a OCX (Organização de Cooperação de Xangai) e muitas outras. Além disso, pode-se pensar, como propõe Visentini (2023b) em mundo em eixos, divididos por critérios demográficos, estratégicos, sociais e econômicos: o militar-rentista, o industrial-desenvolvido, o heterodoxo-emergente e o periférico.

---

[2] A Argentina, convidada para o BRICS ampliado, recusou o convite no final de 2023 devido às opções do governo recém-empossado de Javier Milei.

A crise econômica global de 2008 no núcleo ocidental e a década de 2020 adicionaram mais componentes a estas classificações, como a desglobalização, o retorno da geopolítica (Cohen, 2023) ou a Terceira Guerra Mundial, gerada pelas reações dos Estados Unidos à construção de um contexto pós-hegemônico (Todd, 2023). Nestas interpretações sobre desconcentração de poder e multipolaridade, democracias se oporiam às autocracias e a ascensão da China produziria uma guerra inevitável (Allison, 2020) ou a Guerra Fria 2.0 (Buzan, 2024). Em meio a estas encruzilhadas, o conceito de blocos ou Mundos ensaia seu retorno como já apontam algumas análises dividindo o atual contexto em Oeste, Leste, Sul (Freidberg, 2023; Ikenberry, 2024).

Este é um debate de longa data, cujas nomenclaturas alteram-se pelas transformações globais e a natureza das disputas políticas. Estas discussões não serão esgotadas ou solucionadas nestas breves páginas da Introdução. Porém, suas linhas gerais têm o propósito de elucidar o objetivo deste livro: estudar como o Brasil, dentro destes processos, pode se posicionar no sistema internacional contemporâneo, diante de seus dois principais parceiros externos, os Estados Unidos e a China.

Independente do conceito que se possa usar, ou do conteúdo a ele atribuído, é fato que Estados Unidos e China são representantes de "Mundos" diferentes, por sua trajetória, história e características. Contudo, neste tempo e espaço, estes "Mundos" convergem em uma transição hegemônica que parece ser inédita entre dois sistemas e eixos de poder interdependentes, mas também distantes. O que se observa é uma coexistência competitiva que afeta todo o equilíbrio de poder global. Em tal contexto, aparentemente dividido entre estes dois Mundos, o estadunidense e o chinês, o Brasil teria que escolher. Mas o Brasil teria mesmo que escolher?

As respostas são variadas: em texto de 1983, o diplomata Paulo Nogueira Batista argumenta que não, que o Brasil não poderia e nem deveria escolher entre o Primeiro e o Terceiro Mundo, ou entre o Ocidente e o Oriente. Como país multicultural e multirracial sua posição deveria ser a de equilíbrio e, quando necessário, neutralidade. Outros diriam que é preciso escolher: o Sul, pela identidade como país em desenvolvimento, para explorar as potencialidades nacionais (Guimarães, 1999) ou, tender ao Norte pela similitude de valores (Cervo e Bueno, 2015). Nestas breves reflexões, talvez não se chegue a nenhuma resposta sobre esta escolha à medida que estas opções não precisam ser mutuamente excludentes. O propósito é fazer pensar, em um espelho, sobre o Brasil e seus parceiros Estados Unidos e China. Em 2024, comemoram-se os 200 anos das relações diplomáticas Brasil-Estados Unidos e os 50 anos das relações Brasil-China.

O livro está dividido em cinco capítulos. No Capítulo 1, "O Brasil, os Estados Unidos e a China: os anos da Guerra Fria (1947-1989)", examina-se como as relações bilaterais Brasil-Estados Unidos e Brasil-China evoluíram durante a disputa bipolar. Já no pós-Guerra Fria, os Capítulos 2 e o 3 focam nas relações bilaterais Brasil-Estados Unidos, intitulando-se respectivamente "O Brasil, os Estados Unidos e o Ocidente (1989-2002)" e "Convergências, Divergências e Aprendizados" (2003-2016). O foco se desloca para a China no Capítulo 4 "O Brasil, a China e o Sul Geopolítico (1989-2016)", que examina o intercâmbio sino-brasileiro pelos mesmos recortes temporais.

Fechando as reflexões, o Capítulo 5 "A Barganha dos Dois Mundos (2016-2024)" pretende analisar como o Brasil se posiciona diante de Estados Unidos-China no sistema internacional.

Antes de encerrar, gostaria de agradecer à Gabriela Lisboa por ter-me apresentado este desafio e aos discentes do curso de Relações Internacionais da Universidade Federal de São Paulo (UNIFESP) pertencentes ao grupo de pesquisa "Mundos", Adrielly Ribeiro, Gabriela Buccioli, Isabella Edwards, Karina Hasegawa, Leonardo Ribeiro, Luiza Ataliba e Patrícia Berniz que me ajudaram a vencê-lo. Agradeço ao Prof. Pedro Dallari do Instituto de Relações Internacionais da Universidade de São Paulo pela oportunidade do pós-doc. E um agradecimento especial à Equipe da CBN-Estúdio CBN, pela parceria no CBN Pelo Mundo Tatiana Vasconcellos, Fernando Andrade, Janaina Barros (e todos os colegas da produção do Estúdio CBN) e Douglas Ritter.

Setembro, 2024

# Capítulo 1

# O Brasil, os Estados Unidos e a China: Os Anos da Guerra Fria (1947-1989)

Pensar as relações bilaterais Brasil-Estados Unidos e Brasil-China, assim como suas triangulações remete a diferentes recortes históricos. Para o conjunto deste livro, que foca o período contemporâneo, as reflexões começam em 1947, marco da Guerra Fria, prosseguindo até o século XXI. Neste capítulo, o recorte é a Guerra Fria até 1989, abordando simultaneamente as relações Brasil-Estados Unidos-China.[1]

Antes de adentrar nesta análise, algumas observações gerais podem ser trazidas.[2] Começando pelas relações bilaterais Brasil-China, os contatos diplomáticos não se encontram formalmente estabelecidos até 1974,[3] ainda que se iniciem as primeiras tentativas de aproximação formal e agendas comuns nas décadas anteriores. Questões político-econômicas e estratégicas encontram-se na raiz deste distanciamento, em um contexto de bipolaridade, e de demandas internas à China referentes à reconstrução pós-revolução de 1949.

As relações Brasil-Estados Unidos mantiveram-se como estruturais, tendo como ponto de partida 1824, logo após a independência de 1822 e a construção do Estado nacional. Em 1889, a proclamação da República trouxe o nascimento dos "Estados Unidos do Brasil", com o lema "somos da América e queremos ser americanos" (Cervo e Bueno, 2015). No início do século XX, o Barão do Rio Branco à frente do Ministério das Relações Exteriores inaugura o paradigma bilateral-hemisférico da política externa (1902-1961).[4] Priori-

[1] Ambas estas relações bilaterais são definidas por Cervo e Lessa (2014), como parcerias tradicionais. Outros intercâmbios similares se dão com a Argentina, a Alemanha, a França, a Itália e o Japão.

[2] Para as cronologias das relações bilaterais ver: para os Estados Unidos https://www.gov.br/mre/pt-br/assuntos/relacoes-bilaterais/todos-os-paises/estados-unidos-da-america e para a China https://www.gov.br/mre/pt-br/assuntos/relacoes-bilaterais/todos-os-paises/republica-popular-da-china#:~:text=Em%201993%2C%20Brasil%20e%20China,de%20%22Parceria%20Estrat%C3%A9gica%20Global%22. Acessos em 23 maio, 2024.

[3] As reflexões deste capítulo e dos seguintes são também baseadas em textos da autora já produzidos sobre as relações bilaterais Brasil-Estados Unidos (Pecequilo, 2012) e Brasil-China (Pecequilo, 2019).

[4] Todas as divisões históricas de períodos, opções de nomenclaturas de paradigmas, e definições utilizados no livro são opções da autora com base na literatura sobre política externa brasileira, dos Estados Unidos, da China e suas relações bilaterais e/ou triangulares. Não necessariamente todas são consensuais, podendo ser encontradas variações. Adicionalmente, não serão exploradas de forma exaustiva dinâmicas internas e externas dos protagonistas, mas sim suas linhas gerais e pontos focais para esta análise. Por fim, também não se pretende

zando o espaço regional, hemisfério e Cone Sul, Rio Branco já visualizava importantes transformações no cenário global: a ascensão norte-americana e o declínio dos poderes europeus (*Pax Britannica*).

O foco era uma aproximação não-subordinada e pragmática aos norte-americanos como duas potências regionais, e o reconhecimento da projeção do Brasil como limitada às Américas. Entretanto, este paradigma também gerou o alinhamento automático aos Estados Unidos que, contrariando a premissa de Rio Branco, implicava subordinação. Independente de sua orientação, pragmática ou alinhada,[5] esta perspectiva se associa às visões pró-Ocidente, do eixo Norte (vertical) e Primeiro Mundista. Termos como aliança não-escrita, aliança especial, subimperialismo — dentre vários outros —, são associados a esta parceria.[6] Mesmo com sua substituição pelo paradigma multilateral-global em 1961, é uma visão presente no imaginário nacional. Os dois paradigmas são vinculados a diferentes modelos sociopolítico-econômicos e estratégicos.

Esta ampliação sustenta-se no vetor multilateral-global que defende um sistema de relações internacionais abrangente. Destaca-se a procura de alternativas aos Estados Unidos e o estabelecimento de novos intercâmbios. Visa-se maior autonomia com o estabelecimento de parcerias em todas as regiões, configurando o perfil brasileiro de *global trader and player*. As organizações internacionais governamentais convertem-se em um espaço preferencial, assim como a busca de uma atuação equilibrada entre a cooperação com os eixos Sul e Leste da política internacional (horizontal), e novas parcerias ao ocidente. De perfil próximo ao Terceiro Mundismo e ao Não-Alinhamento, mas não plenamente inserido em nenhum, destaca-se pela barganha e valorização de espaços de negociação.

É um paradigma que explora outras dimensões de identidade nacional, associadas à conformação do Estado brasileiro como nação multicultural e multirracial, com laços nas Américas, Europa, África, Ásia, Oriente Médio e raízes sul-americanas. Por esta natureza diversa, o Brasil surge como aponta Batista (1983) como uma nação pertencente a todos os mundos, projetando-se de forma universal. A premissa do Brasil como "ponto de encontro-convergência-equilíbrio" é recorrente nas relações internacionais pós-1961.

Porém, como visto na Introdução, também é recorrente o questionamento da viabilidade e validade desta posição, por sua aproximação com países e valores "não-ocidentais" e/ou "ideológicos" e/ou "não-americanos". Em resposta a estes questionamentos, Batista indica que:

> não há qualquer exclusivismo de contatos políticos, não há qualquer "ideologismo" na escolha de nossos parceiros no diálogo internacional. Ao contrário, temos sido rigorosamente fiéis ao postulado do universalismo, não apenas porque seja uma "boa

discutir a dimensão teórica do conceito de parceria estratégica, partindo-se do pressuposto que Estados Unidos e China são parceiros estratégicos do Brasil, cada qual com sua relevância e dinâmica. Os estudos de base deste livro que inspiram estes debates são: Cervo e Bueno (2008), Lessa (1998), Visentini (2013;2020), Oliveira (2012), Becard (2008), Hirst (2006), Lima (2016), Biato Jr. (2010), Lyrio (2010), Cabral (2000), Gu (2019), Magnotta (2024) e Castro e Loureiro (2024). Estas obras e mais uma variada literatura nacional e internacional, documentos oficiais e notícias de imprensa serão referenciadas ao longo do trabalho.

[5] São momentos de alinhamento pragmático: Rio Branco (1902/1912), a Primeira e Segunda Era Vargas (1930/1945 e 1951/1954) e a segunda metade do mandato de Juscelino Kubistchek (1958/1961). Os períodos de alinhamento automático são 1913 a 1929 e 1946 a 1950. Os períodos Vargas, Dutra e JK merecerão maior aprofundamento ao longo do capítulo.

[6] Hirst (2005) menciona as alternâncias entre períodos de aliança, alinhamento, autonomia e ajuste.

> doutrina", mas simplesmente porque a complexidade da cena internacional o exige e porque as necessidades e os interesses brasileiros o aconselham. Não existe terceiro-mundismo, embora tenhamos, como não poderíamos deixar de ter, uma política própria para o Terceiro Mundo. Não vamos abrir mão dessa política. Não existe, tampouco, dentro de nossa política no eixo Norte-Sul, ânimo confrontacionista com o Primeiro Mundo, nem, ao contrário, um ocidentalismo à outrance, que emasculasse a nossa individualidade. Não buscamos uma disjuntiva entre nossa condição de país ocidental e de Terceiro Mundo, e sim somar nossa dupla inserção numa representação fiel do que somos na cena internacional. Somos um país capaz de dialogar com as diferentes áreas do mundo, e de todas elas recebemos invariáveis demonstrações de respeito e apreço político. Qualquer reducionismo de nossa posição externa diminuiria nossa capacidade de ação e influência internacionais, seria infiel ao que nós somos, e, por isto, nos dividiria como nação (Batista, 1983, p. 290-291).

Ambos os paradigmas são opções, por vezes, percebidas como excludentes. Seja pela proximidade ou pela distância, os Estados Unidos nunca deixaram ou deixarão de ser considerados como uma referência. Ao longo do tempo, estas oposições se mostram presentes e no pós-Guerra Fria levam a oscilações mais substantivas na agenda internacional e nacional. Pode-se falar de um peso negativo dos Estados Unidos nestes processos, à medida os debates internos sobre o papel global do Brasil muitas vezes atribuem maior peso à reação norte-americana a suas ações do que ao seu interesse.

Se para os Estados Unidos, a Guerra Fria representa a ascensão de sua hegemonia e do conflito bipolar Leste-Oeste, que terminará com sua imposição sobre o rival soviético, para o Brasil e a China é uma fase caracterizada pela busca do desenvolvimento e de uma nova projeção internacional autônoma e soberana. Esta busca, ora por trajetórias similares, ora distintas pode ser desvendada em dois diferentes momentos: 1947 a 1968 e 1969 a 1989.

## 1.1 Os Desafios da Liderança, Modernidade e Estabilidade (1947-1968)

As décadas de 1950 e 1960 são caracterizadas, tanto para o Brasil, quanto para a China, por desafios comuns no contexto da nascente Guerra Fria (1947/1989): promover a estabilidade político-social e a modernização econômica com foco na industrialização em sociedades majoritariamente agrárias. Dois sub períodos podem ser identificados: 1949 a 1954 e 1955 a 1968. Os marcos aqui utilizados são a Revolução Chinesa de 1949, a Conferência de Bandung em 1955 e o embrião das mudanças nas relações entre Estados Unidos-China-União Soviética em 1968.

Entre Brasil e China existem diferenças significativas de realidade geopolítica e geoeconômica, agenda de política externa e dinâmicas domésticas, e uma ausência de relações diplomáticas formais. Predominam a distância e os constrangimentos da bipolaridade e dos Estados Unidos em algumas decisões brasileiras sobre a China. A sombra da bipolaridade, a posição geopolítica da China na Eurásia e do Brasil na América Latina, afetam a forma com os norte-americanos gerenciam estes intercâmbios.

Para a geopolítica, a Eurásia permanece o "coração do mundo" da política internacional, e zona de disputa permanente entre as potências de sua época, devido a seus recursos naturais. Conforme afirmava Mackinder (2020), quem dominar a Eurásia dominará o mundo. Por sua vez, as Américas não são zona de disputa, mas sim de influência dos Estados Unidos. Ou seja, são duas situações diferentes.

No que se refere ao primeiro período 1949 a 1954, avaliando o caso da China, a fase é de retomada da construção nacional em um cenário adverso interna e externamente. Internamente, desde o fim do século XIX até a Revolução Comunista de 1949 liderada por Mao Tsé-Tung, o país passara por ciclos de extrema violência entre forças domésticas, ingerência e invasões externas (Spence, 1996). Para Lyrio (2010), a decadência e a quebra do poderio chinês, com ênfase nos processos de humilhação impostos pelas potências externas, tornam-se componentes essenciais na orientação das concepções chinesas de mundo e de suas necessidades de reforma domésticas a partir do encerramento da Segunda Guerra. Em 1949, a Revolução Comunista trará uma nova etapa.

Este processo irá orientar estrategicamente as prioridades chinesas em torno da integridade e da soberania do Estado e a recuperação de lugar de direito, de forma sistemática e gradual. A criação da RPC ocorre em um cenário de enorme fragilidade, que tem como subproduto a separação de Taiwan da China continental (China Nacional) e o seu reconhecimento como Estado pela comunidade internacional (Kissinger, 2011).

Liderado pelos Estados Unidos, o reconhecimento de Taiwan comandado por Chiang Kai-sheck (opositor direto a Mao e ao Partido Comunista Chinês-PCCh), insere-se no conflito bipolar na Eurásia. Para os Estados Unidos, a vitória de Mao e a "perda da China" representavam o temor de avanço da esfera de influência soviética em um cenário caracterizado pela destruição do pós-1945. A Revolução chinesa foi um dos fatores, como aponta Kissinger (1994), que levou os norte-americanos a rever seu perímetro de segurança estratégico conforme definido pelos Departamentos de Estado e Defesa (DOS e DOD respectivamente).

De acordo com o autor, até o sucesso da Revolução na China, a visão do DOS e do DOD era restrita à dimensão europeia da Eurásia, no tabuleiro Europa Ocidental-Europa Oriente-União Soviética. A União Soviética e a China, neste período inicial pós-revolucionário, estabeleceram o Tratado Sino-Soviético de Amizade, Aliança e Assistência Mútua. No pós-1949, esta dimensão estendeu-se à Ásia, com uma ofensiva econômica e militar rápida no Japão, com um plano de recuperação da infraestrutura e investimentos no país (similar ao Plano Marshall aplicado à Europa Ocidental em 1947) e o JUST (*Japan US-Military Treaty*). Houve a deflagração da Guerra da Coreia (1950/1953), com a divisão da península em Sul e Norte, cada qual ligado a um dos regimes políticos em disputa na bipolaridade: o capitalismo e o socialismo. Todos estes fatores acirraram a competição na Ásia, o que acentuava a sensação de vulnerabilidade chinesa.

É um período no qual a China encontra-se imersa em um cenário de instabilidades regionais derivadas da Guerra Fria e de suas dificuldades nacionais. A questão central era a da restauração político-econômica e a preservação de seu território e regime governamental de novas ingerências externas, fossem eles ocidentais ou orientais. O isolamento externo e a internalização de esforços de desenvolvimento era uma reação defensiva a uma realidade geopolítica e geoeconômica adversa. Por estas razões, não havia uma presença ou projeção chinesa de caráter global. Igualmente contribuía para a decisão de outros países, incluindo o Brasil, de não se aproximar da China. Esta decisão era amparada em dois fatores: o pertencimento destas outras nações à esfera de influência dos Estados Unidos e o temor de que movimentos revolucionários similares de teor nacionalista e socialista pudessem afetar sua política doméstica.

Enquanto a Eurásia se tornava o centro da disputa bipolar, e apresentava uma diversidade de potências além dos Estados Unidos e da União Soviética que poderiam se contrabalançar (Brzezinski, 1986), o Brasil e a América Latina viviam uma realidade distinta, passando por um processo de marginalização e aprofundamento de crise econômica. Ainda assim, para o Brasil, até 1951, a expectativa era que os Estados Unidos auxiliassem a modernização do país, e o inserissem como prioridade em sua pauta. Mas como essa percepção brasileira e latino-americana havia sido construída?

Retrocedendo um pouco no recorte histórico pós-1947, esta expectativa era derivada de duas realidades: o sucesso da política externa de Getúlio Vargas (1930-1945) e a Política de Boa Vizinhança (1930-1945) aplicada pelo governo de Franklin Delano Roosevelt (FDR). Estas condições, contudo, não se reproduziriam mais no pós-1945.[7]

Desde a Doutrina Monroe em 1823, que estabeleceu o hemisfério americano como zona preferencial de zona influência estadunidense, a América Latina é percebida como uma região que deve ser preservada de ameaças internas e externas a sua estabilidade. Os Estados Unidos devem sustentar tanto sua liderança em seu espaço geopolítico e geoeconômico, como incentivar a consolidação de regimes liberais democráticos para manter a paz local. Iniciativas intra e extrarregionais de contestação desta balança de poder devem contidas. Taticamente, para esta contenção, os Estados Unidos alternam movimentos de intervenção militar direta, ingerência política e cooperação.

A PBV insere-se no eixo de cooperação para modernizar as relações com a América Latina em um ambiente de crise após a Grande Depressão de 1929. Outra preocupação era a crescente instabilidade da transição hegemônica global, que se desenhava na década de 1930 com a ascensão da Alemanha na Europa, o Japão na Ásia e o declínio de poderes tradicionais como o Reino Unido e a França. Havia uma percepção de risco com relação às tentativas de aproximação da Alemanha à região da América Latina, com destaque a países como o Brasil governado por Vargas. FDR, inclusive, visitou o Brasil em 1936 como parte da PBV.

Para as relações bilaterais Brasil-Estados Unidos, a PBV representou a possibilidade de uma barganha entre Estados Unidos-Alemanha-Brasil, definida pelo trabalho clássico de Gerson Moura (1980) como autonomia na dependência. Pinheiro e Lima (2018) destacam que Vargas buscava duas metas essenciais na definição de uma política externa autônoma: a alteração nos recursos de poder brasileiros e o reposicionamento no equilíbrio de poder mundial.

Este, na opinião das autoras, é o primeiro período de autonomia da política externa brasileira dentro destes critérios, os demais são: a Política Externa

[7] Sobre a PBV, recomenda-se a coletânea organizada por Valim and Mauad, 2023.

Independente (1961-1964), o Pragmatismo Responsável e Ecumênico (1974-1979), e os dois primeiros mandatos de Luis Inácio Lula da Silva (2003-2010). Esta classificação traz contribuições sobre as relações bilaterais com os Estados Unidos e a China, e a desmistificar o termo autonomia. Afinal, por que a política externa de Vargas foi autônoma?

A tática de Vargas de promover a equidistância pragmática entre Estados Unidos-Alemanha na década de 1930, e no período inicial da Segunda Guerra entre 1939-1940, permitiu obter benefícios concretos para o país. Estes benefícios localizavam-se em três dimensões, destacadas como prioridades em diversos contatos bilaterais e pela Missão Aranha (1938-1939): comércio (vide o Tratado Bilateral de Comércio), modernização das Forças Armadas e implementação do processo de industrialização por substituição de importações (ISI), base do nacional-desenvolvimentismo.

Com a eclosão do conflito em 1939, e a entrada dos Estados Unidos na Guerra em 1941, a aliança tornou-se sólida envolvendo a presença de tropas norte-americanas na base de Natal no Rio Grande do Norte, o envio de tropas brasileiras à Europa (Força Áerea Brasileira e Força Expedicionária Brasileira) e a instalação da Companhia Siderúrgica Nacional (CSN). A atuação do Export-Import Bank of the USA (EXIMBANK) criado no âmbito da PBV era essencial a esta concessão de empréstimos para os programas de desenvolvimento nacional, havendo uma dimensão cultural associada à PBV (criação do personagem Zé Carioca pela Disney, desenhos e filmes que exaltavam a parceria bilateral). Outros resultados positivos da barganha, consolidada como alinhamento pragmático foram: Acordo Bilateral de Fornecimento de Minerais Estratégicos do Brasil aos EUA (com foco no urânio na nascente Era Nuclear) e a instalação da Comissão Mista de Defesa Brasil-EUA (1942).

A vitória dos Estados Unidos e seus aliados na Guerra em 1945, somada à relativa ilusão de "fazer a guerra juntos", à PBV e aos resultados positivos da barganha varguista ajudam, portanto, a entender o porquê do clima de otimismo que prevalecia. Esta situação perdurou entre 1945-1947, começando a se esgotar com a cada vez clara diferença de tratamento entre a Europa Ocidental e a América Latina (e a Ásia a partir dos anos 1950). Caracterizava-se o cenário definido por Smith (1996) de uma hegemonia *by default*.

No hemisfério, a principal ação foi a construção do Sistema Interamericano baseado no Tratado Interamericano de Assistência Recíproca (TIAR, 1947), focado na segurança coletiva, e a Organização dos Estados Americanos (OEA, 1948). Em 1948, foi criada a Comissão Para o Desenvolvimento da América Latina (CEPAL) nas Nações Unidas. Inicialmente vistos como provas de um enjagamento dos Estados Unidos, já na década de 1950 simbolizavam mecanismos de intervenção e ingerência. A ideia de uma política externa norte-americana cooperativa na América Latina esgotara-se com o falecimento de FDR em 1945 e a ascensão ao poder de um novo *establishment* político com Harry Truman (1945-1953). Será este novo *establishment* o responsável pela construção da nascente hegemonia norte-americana e da bipolaridade.[8]

[8] Ainda que sempre presentes nestas páginas, os temas mais específicos sobre estes processos da *Pax Americana* não serão aqui abordados em detalhes, ver Pecequilo, 2011.

As mudanças nas relações bilaterais no imediato pós-Guerra são associadas a este cenário e à alteração do programa de desenvolvimento brasileiro. Enquanto Vargas buscara um alinhamento pragmático para impulsionar o desenvolvimento nacional autônomo via ISI, seu sucessor, o General Eurico Gaspar Dutra (1946/1950) e seu entorno político tinham como prioridade o desenvolvimento de tipo associado. Retomando uma ação de alinhamento automático, o Brasil era visto como parte do Ocidente, em um intercâmbio preferencial com os norte-americanos.

Algumas decisões de política externa como o rompimento de relações diplomáticas com a URSS e a China Popular são exemplos deste novo padrão (associadas ao estabelecimento do intercâmbio com Taiwan). Assim:

> (...) os contatos bilaterais foram escassos em decorrência da sucessão de conflitos internos e externos que a afetaram no final do século XIX e na primeira metade do século XX. Com a vitória de Mao Zedong em 1949, o Brasil rompe as relações diplomáticas com a China continental, fechando o consulado em Shangai e abrindo uma embaixada em Taipei (1952) (Oliveira, 2004, p. 11).

Entretanto, não havia motivos para os Estados Unidos fornecerem mais concessões ao Brasil ou a qualquer país da América Latina, independente de suas políticas de alinhamento automático ou tentativas de barganha. Para os EUA, o risco de penetração externa da América Latina era baixo. Ainda assim, para parte da sociedade brasileira, a instalação da Comissão Técnica Brasil-Estados Unidos (Missão Abbink ou Comissão Abbink Bulhões) em 1948 para estudos sobre o desenvolvimento brasileiro, visando identificar áreas prioritárias e gargalos do progresso, e as visitas do Presidente Truman ao Brasil em 1947 e do Presidente Dutra aos Estados Unidos em 1949 eram percebidas como importantes sinais da aliança especial.

Outro fator estrutural é o fato do país localizar-se na zona preferencial da hegemonia, o que inibe auxílios mais significativos da parte dos norte-americanos. Em uma região caracterizada pela presença de países de baixo poder relativo, o Brasil aparece como segundo polo de atração para as demais nações. Qualquer incremento de recursos, ou iniciativa político-diplomática-estratégica autônoma afeta os interesses estadunidenses.

No caso da Eurásia, o mecanismo é diferente pelo aspecto geográfico e quantidade de potências, o que leva os Estados Unidos a incentivarem movimentos de autocontenção mútuos, que impedem a formação de alianças contra os norte-americanos. Outras táticas envolvidas na Eurásia são a do "dividir para conquistar" e de tornar os Estados Unidos o principal parceiro das potências e blocos regionais localizados neste espaço, convergindo em torno de um inimigo comum ao bloco por eles liderado. Na Guerra Fria, a União Soviética era este inimigo e estas lógicas conjugadas, como se analisa em 1.2, serão o substrato da aproximação Estados Unidos-China.

Definido por Moura (2021) como uma fase de "Alinhamento Sem Recompensa", a sucessão do governo Dutra se dará em um contexto de crescimento da oposição nacionalista, em choque com os entreguistas. As relações bilaterais com os Estados Unidos são o foco deste debate, apontando as perdas brasileiras neste período devido aos baixos investimentos na ISI. Com uma pauta pró-desenvolvimento autônomo, Getúlio Vargas conquista um segundo mandato (1951-1954).

A literatura em política externa brasileira (Visentini, 2013, Cervo e Bueno, 2015, Hirst, 2005, dentre outros) aponta que o objetivo de Vargas era o da retomada da barganha da Segunda Guerra Mundial, sem o rompimento da aliança com o Ocidente. Ocorre o início dos ensaios de multilateralização (Visentini, 2013) que em 1961 culminaram na Política Externa Independente (PEI) e seu paradigma multilateral-global. A dinâmica populismo-nacionalismo e a adesão aos nascentes movimentos de descolonização afro-asiática, dos não-alinhamentos, e a sombra do anti-imperialismo, contudo, encontravam-se em descolamento da realidade da Guerra Fria e da agenda norte-americana.

Para os Estados Unidos, não havia percepção de ameaça no hemisfério. Ou seja, não havia polo para barganha, pois não existiam outros Estados que poderiam oferecer alternativas. A atração da União Soviética não era a da Alemanha nos anos 1930 e as demais possibilidades ainda estavam em processo de consolidação: o multilateralismo, a Europa Ocidental e Oriental, a África e a Ásia.

Isso não significava que os Estados Unidos não avaliavam estas movimentações como riscos, mas sim que as táticas a serem aplicadas para contê-las seriam diferentes do que as anteriores. Os Estados Unidos da década de 1950 eram uma superpotência consolidada, liderada pelo governo de Dwight Eisenhower (1953/1961) cuja política era baseada no *roll back* (retração das conquistas da União Soviética) e na ofensiva anti-agendas comunistas e nacionalistas, com maior tensionamento (*brinskmanship*).

Portanto, o pivô brasileiro poderia ser nova fonte de instabilidade. O nacionalismo do governo impactava os Estados Unidos em dois setores chave: o petróleo e os minerais estratégicos. Aqui existem duas realidades distintas e paradoxais: enquanto no caso do petróleo existiu de fato um rompimento entre Brasil-Estados Unidos, devido à criação da Petrobrás em 1953 que promoveu a nacionalização do setor, nos minerais estratégicos a situação se revelou mais complexa.[9]

Até por pressão das Forças Armadas, à frente da defesa do projeto científico-tecnológico brasileiro, com foco no setor nuclear, não existiu um rompimento total. Entre 1951 e 1956 puderam ser observadas as seguintes iniciativas: criação do sistema de financiamento do ensino e pesquisa no Brasil com o CNPq (1951) e a CAPES (1951), Acordo Militar Brasil-EUA (1952), Acordo Tecnológico Brasil-EUA (com a instalação dos reatores de pesquisa nucleares em São Paulo, Rio de Janeiro e Belo Horizonte[10]), participação no Programa Átomos Para a Paz (1956) e a criação da Comissão Nacional de Energia Nuclear (CNEN, 1956).

Além desta cooperação, entre 1951-1953, instala-se uma nova Comissão Mista Brasil-EUA. Como a anterior, seu foco era a promoção de estudos, visando a modernização brasileira, por meio da identificação de setores preferenciais da indústria e da infraestrutura. O objetivo era reforçar a ISI via

[9] Como será discutido nos Capítulos 4 e 5, os minerais estratégicos são ainda um tema relevante nas relações bilaterais do Brasil, com os Estados Unidos e, mais recentemente com a China. Envolvem, no século XXI, a discussão ampliada sobre terras raras e minerais críticos.

[10] Centro de Desenvolvimento da Tecnologia Nuclear (CDTN) em Belo Horizonte (1952), Instituto de Energia Atômica (IEA) em São Paulo (1956), hoje Instituto de Pesquisas Energéticas e Nucleares (IPEN), e o Instituto de Energia Nuclear (IEN) no Rio de Janeiro (1962).

indústria de base, captar insumos, modernizar a agricultura, os transportes e a energia como setores chave da infraestrutura. Apesar da validade de suas análises técnicas, a Comissão não possuía recursos ou autonomia para promoção de investimentos.

Neste cenário complexo, em meio às crescentes pressões externas e a mobilização da oposição, Vargas comete suicídio em 1954, com Café Filho assumindo até 1955. Café Filho traria de volta a visão pró-desenvolvimentismo associado. A visão externa da nova barganha se manteria latente e se demonstraria acertada tendo em vista os novos acontecimentos internacionais, tendo como marco 1955.

O ano de 1955, que inicia a segunda fase deste recorte 1955-1968, é representativo do processo de nascimento do Sul, associado aos conceitos de Terceiro Mundo e do Movimento Não-Alinhado (MNA) com a realização da Conferência de Bandung na Indonésia. Este processo deriva da combinação de dois fatores: da emergência de novos Estados independentes no cenário mundial devido ao processo de descolonização da África e da Ásia e da crescente exclusão dos países pobres do progresso econômico e da modernização (Pereira e Medeiros, 2015).

Bandung é um marco para dois redesenhos que se intensificam dos anos 1950 em diante: do equilíbrio de poder da Guerra Fria e da agenda internacional. No que se refere ao primeiro redesenho, observam-se movimentações intra e extra nos blocos Leste-Oeste. Além das superpotências, os aliados de Estados Unidos e União Soviética encontram-se em processo de recuperação econômica e tentativas de busca de alternativas que reforçam a possibilidade de novos polos de parceria externa. Com relação à agenda, a citada descolonização afro-asiática e a reafirmação da América Latina inserem nas interações estatais e no multilateralismo temas de caráter socioeconômico pró-direitos, modernização econômica e defesa da integridade dos povos por sua soberania e autonomia que colocam em xeque e trazem demandas às estruturas de poder estatais e multilaterais vigentes.

Às dinâmicas Leste-Oeste agregam-se às Norte-Sul, nas quais o Norte é identificado como Primeiro Mundo e desenvolvido, enquanto o Sul é o Terceiro Mundo, subdesenvolvido e/ou em desenvolvimento. Por sua vez, o Segundo Mundo, nesta classificação, relaciona-se à União Soviética e seu bloco socialista. Marginalizadas no jogo de poder mundial, as nações do Terceiro Mundo-Sul reinvindicam o reconhecimento de sua autonomia e direitos. Adicionalmente, exploram potenciais de barganha política, evitando ser vistas apenas como satélites ou potenciais espaços de disputa para serem incorporados às zonas de influência das superpotências. O Movimento Não-Alinhado, como o nome indica, consolida a opção do não pertencimento aos blocos, a abertura da barganha e da solidariedade e cooperação Sul-Sul (CSS).

Bandung também deixa mais claras as divisões do desenvolvimento capitalista conforme concebidas na teoria do Sistema Mundo de Immanuel Wallerstein (Wallerstein, 2004). As categorias utilizadas pelo autor são Centro (e/ou Núcleo), Periferia e Semi-Periferia. Enquanto o Centro corresponde, desde o século XVI, ao motor do capitalismo, como modo de produção econômica e social. Torna-se dominante politicamente em um contexto de exploração de recursos e aprimoramento tecnológico. A Periferia refere-se aos países que são explorados para obtenção destes recursos, com o caráter da dominação do Centro sob seus territórios e sistemas políticos, variando ao longo do tempo. Podendo ser direta ou indireta, esta dominação traz baixos índices de desenvolvimento econômico-social, gerando pobreza e fragmentação nestas respectivas sociedades. Por fim, a Semi-Periferia é uma categoria intermediária, na qual se encaixam países que possuem recursos a serem explorados, mas que, ao mesmo tempo, já detém certos níveis de progresso.

Um conceito similar é o de Grande Estados Periféricos (GEP), concebido por Guimarães (1999). Os GEPS são: "(...) aqueles países não-desenvolvidos, de grande população e de grande território não inóspito, razoavelmente passível de exploração econômica e onde se constituíram estruturas industriais e mercados internos significativos" (Guimarães, 1999, p. 21).

Bandung estabelece uma cisão entre uma pauta guiada pelas superpotências em torno de suas disputas por zonas de influência e corrida armamentista, expondo as desigualdades da ordem internacional liberal (OIEL) conforme concebida pela *Pax Americana*. Também são questionadas as dinâmicas multilaterais nas quais as vozes em maioria quantitativa, as do Sul, não possuíam espaço ou reconhecimento para propor transformações qualitativas de agenda, visando o desenvolvimento e o combate à pobreza, à miséria e à desigualdade.

Se para os países desenvolvidos como os Estados Unidos, Bandung representa um desafio à ordem, para Brasil e China traz a oportunidade de um reposicionamento internacional. Portanto, Brasil e China encontram-se no eixo Sul do Terceiro Mundo, como nações semi-periféricas e GEPs, enquanto os Estados Unidos representam o eixo Norte-Primeiro Mundo, liderando a OEIL.

No caso da China, Bandung representa a retomada da voz da China globalmente, manifestando-se um embrião de liderança do Terceiro Mundo. Esta liderança manifesta-se nos "Cinco Princípios da Coexistência Pacífica" enunciados por Zhou Enlai. A relevância para a política externa e para as nações em desenvolvimento é significativa, com aderência às agendas prioritárias da conferência. Elaborando os "Cinco Princípios", Enlai assim os define:

> (...) respeito mútuo de soberania e integridade territorial, não-agressão, não-interferência nos assuntos internos de outros, de igualdade e benefícios mútuos, a coexistência pacífica de países com diferentes sistemas sociais pode ser encontrada. Quando se garante a implementação destes princípios, não existe nenhuma razão pelas quais as disputas internacionais não poderiam ser resolvidas por meio da negociação (Enlai, 1955, s/p).

Se Bandung é um momento de reforma e renovação para a China, o que representa para o Brasil? Diferente da China cuja política externa assume um compromisso definitivo com a pauta de Bandung, 1955, para o Brasil representou, como discutido, um retrocesso. Embora a gestão do segundo governo Vargas tivesse caminhado no sentido de adotar a pauta que emergiu em Bandung, seu suicídio e a retomada do desenvolvimentismo associado interrompem a reforma.

Seja no curto governo Café Filho, como na presidência seguinte de Juscelino Kubitschek (1956-1961), a proximidade com o terceiro mundismo e esta pauta mais contestatória era percebida como um risco e secundária à tradicional prioridade atribuída aos Estados Unidos e o eixo Norte. O Brasil mantinha-se distante destes fluxos. Esta situação somente altera-se na segunda metade do governo JK (1958-1961), com a retomada dos ensaios de multilateralização.

Eleita com base no Plano de Metas (e da construção da nova capital Brasília), a gestão JK tinha uma agenda centrada em obras de investimento em infraestrutura e ampliação da indústria nacional, que focava no setores já apontados como gargalos do desenvolvimento pelas Comissões Mistas Brasil-Estados Unidos: energia e transportes. Na indústria, a ideia era investir na base e na produção de bens de consumo como automóveis. Esperava-se a retomada da aliança especial. Entretanto, a contribuição norte-americana ficou aquém do esperado, pois a América Latina continuava sendo vista como espaço secundário. Como parte do contexto em mudança, não só do Sul, mas também do Norte, outros membros do bloco ocidental tiveram importantes contribuições a este projeto, como a Alemanha e o Japão. Mantinha-se o eixo do desenvolvimentismo associado, mas com outros atores ocidentais e não só os Estados Unidos.

Devido à piora das condições econômicas no Brasil, JK retoma um padrão mais pragmático de política externa de 1958 em diante, com a Operação Panamericana (OPA). Em um contexto de degradação das condições socioeconômicas latino-americanas, a OPA começa com uma carta de JK ao Presidente norte-americano Eisenhower (que viria ao Brasil em 1960), na qual alerta para o risco de uma convulsão política regional. Tal convulsão poderia gerar movimentos revolucionários e quebras democráticas, estando impulsionada pela insatisfação e um sentimento de antiamericanismo. Bastante tímidas, as respostas norte-americanas não alteravam a dinâmica hemisférica e nem o crescente mal-estar local, que percebia o sistema interamericano OEA-TIAR como ineficiente e com foco na ingerência.

Embora iniciativas como a criação da ALALC (Associação Latino-Americana de Livre Comércio) e do BID (Banco Interamericano de Desenvolvimento) possam ser percebidas como produtos da OPA, a ação mais efetiva dos Estados Unidos na região somente viria em 1961 com a Aliança para o Progresso (ALPRO). Proposta pelo Presidente John F. Kennedy, a ALPRO pouco traria em termos de resultados práticos no campo dos investimentos regionais e modernização. Esta ausência de resultados deriva tanto dos baixos recursos destinados à iniciativa, como à prevalência de condicionalidades político-sociais para a concessão de empréstimos.

Uma breve observação já mostra o caráter reativo da ALPRO: posterior à Revolução Cubana de 1959. A ALPRO não era uma nova PBV ou uma resposta às necessidades regionais, mas sim uma forma de matizar a crise, temendo "mais Cubas". A administração JFK foi a primeira nos Estados Unidos a responder de forma mais direta à ascensão do Sul nas relações internacionais com a política das novas fronteiras que se dedicava a tentar evitar que as nações recém-soberanas aderissem à esfera soviética. Mesmo com o assassinato de JFK, seu sucessor Lyndon Johnson manteve esta política. A ideia de que as revoluções de libertação nacional poderiam gerar dominós socialistas era presente, devendo-se impedir "guinadas à esquerda".

É deste contexto que nascem os golpes de Estado latino-americanos apoiados pelos Estados Unidos nas décadas de 1960-1970 e a Guerra do Vietnã (1968-1973). Ocorrem diversas outras tensões envolvendo Cuba: a invasão da Baía dos Porcos em 1961, tentativa fracassada de derrubada de Fidel, e a mais grave, a Crise dos Mísseis em Cuba em 1962. Provocada pela tentativa de instalação de mísseis soviéticos em Cuba,[11] esta crise colocou em choque as duas superpotências e representou a quebra da regra não escrita de que as superpotências não deveriam interferir nas respectivas zonas de influência umas das outras. Esta autorrestrição que valia para os Estados Unidos na Europa Oriental e a União Soviética nas Américas, sofre uma ruptura e indica que a ideia da hegemonia *by default* não mais se sustentava. Este é o momento considerado mais sensível da Guerra Fria por conta do risco nuclear e que origina uma fase de Coexistência Pacífica, desembocando na Detente, acontecimentos essenciais para definir as novas formas de competição e alianças na década de 1970, analisado em 1.2.

Embora a OPA não fosse esta "guinada à esquerda", ela abre as portas, como citado, a uma política externa brasileira que tendeu à autonomia diante do vácuo ocidental e que retoma os ensaios de multilateralização. Para os Estados Unidos, contudo, ações mais demandantes, o rompimento com o Fundo Monetário Internacional (FMI) e a não-condenação à Cuba, assumem um caráter de ideologização da política externa brasileira, elevando a percepção de risco sobre o país. Em 1961, a Política Externa Independente (1961) somente acentuaria esta percepção, quebrando a era dos alinhamentos no Brasil.

A PEI emerge em um Brasil que busca a modernização e o desenvolvimento, ciente de que é preciso ampliar suas oportunidades no sistema internacional para alcançar um novo patamar de industrialização e crescimento, com o nacional-desenvolvimentismo. Tal patamar se mostrava necessário diante de uma sociedade que cada vez mais se urbanizava. Externamente, esse salto correspondia ao reconhecimento da existência de um sistema internacional redesenhado. Portanto, o contexto interno e externo se impunham na demanda por um novo sistema de relações internacionais que, ao assumir a face multilateral global, estabelecia agendas de cooperação ao Norte-Sul-Leste como aponta Visentini (2013).

Brevemente, quais os componentes da PEI e suas raízes? A PEI surge em 1961, no governo de Jânio Quadros e João Goulart, perdurando até 1964, ano do golpe militar e fim do ciclo democrático do Brasil no pós-Segunda Guerra (1946-1964). Na elaboração das diretrizes e para a implementação da PEI estiveram à frente do Ministério das Relações Exteriores os seguintes Embaixadores: Afonso Arinos de Melo Franco (Janeiro e Setembro de 1961 Julho a Setembro de 1962), San Tiago Dantas (Setembro 1961 a Junho 1962), Hermes Lima (Setembro 1962 a Junho 1963), Evandro Cavalcanti Lins e Silva (Junho a Agosto 1963) e Araújo Castro (Agosto 1963 a Março 1964).[12]

Afonso Arinos, San Tiago Dantas e Araújo Castro são os nomes mais identificados com as bases da PEI, cujas prioridades eram: ampliação do mercado externo dos produtos primários, formulação autônoma dos planos de desenvolvimento econômico, manutenção da paz (coexistência pacífica), autodeterminação e não intervenção e apoio à emancipação dos territórios coloniais (Visentini, 2020; Cervo e Bueno, 2015). Era necessária a conversão do Brasil em um *global trader and player*, com ênfase no estabelecimento de parcerias

[11] O processo ocorre em resposta à instalação de mísseis da OTAN na Turquia e a elevação disputa na Europa Oriental, como a prévia construção do Muro de Berlim em 1961. Ver Gaddis, 1990.

[12] BRASIL. FUNAG. CHDD. Ministros de Relações Exteriores. Disponível em: https://www.gov.br/funag/pt-br/chdd/historia-diplomatica/ministros-de-estado-das-relacoes-exteriores. Acesso em 24 março 2024.

mundializadas em nível estatal e multilateral. A credibilidade nacional viria de um não comprometimento ideológico e da adoção de uma política de autonomia, com defesa da coexistência, do equilíbrio e da paz. Demandas por justiça e igualdade, assim como críticas às cisões Norte-Sul e assimetrias de riqueza e acesso à tecnologia estavam presentes, posicionando-se contra o congelamento do poder mundial (como descrito pelo Embaixador Araujo Castro[13]).

Quais os impactos da PEI para as relações bilaterais Brasil-China e Brasil-Estados Unidos? Em uma observação rápida, pela natureza da PEI, poderia se imaginar que a mesma já promoveria a aproximação com a China nos anos 1960.[14] Inclusive, em 1961, mesmo ano da renúncia do presidente Quadros, seu vice Goulart, que assumiria pelo restante do mandato, visitara a China, sinalizando uma potencial aproximação. A despeito desta convergência, as relações diplomáticas não são retomadas, e iniciativas são quebradas com o golpe militar de 1964. Além disso, são suspensas tratativas comerciais e registram-se incidentes como a prisão e expulsão de nove cidadãos chineses do país (Becard, 2008). Como aponta Visentini (2020, p. 63), "Com relação ao continente asiático, a ausência brasileira foi quase completa". Paradoxalmente, será o Regime Militar instaurado com o golpe que, em 1974, retomará as relações com a China.

No que se refere ao intercâmbio bilateral com os Estados Unidos o cenário é mais complexo, dividido em dois momentos: 1961-1964 e 1964-1968. O primeiro momento corresponde à PEI e às transformações da política externa em direção à projeção global, quebrando o padrão bilateral-hemisférico. Este é um período de fortes polarizações domésticas, pós-renúncia de Jânio Quadros, a tentativa fracassada de adesão ao parlamentarismo com Tancredo Neves como Primeiro Ministro e Goulart como Presidente, e as oscilações dos planos de desenvolvimento doméstico.

O governo Goulart visava promover a industrialização, mas também uma modernização de setores como o campo (reforma agrária), e era pressionado pela nacionalização de empresas estrangeiras (muitas delas americanas), a regulamentação das remessas de lucro e a internalização do desenvolvimento. Segundo Visentini (2020), a PEI era estruturada a partir das influências da CEPAL e do ISEB (Instituto Superior de Estudos Brasileiros). Contrários à PEI, como aponta Skidmore (2010), havia a mobilização de setores oligárquicos mais tradicionais da sociedade brasileira, que percebiam estas ações como risco a seu domínio da economia e sociedade, atribuindo-lhe caráter revolucionário-comunista.

A PEI e a mudança na natureza dos laços preferenciais com os Estados Unidos era agravante desta percepção, à medida que a ampliação do sistema de relações internacionais do Brasil nos eixos Sul-Leste poderia levar o país a uma aproximação ideológica com estas nações e não só à tratativas econômicas. Tanto os setores pró-alinhamento se posicionavam contra esta política,

[13] San Tiago Dantas e Araújo Castro são identificados como os chanceleres mais próximos à PEI. Porém, neste período, também estiveram à frente do Itamaraty Afonso Arinos de Melo Franco, Hermes Lima, Evandro Lins e Silva.

[14] Esta viagem foi apenas uma de muitas polêmicas que envolveram a presidência Jânio-Jango no exterior. Um outro episódio foi a condecoração de Che Guevara por Jânio em 1961. Jânio foi sempre uma personalidade controversa na política nacional, alternando arroubos conservadores (luta contra a corrupção, proibição de biquínis e cassinos) com movimentos populistas e radicais (Skidmore, 2010).

por suas consequências para as relações bilaterais, como os próprios Estados Unidos a viam como ameaça. Dois pontos são retomados aqui: a dimensão estrutural dos Estados Unidos na definição da política externa brasileira, com grupos internos estando atentos às reações norte-americanas e o risco que alterações na condição de poder nacional poderiam trazer à balança de poder hemisférica e aos interesses dos Estados Unidos.

Como já debatido a partir de Pinheiro e Lima (2018), a PEI pode ser avaliada como uma agenda de autonomia à medida que buscava alterações concretas na projeção externa do Brasil e o reforço de seu poder doméstico. No quadro geopolítico e geoeconômico da Guerra Fria, era natural que gerasse oposição dos Estados Unidos, assim como de grupos de interesse internos. As relações bilaterais atravessam uma época de distanciamento e crescente ingerência norte-americana, como destacado por Skidmore (2010) e Bandeira (2004). A atuação do Embaixador dos Estados Unidos no Brasil Lincoln Gordon alertando para os riscos da revolução, a possibilidade da Operação *Brother Sam* (que impediria esta revolução ajudando as forças anti-comunistas) são elementos deste processo, assim como a insatisfação com Goulart.

O Golpe Militar ocorreu em 1964 e foi denominado por parte da sociedade como Revolução de 1964, retomando uma política externa de alinhamentos preferenciais com os Estados Unidos. Entretanto, seja no que se refere a estas relações bilaterais, como nas interações com a China, e outras pautas estatais e multilaterais, o Regime Militar (1964-1985), não deteve um padrão homogêneo de ação no exterior. Muitas vezes, a agenda externa mostrava-se em contradição com a doméstica, opondo tendências de modernização e conservadorismo.

Em toda a trajetória do Regime Militar, o governo que teve mais aproximação com os Estados Unidos foi o do General Castello Branco nesta fase inicial pós-golpe de 1964-1967. Visentini (2020) divide a trajetória do Regime Militar na política externa em: dialética ruptura-continuidade (1964-1969), apogeu da diplomacia autonomista (1969-1979) e crise e resistência (1979-1985).

Avaliando esta trajetória, com foco nas dinâmicas bilaterais Brasil-Estados Unidos e Brasil-China, segundo Visentini (2020), Castello retomava o padrão de desenvolvimento associado, dependente do capital internacional, norte-americano e estrangeiro. Inicia-se um processo de reformas modernizadoras, com um modelo de desenvolvimento centrado no Estado, na burguesia nacional e na internacional, como aponta o autor. Tanto o modelo político interno quanto o externo inseriam-se cada vez mais na esfera hemisférica, priorizando a estabilidade-segurança como vetor do progresso-desenvolvimento.

Detalhando a política externa pró-Estados Unidos, os Chanceleres Vasco Leitão da Cunha (Abril 1964 a Janeiro 1966) e Juracy Magalhães (Janeiro 1966 a Março 1967) destacam a relevância destas relações bilaterais para a estabilidade social e progressos brasileiros. Três iniciativas caracterizam a retomada do alinhamento com os Estados Unidos: as Fronteiras Ideológicas, a Força Interamericana de Paz (FIP) e os Círculos Concêntricos da Diplomacia.

As iniciativas possuem foco na reafirmação da identidade ocidental brasileira, pertencente ao hemisfério americano e nação próxima aos Estados Unidos, por laços históricos, sociais e culturais, somada à convergência de prioridades na luta contra o comunismo (rompem-se relações com Cuba, apoia-se militarmente a invasão à República Domenicana). As Fronteiras Ideológicas referiam-se à contenção das ações subversivas e dos focos de instabilidade, reforçando a interdependência com os Estados Unidos, no âmbito do hemisfério de onde partiriam os círculos concêntricos. O Brasil, neste contexto, estaria exercendo a subliderança no hemisfério.

A adesão aos Estados Unidos ocorria em nível estatal e nos organismos multilaterais, rompendo com a PEI. A expectativa era como em outras épocas, que os Estados Unidos provessem auxílio financeiro, tecnológico e apoios políticos mais decisivos à modernização. Tanto Cervo e Bueno (2015) quanto Visentini (2020) destacam esta idealização de um tratamento preferencial que o Brasil poderia receber da parte norte-americana. Isso era, mais uma vez, uma avaliação equivocada.

As movimentações da Guerra Fria continuavam centralizadas na Eurásia, e se desenhavam agendas que atribuiriam a novos atores, que não o Brasil, maior importância na disputa bipolar. Este novo ator era a China que se configura como um polo a ser explorado como elemento de contenção à União Soviética, aproveitando-se a brecha do racha sino-soviético nas décadas de 1950 e 1960, a nova assertividade chinesa como líder do Sul e, mais para o fim da década, a crise da hegemonia norte-americana associada à Guerra do Vietnã e suas vulnerabilidades econômicas. Outros fatores são as dificuldades chinesas no entorno eurasiano (as disputas com a Índia) e tensões relacionadas ao Grande Salto Adiante (1958/1960) e à Revolução Cultural (1966/1976). Já nos anos 1960, iniciam-se as negociações secretas China-EUA.

Enquanto o Brasil abandonava uma postura de barganha e busca de alternativas, focando novamente em uma política externa subordinada, a China reposicionava-se a partir de sua relevância geopolítica na Eurásia para a Guerra Fria. Tal reposicionamento não vinha às custas de uma subordinação chinesa, pelo contrário, a partir de uma nova assertividade e pragmatismo diante de suas alianças, independente de sua ideologia.

Adicionalmente, embora alinhasse com os Estados Unidos no combate ao comunismo, o governo do General Castello Branco, apresentava políticas que não se inseriam plenamente na agenda norte-americana. Como aponta Visentini (2020), existiam setores nas Forças Armadas que não consideravam profícuas as relações bilaterais com os Estados Unidos, e viam na ausência de benefícios motivações para buscar outros caminhos externos e manter políticas de autonomia.

O setor nuclear era o ponto de maior divergência, com o Brasil criticando o congelamento do poder mundial e se recusando a assinar em 1967 o Tratado de Poliferação Nuclear (TNP). Por outro lado, o Brasil assina o Tratado de Tlatelolco também em 1967 para o banimento de armas nucleares na América do Sul. Ainda em 1967, ocorre a ascensão de um novo governo dentro do Regime Militar, o do General Costa e Silva, produzindo mais uma oscilação na política externa. Com isso, observa-se o abandono do realinhamento aos Estados Unidos e a recuperação da premissa da autonomia nas relações internacionais, por meio da Diplomacia da Prosperidade.

Em linhas gerais, de 1967 a 1985, como indica Visentini (2020), o Regime Militar buscou uma pauta externa mais próxima às agendas da PEI, ainda que desprovida de conteúdo social modernizador interno. Ainda que o modelo econômico, parafraseando Moura (1980), possa ser definido como de autonomia com dependência, ele permitiu a expansão econômica.

Tal dependência derivava do alto padrão de endividamento externo para financiar o desenvolvimento doméstico e da forte presença do capital internacional nos projetos nacionais. Segundo Visentini (2020), o capital internacional fazia parte de um tripé para impulsionar o poder brasileiro, no qual os outros atores eram o Estado e o capital nacional. Enquanto os capitais nacionais e internacionais focavam na ISI, atuando na produção de bens de alto, médio e baixo valor agregado, o Estado concentrava suas ações na infraestrutura e nas empresas estatais. A meta era a construção do Brasil Potência, entendido como uma Potência Média, com relativização de suas vulnerabilidades, aumento de seus recursos e capacidade de projeção, e maior atuação nos organismos multilaterais.

Finalizando este período, e o primeiro recorte da Guerra Fria em 1968, pode-se fazer o seguinte balanço das relações internacionais do Brasil diante da China, dos Estados Unidos e do equilíbrio de poder global. Apesar de oscilar entre o Primeiro e o Terceiro Mundo, o Brasil manteve-se ligado aos Estados Unidos estruturalmente, como referencial de sua política externa ora pela busca do alinhamento ou da autonomia. A condição geopolítica hemisférica, associada a laços sócio-culturais e econômicos, reforça a disputa entre grupos domésticos "ocidentalistas" e os pró-busca de alternativas.

A Tabela 1, referente ao crescimento comparado do PIB de ambas as nações mostra as dificuldades da China no período pós-revolucionário e de início da Guerra Fria, tendo que responder a um cenário adverso. Para o Brasil, revela os potenciais existentes de crescimento e os impactos das oscilações nacionais e internacionais. Ambos os países, cada qual em uma situação de pressão, traçou caminhos diferentes. Por sua vez, os Estados Unidos beneficiam-se do cenário pós-guerra, ainda que enfrentem dificuldades.

Nesta busca de alternativas, a China que, a partir de Bandung, poderia ter se convertido já em uma parceria mais sólida, por conta da convergência de retóricas de barganha ou, pelo menos, por interesses econômicos, continuou

**Tabela 1 - Crescimento Anual do PIB (%) - 1949-1968**

| | 1949 | 1950 | 1951 | 1952 | 1953 | 1954 | 1955 | 1956 | 1957 | 1958 |
|---|---|---|---|---|---|---|---|---|---|---|
| **Brasil** | 7,7 | 6,8 | 4,9 | 7,3 | 4,7 | 7,8 | 8,8 | 2,9 | 7,7 | 10,8 |
| **China** | - | -0,02*<br>5,02** | - | - | - | - | - | - | - | - |
| **EUA** | -0,6 | 8,7 | 8,0 | 4,1 | 4,7 | -0,6 | 7,1 | 2,1 | 2,1 | -0,7 |
| | **1959** | **1960** | **1961** | **1962** | **1963** | **1964** | **1965** | **1966** | **1967** | **1968** |
| **Brasil** | 9,8 | 9,4 | 10,3 | 5,2 | 0,9 | 3,5 | 3,1 | 4,2 | 4,9 | 11,4 |
| **China** | - | - | -27,3 | -5,6 | 10.3 | 18,2 | 17,0 | 10,7 | -5,8 | -4,1 |
| **EUA** | 6,9 | 2,6 | 2,6 | 6,1 | 4,4 | 5,8 | 6,5 | 6,6 | 2,7 | 4,9 |

Fonte: Elaborada pela autora, com auxílio de Fernanda Chester e Karina Hasegawa, com base em dados do IBGE (Brasil), National Bureau of Statistics China, Banco Mundial, US Bureau of Economic Analysis e Maddison (2006). Os números indicados para a China, até 1960 foram obtidos em Maddison, 2006 (p. 217) e se referem à média dos períodos, conforme indicados pelas legendas: *1913-1950 e ** 1950-1973. Esta divisão visa dar mais confiabilidade aos dados históricos, optando-se pela escolha de Maddison como referência. A partir de 1961, mesmo tendo constatado a média até 1973, optou-se por já deixar ano a ano, para fazer o contraste com o Brasil, à medida que os dados sobre a China já puderam ser coletados em fontes como Banco Mundial.

em segundo plano. As prévias tentativas de aproximação nos anos 1960 relacionadas à PEI, não se consolidaram. À exceção da PEI, esta foi uma fase de significativa interdependência e assimetrias frente ao Primeiro Mundo e os Estados Unidos. A mudança mais significativa que ocorreu na Guerra Fria, e no eixo Norte-Sul não teve o Brasil como protagonista e sim a China: a retomada do intercâmbio bilateral Estados Unidos-China, unindo estes dois mundos.

## 1.2 Um Novo Perfil de Alianças e Modelos Sociopolítico-Econômicos (1969-1989)

No contexto da Guerra Fria e das relações bilaterais Brasil-Estados Unidos, Brasil-China e suas triangulações, o período de 1969 a 1989 pode ser dividido em duas fases: 1969 a 1978 e 1979 a 1989. Na primeira fase, o ano de 1969 é representativo da retomada diplomática Estados Unidos-China e a política da detente na Guerra Fria, enquanto 1978 representa a consolidação da liderança de Deng Xiaoping na China e o início da Política das Quatro Modernizações. Com relação ao segundo recorte, o ano de 1979 traz uma nova época de confrontação na bipolaridade, com a Segunda Guerra Fria, seguindo-se um breve descongelamento que antecede a Queda do Muro de Berlim e os eventos da Praça da Paz Celestial.

Considerando a etapa inicial, 1969 a 1978, a mesma pode ser considerada uma das mais complexas em movimentações estratégicas de Brasil-Estados Unidos-China. Esta complexidade se revela nos seguintes fenômenos: a retomada das relações bilaterais Estados Unidos-China, a autonomia do Brasil diante dos Estados Unidos e os laços diplomáticos reestabelecidos entre Brasil-China.

Dentre estas, a mais importante mudança é a interação diplomática-estratégica Estados Unidos-China. Ainda que nos anos 1960 pudesse ser uma observada uma maior fluidez nos intercâmbios estatais pelos fenômenos descritos no item anterior como a ascensão do Sul, a recuperação econômica intrablocos Leste-Oeste, a variação de parcerias Sul-Norte-Leste e a maior importância do multilateralismo, as superpotências preservavam sua competição armamentista e por zonas de influência quase intactas. Mesmo que a Crise dos Mísseis em Cuba tenha levado a uma Coexistência Pacífica, nas periferias as guerras continuavam quentes em particular no Oriente Médio e no Vietnã.

Não cabe aqui entrar no detalhamento de todos estes processos, tendo em vista que este não é um texto sobre Guerra Fria, mas sim pontuar o porquê de seu peso na alteração das dinâmicas Estados Unidos-China-Brasil. Além disso, é preciso destacar sua relevância para inaugurar, a partir de 1969, a era de detente, que corresponde ao descongelamento de tensões entre as superpotências.

A política estadunidense tendo à frente Richard Nixon na presidência (1969/1974) e Henry Kissinger no Conselho de Segurança Nacional (1969/1975) e no Departamento de Estado (1973/1977),[15] reconhece as alterações da bipolaridade e aposta em novas táticas para conter a União

15 Kissinger acumulou os dois mais importantes cargos dos processos de formulação de política e tomada de decisões nos Estados Unidos, permanecendo no governo mesmo após a renúncia de Nixon devido ao escândalo de Watergate (espionagem do escritório do Partido Democrata denunciado por fonte anônima à imprensa) e o processo de *impeachment* em andamento.

Soviética. Tais novas táticas são produto de uma percepção diferenciada do mundo, mais pragmática, da parte de Kissinger, que envolvia a identificação de atores do Sul como relevantes e reconhecia o desgaste e declínio relativo da economia dos Estados Unidos (quebra do padrão ouro-dolar de Bretton Woods e crescimento dos aliados ocidentais) e as pressões internas e externas do conflito no Vietnã. Buscam-se as negociações bilaterais com os soviéticos (setor nuclear) e a reorganização de parcerias regionais.

Para Kissinger (1994), o sistema internacional se organizava em uma pentarquia: Estados Unidos, União Soviética, China, Europa Ocidental e Japão. A partir destes polos foram estabelecidas duas triangulações: uma capitalista Estados Unidos, Europa Ocidental e Japão (a trilateral, conforme Brzezinski, 1986) e uma capitalista-socialista, Estados Unidos, União Soviética e China (o eixo Washington-Moscou-Pequim). Os norte-americanos identificam a China como potência mundial, promovendo a "Política de uma Só China" (*One China Policy*), deixando de reconhecer Taiwan.

Para a China, o reengajamento ao sistema internacional via Estados Unidos demonstra sua crescente importância e poder de barganha. Oferece ao país uma chance concreta de modernização e o reconhecimento de sua soberania pelos norte-americanos, o que reforça a integridade do Estado. A União Soviética era vista como um ameaça cada vez maior, o que, segundo Kissinger (2011) é um fator essencial para a reaproximação bilateral. Kissinger (2011), destaca o crescente racha sino-soviético, que inclui uma confrontação militar em 1969, como motivação para o reengajamento diplomático chinês e as disputas com a Índia (e a aproximação soviético-indiana).[16]

Por estar localizada na Eurásia, e por possuir uma visão mais pragmática de sua interação com potências e menos vínculos socioculturais com os Estados Unidos, a relação bilateral da China com os Estados Unidos não assume um perfil de jogo de soma zero. Predomina uma troca pragmática, convergindo interesses geopolíticos econômicos de contenção de outros Estados e oportunidades econômicas (Brzezinski, 1986). O caso brasileiro, contudo, revela-se mais complexo por conta da posição hemisférica do país e o caráter estrutural das relações internacionais que torna o relacionamento dicotômico entre alinhamento e autonomia.

Para os Estados Unidos, a etapa pós-1967 do Regime Militar representava um desafio. Apesar da manutenção da luta anticomunismo do governo brasileiro e as parcerias na América Latina (Operação Condor) contra os movimentos de esquerda, havia uma dissonância estratégica. No que se refere à repressão interna merecem destaque políticas como o Ato Institucional no. 5 (1968), a era dos Anos de Chumbo e slogans como "Pra Frente Brasil" e "Brasil Ame-o ou Deixe-o".

A construção do projeto de potência, a continuidade da ISI, visando completar a estrutura produtiva nacional e promover um salto qualitativo tecnológico (estando aí incluído o setor de defesa, segurança e tecnologias sensíveis como a nuclear), os investimentos em ciência e ensino superior e a ampliação dos mercados exportadores sinalizavam uma busca de independência e ganhos de poder para o Brasil.

[16] Recomenda-se Holanda, 2011, para estes processos.

Os governos do General Costa e Silva (1967/1969) e do General Médici (19769/1974) promoveram um relativo descolamento de políticas e expectativas entre Brasil-Estados Unidos. As relações com os Estados Unidos encontram-se associadas a termos como "rivalidade emergente", "relações perdidas" ou "conflito administrado" (Bandeira, 2004). O Brasil assume um papel de liderança no novo sistema de alianças do Sul, com presença ativa no G-77, na Conferência das Nações Unidas para o Comércio e Desenvolvimento (UNCTAD), reforçando a ampliação de suas ações nos eixos Leste-Norte. Entretanto, dentro da lógica do governo Nixon de se aproximar de potências regionais, em 1969 Kissinger reafirma a importância do Brasil, com a Missão Rockefeller e a declaração de que a América Latina irá para onde o Brasil for.

A pauta de Médici (1969/1974) deu continuidade à busca de autonomia, com a Diplomacia do Interesse Nacional (Chanceler Mario Gibson Alves Barboza), mas com menos destaque ao "terceiro mundismo". Não há uma retomada da aproximação incondicional com os Estados Unidos, com o qual se acumulam desencontros: o sequestro do Embaixador norte-americano Charles Elbrick no contexto da luta da guerrilha pelo Movimento Revolucionário 8 de Outubro (MR8) e pela Ação Libertadora Nacional (ALN), as 200 milhas náuticas do mar territorial, denúncia do protecionismo comercial e do congelamento do poder mundial, aumento da liderança no Cone Sul com ganho de poder (Tratado de Itaipu, 1973) e a posição brasileira na Conferência Ambiental de Estocolmo (1972), contra as limitações ao desenvolvimento e o que considerava ingerências das nações desenvolvidas ao Sul (Lago, 2006).

Este período foi caracterizado pelo Milagre Econômico, impulsionado pelo I Plano Nacional de Desenvolvimento. O I PND permitiu ao Brasil crescer cerca de 10-13% neste momento, com uma maior densidade econômica que a China (ver Tabela 2). Nem mesmo eventos como a primeira crise do petróleo em 1973 pareciam colocar dúvidas na trajetória ascendente do Brasil, cujo desenvolvimento era sustentado, em grande medida, com a contração da dívida externa e dependência do capital internacional.

Diante da consolidação da autonomia nacional, a etapa seguinte do Regime Militar representou o auge da política externa global e multilateral, concebida por meio do Pragmatismo Responsável e Ecumênico no governo do General Ernesto Geisel, conduzida pelo Chanceler Azeredo da Silveira entre 1974 a 1979.

O Pragmatismo era composto de duas dimensões no que se refere à consolidação do sistema de relações internacionais do Brasil ampliado no que se refere à Cooperação Sul-Sul e Norte-Sul: a continuidade, com a crescente valorização da atuação multilateral e o aprofundamento dos laços que vinham sendo construídos por parcerias Sul-Leste-Oeste, América Latina, União Soviética, Europa Oriental e Ocidental, e a inovação, com o estabelecimento de novas parcerias na África, Oriente Médio e Ásia (com destaque à já citada retomada com a China e o aprofundamento dos laços com o Japão).

Em ambas as dimensões, continuidade e inovação, o critério para as alianças multilaterais ou estatais era instrumental: como poderiam contribuir para o interesse nacional econômico-estratégico (comércio de bens primários e industrializados, energia e tecnologia), independente do caráter social-ideológico-político. Como esta lógica afeta as relações bilaterais Brasil-Estados Unidos e Brasil-China?

No caso das relações bilaterais Brasil-Estados Unidos, este critério indica uma quebra relativa no caráter estrutural dos Estados Unidos, pois o país colocava o interesse nacional em primeiro plano. Já em Geisel, e na década seguinte, esta dinâmica tende a aumentar as divergências entre os países, à medida que se alterava o poder relativo brasileiro, seus recursos de poder e capacidade de negociação, e projeção regional e global.

Os principais pontos de divergência Brasil-Estados Unidos referem-se ao setor de segurança, tecnologia e defesa devido ao TNP, o Acordo Nuclear com a Alemanha (1975), o Programa Nuclear Paralelo (composto pela construção do submarino nuclear e o o domínio do ciclo do combustível nuclear) e os investimentos na ENGESA e AVIBRÁS para a consolidação da Base Industrial de Defesa (BID).[17] Este período sela o distanciamento securitário, rompendo a colaboração para construção de usinas (White Westinhouse entre 1972 e 1974) e a cooperação nuclear vigente desde os anos 1950 como visto em 1.1. Edita-se a Política de Informática (1976) que limitava o acesso de empresas estrangeiras ao mercado de hardware e software brasileiro, protegendo a indústria nacional, e ocorre a denúncia do Acordo Militar Brasil-Estados Unidos (1977).

Outro tema é o reposicionamento do Brasil nas negociações sobre o Tratado da Antártica e a atuação crescente do país no Atlântico Sul, espaços de projeção geopolítica (Freitas, 2004). O desenvolvimento do Programa Antártico Brasileiro (PROANTAR) são exemplos de uma agenda adicional de elevação do poder a sua participação ampliada nas discussões multilaterais sobre o futuro da região no âmbito do Sistema do Tratado Antártico (STA). Como parte da presença brasileira no STA, desenvolveu-se a colaboração Marinha, CNPq e o Ministério das Relações Exteriores. Na década de 1980, a inauguração da Estação Comandante Ferraz de pesquisas e as expedições na região são marca destas iniciativas (Ferreira, 2009).

Como pano de fundo, é preciso destacar a mudança de postura dos Estados Unidos com o governo do democrata Jimmy Carter (1977-1979), em defesa dos direitos humanos na América Latina, contrastando com o período anterior de apoio aos regimes autoritários. Carter, adicionalmente, visitou o Brasil em 1978, como parte desta nova agenda pró-direitos humanos e temas sociais dos Estados Unidos.

As tensões não se limitavam a estes campos podendo ser listados: meio ambiente e gerenciamento de recursos naturais, com a criação do Tratado de Cooperação Amazônica (1978), solidificando a soberania na região e defendendo o desenvolvimento sustentável (Lago, 2006); a nova formatação das alianças com a Argentina no Cone Sul; a cooperação energética no Oriente Médio e o maior envolvimento nas questões envolvendo Israel e o mundo árabe (com destaque ao voto anti-sionista do Brasil na ONU em 1975 e ao comércio de armas); o apoio a processos de descolonização em andamento, independente de suas ideologias principalmente na África (Angola e Moçambique); o ativismo terceiro mundista e de resistência nos órgãos multilaterais como a ONU e nas rodadas de negociação do Acordo Geral de Comércio e Tarifas (GATT).

[17] Cervo e Bueno (2015) definem estes projetos como a "Nacionalização da Segurança".

Existe uma elevação de retóricas e práticas, que leva a um maior distanciamento bilateral, e que nos anos 1980 terá consequências mais sérias. A mudança do contexto interno e externo também contribuirá para ampliar estas agendas de confrontação. Se com os Estados Unidos este é um período sensível, com a China o caminho é o da negociação.

Um dos marcos da CSS, sob o governo de Ernesto Geisel (1974-1979) e a matriz do "Pragmatismo Responsável e Ecumênico" foi o reestabelecimento das relações diplomáticas com a China. De acordo com Visentini (2020), o processo foi marcado por divergências no Regime Militar devido à reaproximação com um país comunista. Segundo Becard (2008), de 1974 a 1979, podem ser observadas relações embrionárias entre Brasil e China, preparando o terreno para um adensamento diplomático entre 1979 e 1985 (definido pela autora como de "aproximação política e operacional", p. 83).[18]

Descrevendo o processo de normalização das relações Brasil-China, Becard (2008) analisa uma série de documentos nos quais são apresentados os argumentos que sustentaram as tratativas diplomáticas naquele momento e a decisão brasileira. Tendo como base esta síntese documental, as principais justificativas para o reatamento foram:

> i) a consolidação da presença do Brasil no cenário mundial, levando à ampliação de seus interesses e de suas responsabilidades de potência em ascensão; ii) o reconhecimento "de jure" da RPC pela maioria dos Governos e manutenção de relações diplomáticas da RPC com maior número de Estados que a República da China (Formosa); iii) o fato de a RPC possuir assento permanente no Conselho de Segurança da ONU; iii) a existência de opiniões e teses coincidentes ou semelhantes entre os governos brasileiro e chinês; iv) a potencialidade do mercado chinês e; v) as possibilidades de manutenção de relações comerciais favoráveis com a República da China (Formosa), mesmo depois de cessação das relações diplomáticas por força do reconhecimento, pelo Brasil, da RPC (Becard, 2008, p. 66).

As relações bilaterais são impulsionadas por um grau maior de convergência de objetivos entre Brasil e China: modernização, desenvolvimento e ampliação do sistema de relações internacionais. Para Visentini (2020), é uma aliança sem subordinação ou pré-concepções, entre nações soberanas, que pretendiam explorar possibilidades conjuntas de cooperação. Além da convergência político-estratégica com a pauta de Bandung existiam similitudes derivadas da Teoria dos Três Mundos, brevemente tratada na Introdução. Segundo Yee (1983, p. 239-240)

> Em sua primeira participação nas Nações Unidas em Abril de 1974, o Vice-Premiê Deng Xiaoping chamou a atenção mundial com seu discurso diferenciando as três forças políticas da política internacional. A agora famosa teoria dos "Três Mundos" embora creditada a Mao Zedong pelos líderes chineses, foi primeiramente apresentada mais claramente e explicitamente por Deng neste discurso (...). O Conceito estabelecia que as duas superpotências, os Estados Unidos e a União Soviética compunham o Primeiro Mundo; que os países em desenvolvimento na Ásia, África, América Latina e outras regiões formavam o Terceiro Mundo; e que os países desenvolvidos entre os dois constituíam o Segundo Mundo. Deng declarou, de forma veemente, que a China pertencia ao Terceiro Mundo. Desde então, esta visão de ordem mundial, se tornou retórica padrão das declarações de política externa de Beijing.

---

[18] As demais etapas são de esfriamento (1990 a 1994) e ampliação e consolidação (1995 a 2004), e servem também de referenciais orientadores para os recortes temporais deste livro.

Somado a isso, Yee (1983) aponta a premissa da Frente Unida do Terceiro Mundo contra qualquer tipo de hegemonismo, que direcionava ambas as nações à busca da autonomia e consolidação da soberania. Posteriormente, esta premissa de "Frente Unida" seria modificada, até ser quase eliminada, à medida que as interações Estados Unidos-China se aprofundavam no pós-1978. O objetivo era enfatizar o não-confrontacionismo e a coexistência como parte da nova política externa chinesa de Deng Xiaoping.

Em 1974, foi assinado no dia 15 de Agosto, o "Comunicado Conjunto Sobre o Estabelecimento das Relações Diplomáticas Entre a República Federativa do Brasil e a República Popular da China". Formalmente, nos anos de 1974-1975, retomam-se as relações diplomáticas Brasil-China, com a reabertura das Embaixadas do Brasil e da China nos dois países, e o Brasil deixando de reconhecer Taiwan. No ano de 1978, após uma série de missões comerciais, foi estabelecido o Acordo Comercial entre o Brasil e a República Popular da China (Becard, 2008).

A agenda econômico-comercial bilateral evolui gradualmente nos anos 1970-1980, com a balança comercial mantendo-se favorável ao Brasil. Os principais setores nos quais o Brasil atua no mercado chinês são os de *commodities* alimentares e de siderurgia, e as importações no setor energético e químicos. Em comparação, o padrão é similar ao do comércio Brasil-Estados Unidos, com foco em produtos do setor primário nas exportações e importações de bens de maior valor agregado.

Dado interessante trazido por Altemani (2004), e que vai ser muito representativo das mudanças na relação bilateral, é o da percentagem da participação da China nas exportações e importações da economia brasileira: no que se refere às exportações do Brasil à China, de 1975 a 1990 o crescimento é lento, de 0,8% a 1,2% (com um pico de 3,2% em 1985), o que se repete nas importações, entre 1980 e 1990, com variação de 1,1% a 0,6% (com outro pico em 1985 de 3,2%). A China possui a maior parte de seu comércio limitado à Ásia entre 1960-1990, o que drasticamente se altera no século XXI.

No caso brasileiro, a aproximação com a China e com outros países formalmente identificados como socialistas traz tensões internas em duas vertentes: com a linha mais conservadora do Regime Militar anti-comunista e os grupos políticos mais próximos aos Estados Unidos, como citado. Por outro lado, a oposição apontava a contradição entre as relações internacionais e a continuidade da repressão doméstica (além do desgaste natural da permanência do Regime), apesar do início do processo da transição, denominada de "lenta, gradual e segura".

Tal transição era baseada em medidas políticas e econômicas. No campo político, destacam-se: o maior espaço à atuação da oposição, a Lei Falcão (1976), o Pacote de Abril e a Lei do Divórcio (1977), a revogação do AI-5 (1978) e o início das negociações para o encerramento do Regime Militar (envolvendo a anistia e a garantia da transição democrática). Na pauta econômica, destaca-se o II PND, com ênfase na dimensão tecnológica, focada no setor de informática, e na energética dando continuidade às obras de infraestrutura de grande porte para a geração de energia como hidrelétricas (na qual se insere Itaipu), usinas nucleares e um elemento importante de inovação:

o Proálcool, programa de biocombustível pioneiro, feito de cana-de-açúcar, como alternativa ao petróleo.

No campo político, estas reformas ocorriam devido ao desgaste político-econômico do modelo do Regime Militar, que se encontrava atrelado ao binômio desenvolvimento-estabilidade. Embora o Regime Militar não promovesse a redistribuição de renda, a estabilidade econômica passava uma percepção de solidez e sucesso à população. À medida que sinais de crise apareciam como aumento dos preços de combustíveis e alimentos, diminuição do ritmo de empreendimentos estatais, a legitimidade do regime era afetada. A crise econômica era gerada pela baixa internalização do crescimento e, principalmente, por fatores externos: a crise do petróleo de 1973, a escassez de capital internacional e o aumento dos juros da dívida. Estes dois fatores estendem-se aos anos 1980, com efeitos significativos para o Brasil.

A China também enfrentava um período sensível, assim:

> Apesar do interesse tanto chinês quanto brasileiro em promover a cooperação bilateral, as relações desenvolveram-se lentamente (...). Fatores de retração impediram que as relações sino-brasileiras deslanchassem satisfatoriamente, após sua formalização, em agosto de 1974. Na China, por exemplo, mudanças políticas internas (após a morte de Zhou En-lai e Mao Zedong), além de necessidades de ajustes nos projetos de reforma econômica e de melhorias na infraestrutura portuária e ferroviária que o progresso exigia dificultaram as trocas entre os novos parceiros. Do mesmo modo que o Brasil, carecia a China de recursos para incrementar as relações Sul-Sul, passando as escolhas a serem condicionadas pela possibilidade de se poder defender interesses específicos. Existia ainda uma inicial falta de entendimento mútuo, reforçada pelas distâncias físicas e culturais e conhecimento incipiente das realidades nacionais (Becard, 2008, p. 71).

Estas diferentes trajetórias trazem um efeito "gangorra" à estabilidade e ao crescimento de Brasil e China na próxima fase, 1979 a 1989. Nesta gangorra, enquanto a China consolida uma linha ascendente, o Brasil passa da estagnação ao declínio. Consolida-se a "ultrapassagem" chinesa do Brasil na década seguinte. Como indica Holanda (2016):

> A reversão, na década de 1980, do célere crescimento da economia brasileira – em oposição à trajetória que começava a ganhar impulso na economia chinesa – decorreu de um conjunto de fatores, com destaque para: as duas crises do petróleo, de 1973 e 1979; a consequente crise de balanço de pagamentos, que levou à moratória dos pagamentos da dívida externa, em 1986, associado a um processo de hiperinflação; a emergência de um novo paradigma tecnológico, centrado nas tecnologias da informação, com grande potencial de geração de riqueza, ao qual o Brasil (ao contrário da China) tardaria a inserir-se; e a um processo de internacionalização das cadeias produtivas, no qual a China voltaria uma vez mais a passar na nossa frente (Holanda, 2011, p. 47).

A expressão destas contradições, e a comparação com os Estados Unidos pode ser vista na Tabela 2:

**Tabela 2 - Crescimento Anual do PIB (%) - 1969 a 1978**

| | 1969 | 1970 | 1971 | 1972 | 1973 | 1974 | 1975 | 1976 | 1977 | 1978 |
|---|---|---|---|---|---|---|---|---|---|---|
| Brasil | 6,9 | 6,1 | 8,6 | 9,4 | 11,3 | 6,5 | 2,7 | 7,2 | 2,2 | 0,8 |
| China | 13,8 | 16,1 | 4,2 | 1,3 | 5,3 | 0,2 | 6,8 | -3,1 | 6,1 | 9,7 |
| EUA | 3,1 | 0,2 | 3,3 | 5,3 | 5,6 | -0,5 | -0,2 | 5,4 | 4,6 | 5,5 |

Elaborada pela autora com dados de Banco Mundial e US Bureau Of Economic Analysis

Na fase seguinte, considerando a última década da Guerra Fria (1979 a 1989), os norte-americanos foram governados por Carter em final de mandato entre 1981-1988, pelo republicano Ronald Reagan, que compôs, ao lado de Margaret Thatcher (1979-1990), o eixo político conservador e neoliberal. Além disso, promovem-se políticas de estrangulamento ao Sul e ao Leste.

Dentre as táticas aplicadas, os Estados Unidos passaram a apoiar com recursos financeiros, armamentos e politicamente grupos anti-comunistas. Alguns fenômenos se destacaram: o auxílio aos chamados *freedom fighters* em regiões de interesse soviético, dentre elas na Guerra do Afeganistão (1979/1985), as *proxy wars* (América Central, África) e a criação e atuação de organizações não governamentais de apoio à transição democrática (como o *National Endowment for Democracy*). Na América Central, os Estados Unidos retomam um padrão de intervenções e ingerência bastante intenso, tornando-a uma das fronteiras preferenciais da nova Guerra Fria na região. Em 1989, o período conclui com a invasão do Panamá, mas já sob a justificativa da guerra às drogas, que será um dos componentes da agenda no pós-Guerra Fria (Panamá com o qual o governo Carter havia negociado a devolução do Canal em 1999).

Outras são a perda do Irã em 1979 com a Revolução do Aiatolá Khomeini, de caráter fundamentalista, as negociações de paz no Oriente Médio Israel-Países Árabes e os boicotes cruzados às Olimpíadas, de Moscou 1980 e Los Angeles 1984. Portanto, para a diplomacia brasileira, que visava uma ação global, o cenário se mostrava adverso com o fechamento de espaços e a perda de vitalidade da CSS.

No hemisfério, o Brasil, por sua elevação de poder, se torna uma das nações mais pressionadas, e a China, de certa forma, "escapa" de tantas restrições à medida que seu fortalecimento era instrumental para expor as fragilidades soviéticas. Para o Brasil, esta década significou tensões adicionais com os Estados Unidos em um momento de crescentes vulnerabilidades: o último governo do Regime Militar (1979-1985) com o General João Batista Figueiredo e a redemocratização da Nova República com Tancredo Neves e José Sarney (1985-1989).

Durante toda a década, as pressões norte-americanas direcionam-se aos programas estratégicos no campo da defesa, principalmente o setor nuclear, o protecionismo comercial e o estrangulamento provocado pelo aumento dos juros da dívida externa. No que se refere ao protecionismo, são duas questões principais com sinais trocados: o protecionismo dos Estados Unidos no setor agrícola, com a edição das *Farm Bills*, e o protecionismo do Brasil com a Lei de Informática (reserva de mercado com as leis de 1976 e 1984) e o não reconhecimento de direitos de propriedade intelectual.

As divergências estendem-se ao campo político, associadas às demandas pelos direitos humanos, o meio ambiente e à redemocratização, temas que se tornaram dominantes na fase seguinte e no início do pós-Guerra Fria. Outro fator relevante foi a aceleração dos processos da 3ª Revolução Industrial (Revolução Científica e Tecnológica-RCT), focada na tecnologia de ponta, de alto investimento, de maior dificuldade para acompanhar.

Paralelamente, nos Estados Unidos e no Reino Unido implementavam-se políticas econômicas de cunho neoliberal baseadas na privatização, desregulamentação e abertura comercial, que se tornam a base do posterior Consenso de Washington no pós-Guerra Fria. O termo foi assim definido por representar políticas trazidas pelos organismos financeiros internacionais sediados em Washington, como o Fundo Monetário Internacional e o Banco Mundial.

Internamente, coube a Figueiredo dar continuidade à abertura com a Lei da Anistia e Reforma Partidária em 1979, e a realização de eleições diretas para os governos estaduais no ano de 1982. Os anos 1980 foram marcados pelo fortalecimento da oposição a partir destas eleições e a crescente mobilização popular, simbolizada nas greves operárias do ABC Paulista, com Luis Inácio Lula da Silva à frente, e o Movimento Diretas Já de 1984. Estes movimentos levavam a reações conservadoras de linha dura, com atentados a sede de partidos de oposição e ao Rio Centro. Todas estas motivações associam-se ao esgotamento da ISI, pelo seu sucesso em consolidar a economia brasileira em todos os setores industriais, mas dos fracassos sociais do Regime Militar, e de sua incompreensão do novo contexto econômico internacional e das pressões do Norte.

No campo externo, vivia-se o reaquecimento da Guerra Fria e o o fechamento de espaços. O Brasil concentrou esforços no Cone Sul, com a aproximação com a Argentina que positivamente levaria às negociações para a integração e, polemicamente, ao apoio a este país na Guerra das Malvinas 1982[19] (o que desagradou os Estados Unidos à medida que a Guerra era contra o Reino Unido, um dos seus principais aliados). Em 1984, a inauguração de Itaipu surgiria como um marco do sucesso do regime, independente da deterioração das condições econômicas internas.

Nas relações Brasil-China marcos importantes ocorreram com visitas bilaterais: do lado do Brasil, o Chanceler Ramiro Saraiva Guerreiro foi ao país em 1982 e o presidente Figueiredo em 1984. Do lado da China, o Vice Ministro de Negócios Estrangeiros Wu Xuequian vem ao Brasil em 1984 e o Primeiro Ministro Zhao Ziyang em 1985. Mas, se pelo lado brasileiro, a trajetória era descendente, do lado chinês esta segunda fase é caracterizada pelo sucesso do projeto de desenvolvimento, com forte apoio de investimentos estadunidenses.

Por motivações geopolíticas, a tática norte-americana diante da China não era a de contenção ao seu aumento de poder, mas um engajamento crescente visando seu fortalecimento político-estratégico para contrabalançar a União Soviética na Eurásia. Este era um dentre os muitos elementos utilizados por Reagan para estrangular a URSS, associados a uma nova corrida armamentista convencional e de alta tecnologia, à pressão no entorno soviético e em sua projeção global e às fragilidades econômicas e sociais internas.

As dinâmicas da transnacionalização e da globalização econômica, e a movimentação do capital em busca de destinos mais rentáveis do que no mundo ocidental, tornavam a China um país atraente às empresas multinacionais para a redução de custos de produção, busca de incentivos fiscais e leis de remessa lucro mais favoráveis (e amparo para plataformas de exportação). Desta forma, consolida-se o projeto chinês da "Política das Quatro Modernizações".

[19] Mesmo ano da visita do Presidente Reagan ao país.

A "Política das Quatro Modernizações" (1978) do governo Deng Xiaoping focava-se nas áreas industrial, defesa, agricultura e ciência e tecnologia, elevando qualitativa e quantitativamente o crescimento da economia e da sociedade. O objetivo era impulsionar a China para um status de potência, sem perder sua autonomia e identidade política. A síntese é o conceito de socialismo de mercado chinês (definido por Deng como "socialismo de características chinesas"). Ainda que não haja consenso entre os analistas, a Economia Socialista de Mercado (ESM) possui alguns pilares característicos: a forte presença e papel do Estado na economia e sociedade, a liderança do PCCh, reformas graduais e controladas com modernização e atração de empresas e investimentos (limitadas neste início às Zonas Econômicas Especiais-ZEE) e a valorização da China como mercado de exportação.

Segundo Kissinger (2011), este foi um período de reforço abrangente da interdependência entre Estados Unidos e China (e da China com os grandes centros do capital internacional). Conforme Medeiros (2003, p. 335):

> A dinâmica dos capitais internacionais em relação à China obedecia, no início dos anos 80, a uma lógica mercantil induzida por diferenciais de custo e câmbio, e se altera a partir do final desta década e início dos anos 90. Seu novo determinante passa a ser a conquista do crescente mercado interno Chinês num contexto marcado pelo acirramento da concorrência oligopólica mundial. Neste sentido centenas de empresas americanas, japonesas e europeias começaram a se instalar na China, especialmente em Xangai, atraídos pela ZEE de Pudong, estabelecida em 1990.

Na política externa, o governo Deng caracterizou-se pela consolidação gradual de poder antes de buscar uma expansão externa que pudesse atrair pressões norte-americanas. Esta forma de projeção internacional foi definida como "manter um baixo perfil" (KLP, *keep a low profile* em inglês). O objetivo era evitar quaisquer ações que pudessem ser entendidas como confrontacionistas, associadas a um fortalecimento doméstico, como mencionado, atrelado ao capital internacional e ao Estado (Poh and Li, 2017). Os Estados Unidos eram identificados como a maior ameaça, mas o parceiro mais relevante, o que levava a um jogo de equilíbrio constante entre estas dimensões por parte do governo chinês.

Estas tendências de engajamento chinês e contenção brasileira somente se aprofundaram de 1985 a 1989, com uma nova distensão na Guerra Fria patrocinada pelo novo Secretário Geral do PCURSS Mikhail Gorbachev e o Presidente Ronald Reagan. A estabilidade alcançada na gestão de Deng não possuía correspondentes políticos ou econômicos no Brasil, à exceção de 1989 quando a China enfrentou a crise da Praça da Paz Celestial.

Tal crise colocou em xeque a estabilidade doméstica, um dos pilares das políticas do Estado, por conta de protestos populares, que ficaram simbolizados por imagens de resistência de jovens e símbolos ocidentais. Segundo Kissinger (2011), o movimento foi reprimido pela gestão Deng, visando a manutenção da integridade e soberania nacionais. Além disso, visava manter o controle do ritmo gradual das reformas, e impedir uma perda de controle do processo de modernização. Se por um lado Deng teve sucesso em controlar este movimento, por outro, levou a pressões norte-americanas nos direitos humanos.

Para o Brasil, o período foi conturbado devido à transição do Regime Militar à Nova República, governo civil eleito indiretamente encabeçado por

Tancredo Neves e José Sarney. Com a morte de Tancredo mesmo antes da posse, Sarney assumiria o país em condição desfavorável política e economicamente. Esta realidade se disseminava por toda a América Latina, na qual se consolidava a "década perdida" como ficaram conhecidos os anos 1980. O termo refere-se a uma combinação de baixos índices de crescimento econômico, com altas pressões inflacionárias, deterioração das condições sociais e crise da dívida externa. Como o agravamento destas condições sociais coincide com os processos de redemocratização na região, estando aí incluído o Brasil, a opinião pública, por vezes, tende a associar a democracia com instabilidade e crise, ao mesmo tempo que expressa saudosismo diante dos modelos autoritários.

O governo Sarney passou a atuar em três frentes: a consolidação da transição democrática, a matização da crise econômica interna e uma atualização da política externa para reduzir pressões externas e buscar reorientar o modelo de desenvolvimento. Tais frentes revelam-se interdependentes e caracterizadas pela dualidade entre uma proposta de continuidade da autonomia externa e a descontinuidade para a reinserção do Brasil democrático no mundo. Esta dinâmica, a mudança do jogo político doméstico e o esgotamento do modelo econômico do Regime Militar, preparam o terreno para, no contexto do pós-Guerra Fria, ocorrer a quebra do paradigma multilateral global.

Começando pelos fatores domésticos, o objetivo da transição democrática realiza-se pela estabilidade do governo, a posse de Sarney e a elaboração da Constituição de 1988. Conhecida como Constituição cidadã, esta nova constituição reforça o caráter democrático do país, e nas Relações Internacionais mantém, em seu artigo 4°, as prioridades tradicionais do Estado brasileiro no setor externo.

Como inovação, inseriu-se uma menção específica à América Latina: "A República Federativa do Brasil buscará a integração econômica, política, social e cultural dos povos da América Latina, visando a formação de uma comunidade latino-americana de nações" (Brasil. Constituição, 1988). A inclusão desta menção pode ser objeto de diversas interpretações: sinalização de uma vocação latino-americana, o reconhecimento da relevância estratégica regional ou, mesmo, uma reação ao fechamento de espaços globais devido às condições adversas do sistema internacional e à fragilidade econômica.

Mantendo o debate no campo doméstico, a segunda frente prioritária de Sarney era o gerenciamento da crise econômica. O governo manteve-se reativo, com a aplicação de planos de ajuste (Plano Cruzado, 1986, Plano Cruzadinho, Plano Verão) e ações de impacto para tentar conter o avanço da hiperinflação, com congelamento de preços, chamamentos à população para fiscalização de abusos de poder econômico, dentre outras ações de pouco sucesso (Bresser Pereira, 2018). A crise da dívida externa era apresentada como uma pressão dos países ricos, buscavam-se soluções de negociação, todas sem respaldo ou abertura de diálogo com os credores. Muito pelo contrário, a opção era o estrangulamento do Sul, e o reenquadramento ao modelo neoliberal.

Por fim, a atualização da política externa[20] possui um caminho duplo de continuidade e mudança. Por um lado, manter a autonomia e, por outro, a

[20] Para uma análise da política externa do governo Sarney recomenda-se Pereira, 2010.

"limpeza de agenda". Os Chanceleres do período foram Olavo Setubal (1985) e Roberto de Abreu Sodré (1986/1990). A gestão de Sodré sobrepõe-se ao fim da Guerra Fria e à reorientação da política externa do Brasil já em um contexto pós-bipolaridade, com o país caminhando de volta para o eixo Norte-Sul (bilateral-hemisférico como preferencial). Ainda que não abandone o eixo Sul-Sul, principalmente na agenda regional, de temas sociais e na pauta securitária, adaptações já puderam ser percebidas.

No campo Norte-Sul, as relações bilaterais com os Estados Unidos são transversais a este binômio continuidade-mudança (Sarney visitou o país em 1986). Além da natureza dos temas, esta transversalidade já mostra a crescente influência dos grupos que defendiam a retomada da era dos alinhamentos com este país e a retomada do caráter estrutural deste parceiros na política externa. Esta influência é derivada do acúmulo de crises com este país no período final do Regime Militar.

Tais crises são sintetizadas por Côrtes (2010) em três dimensões: a comercial, relacionada aos contenciosos no GATT e às divergências em temas de propriedade intelectual (patentes em geral e medicamentos), a estratégica (devido às ações dos Estados Unidos na América Central, o reatamento das relações diplomáticas do Brasil com Cuba) e a econômico-financeira associada à dívida externa (participação do Brasil no Consenso de Cartagena e a moratória).

No campo comercial, estas tensões implicam a inclusão do Brasil na Lista Negra do Departamento de Comércio dos Estados Unidos (USTR) pela aplicação da Lei Super 301 (1974). De caráter unilateral, a Super 301 autoriza os Estados Unidos a retaliar parceiros comerciais que não estariam praticando boas normas no livre comércio internacional, protegendo setores e não reconhecendo direitos de propriedade intelectual. Dentre as sanções aplicadas encontram-se dificuldades de acesso a supercomputadores que o Brasil desejava adquirir, além do fechamento de mercado. Os Estados Unidos também editaram o Omnibus Trade Act (1988), endurecendo ainda mais suas leis comerciais (Vigevani, Mendonça, Lima, 2018).

Na questão estratégica, além das divergências com relação à América Central e às políticas norte-americanas de endurecimento do combate à União Soviética e o estrangulamento de Cuba (Côrtes, 2010), é importante mencionar questões securitárias adicionais. Tais questões referem-se ao Atlântico Sul e às propostas norte-americanas de militarização da região com a criação da Organização do Tratado do Atlântico Sul (OTAS). Contrário a esta demanda, o Brasil propôs a criação da Zona de Paz e Cooperação do Atlântico Sul (ZOPACAS), desmilitarizada.

Apesar destas tensões, o período final da gestão Sarney inicia um processo de maior aproximação com os Estados Unidos. Como aponta Côrtes (2010), é no campo multilateral relativas a Direitos Humanos e Meio Ambiente que o governo teve ações mais direcionadas à limpeza de agenda (que inclui algumas agendas securitárias de negociação de regimes no campo das tecnologias sensíveis, nuclear e missilística, que se desenvolveriam mais na década seguinte). Estas pautas não se referiam única e exclusivamente aos Estados Unidos, mas eram associadas à reinserção do Brasil no mundo como um país democrático, encerrando as posturas do Regime Militar.

No campo ambiental, Sarney criou o IBAMA (Instituto Brasileiro de Meio Ambiente e dos Recursos Naturais Renováveis) e o Brasil candidatou-se à realização da Conferência das Nações Unidas sobre Meio Ambiente (a Rio-1992), mas prevaleceram algumas divergências com relação à mudança climática (criação do Painel Intergovernamental em 1998) e o Relatório Brundtland (1990), sobre o desenvolvimento sustentável.

Além dos Estados Unidos, o Brasil procurou manter suas demais agendas de cooperação Norte-Sul com a Europa Ocidental e o Japão, mas em condições adversas, que, devido ao foco do livro não serão detalhadas. O mesmo se aplica a temáticas do eixo Sul-Sul como as interações com a África, o Oriente Médio e a aproximação com a Argentina e as negociações que resultaram na criação do Mercosul.[21] O tema Mercosul surge como contraponto e/ou complementar às relações bilaterais Brasil-Estados Unidos e será abordado por este prisma. Mas e as relações com a China?

As relações bilaterais conseguem avanços, mas limitados à ciência e tecnologia. Não há um adensamento de pautas políticas e existe certa estagnação econômica no comércio. O projeto de maior destaque foi o do CBERS-China-Brazil Earth Resource Satellites (CBERS), formalizado em 1998, ano da visita de Sarney à China. Os protagonistas deste acordo eram o Instituto Nacional de Pesquisas Espaciais (INPE) e a Academia Chinesa de Tecnologia Espacial (CAST). A responsabilidade pelos investimentos era de 70% à China e 30% ao Brasil. Segundo Altemani (2010, p. 97):

> A parceria sino-brasileira ganhou um contorno mais definido na área de cooperação técnica e científico-tecnológica, com o trabalho conjunto para o desenvolvimento de satélites de sensoriamento remoto (China-Brazil Earth Resources Satellite–CBERS). Destaca-se o fato de que o projeto de cooperação espacial teve significado especial para o governo chinês por se tratar de um modelo de cooperação Sul-Sul, uma das prioridades da ação diplomática chinesa.

Este é um momento no qual, para a China, predominam as novas dinâmicas de suas relações com os Estados Unidos e o amadurecimento de seu modelo de desenvolvimento. Ou seja, enquanto o Brasil encolhia, a China crescia, e os Estados Unidos oscilavam, como indicam os números da Tabela 3:

**Tabela 3 - Crescimento Anual do PIB (%) - 1979 a 1989**

| | 1979 | 1980 | 1981 | 1982 | 1983 | 1984 | 1985 | 1986 | 1987 | 1988 | 1989 |
|---|---|---|---|---|---|---|---|---|---|---|---|
| Brasil | 4,3 | 6,6 | -6,6 | -1,7 | -5,6 | 2,9 | 5,6 | 5,8 | 1,6 | -2,0 | 1,4 |
| China | 6,2 | 6,5 | 3,8 | 7,3 | 9,2 | 13,6 | 11,9 | 7,3 | 9,9 | 9,5 | 2,6 |
| EUA | 3,2 | -0,3 | 2,5 | -1,8 | 4,6 | 7,2 | 4,2 | 3,5 | 3,5 | 4,2 | 3,7 |

Elaborada pela autora com dados de Banco Mundial e US Bureau of Economic Analysis

Assim, o Brasil se encontrava em crise gerada pelo esgotamento do modelo econômico, as dificuldades da redemocratização e um debate interno cada vez mais polarizado na política externa. Como aponta Medeiros (2003), a

[21] Ver Pecequilo e Carmo (2015) para a evolução do Mercosul. São marcos nos anos 1980: a Declaração de Iguaçu (1985), a Ata de Integração Brasileiro-Argentina (1986) e o Tratado de Integração, Cooperação e Desenvolvimento entre Brasil e a Argentina (1988).

condição geopolítica do Brasil na América Latina, e de sua dependência com o ocidente, leva a resultados opostos aos que a China obteve nos anos 1980. Há uma mudança de política brasileira em seu modelo por prioridades internas e como contrarreação aos processos de estrangulamento citados: dívida externa, fuga de capitais e investimentos (que muitas vezes migravam à Ásia) e pressões dos organismos internacionais governamentais globais por ajustes. Enquanto isso, a China crescia, mas em 1989, será pressionada politicamente pelos acontecimentos da Praça da Paz Celestial.

Portanto, guardadas as proporções, China e Brasil terminam a década em posição defensiva cada qual por seus motivos. Em ambos os casos, o fim da Guerra Fria foi decisivo para definir o quadro de poder das duas nações no século XXI: em 1989, e depois, a China optou pela soberania e autonomia em seu projeto de Estado, o Brasil iniciou um processo de desmontagem de sua independência nestes setores, inserindo-se em um quadro de quebras e polarizações de paradigmas internos e externos.

# Capítulo 2

## O Brasil, os Estados Unidos e o Ocidente (1989-2002)

Fenômeno bastante conhecido e interpretado, o encerramento da Guerra Fria em 1989 permanece um referencial de análise nas Relações Internacionais por diversos motivos. O primeiro é que ainda se utiliza, mesmo na segunda década do século XXI, o termo "pós-Guerra Fria" em referência ao período que se inicia com a Queda do Muro de Berlim. Segundo, a repetição da ideia do "pós", a preservação do uso do termo e a sua reciclagem em novos cenários, simboliza a manutenção do processo de reordenamento do poder mundial em finalização. Terceiro, revela-se a permanência das estruturas de poder estabelecidas ao final da Segunda Guerra Mundial em 1945 e da ordem liberal.

Comparativamente, das três nações e seus relacionamentos bilaterais, Estados Unidos, China e Brasil, a China é a que tem apresentado as menores oscilações de agenda ao lidar com a transição do pós-Guerra Fria. De forma fácil, críticos diriam que isso é natural, oscilações Brasil-Estados Unidos e continuidade China, porque estes dois países são democracias e a China não o seria. Não se pode pressupor que o modelo chinês não possua conflitos internos ou que seus processos de formulação de políticas, tomada de decisão e participação popular por serem diferentes, sejam não democráticos (Lyrio, 2010; Weber, 2023; Jabbour, 2023). O funcionamento da sociedade chinesa e suas dinâmicas políticas contemplam a eleição de representantes, na lógica do funcionamento das comunidades locais e do Partido Comunista Chinês (PCCh).

Além disso, esta asserção pressupõem que todo modelo democrático é igual. Também não se pode pressupor que todos os regimes autocráticos sejam coesos e bem sucedidos (basta examinar o caso da ex-União Soviética), ou que toda democracia, tenda a instabilidade e ausência de consenso. No Brasil, Estados Unidos e China, é preciso compreender jogos de poder e fenômenos internos e externos. Prevalecem sentidos de mudança e continuidade desde 1989, com muitas zonas cinzentas. Como transitar na turbulência? Para o Brasil, a resposta foi caminhar ao Ocidente, ignorando as incertezas.

## 2.1 Parceiros Hemisféricos (1989-1994)

O período de 1989 a 2002 representa o retorno dos padrões conhecidos de alinhamento automático e pragmático do paradigma bilateral-hemisférico que dominaram a política externa do país de 1902 a 1961. O período se divide em duas fases: uma de alinhamento automático com Fernando Collor de Melllo (1990-1992) e outra de alinhamento pragmático com Fernando Henrique Cardoso (1995-2002)[1], intermediadas pela gestão de Itamar Franco (1992-1994).

O movimento de recuperação da aliança especial com os Estados Unidos inicia-se de forma embrionária, como analisado no Capítulo 1, com o Presidente José Sarney (1985-1989). A chamada "limpeza de agenda" visava reintegrar o Brasil aos grandes fluxos da política global, alterando prioridades do Regime Militar entre 1964 e 1985. Entretanto, ainda que a reversão de políticas fosse necessária no meio ambiente e direitos humanos, em outros setores como o estratégico-econômico as situações eram sensíveis.

Quando se pensa na dinâmica securitária, tecnológica, de investimentos e comercial, as demandas vindas do exterior via negociações multilaterais e em intercâmbios bilaterais, principalmente em interações mais assimétricas como as do Brasil com os Estados Unidos e a Europa Ocidental/União Europeia a partir de 1992, revelavam-se mais complexas. A adesão incondicional muitas vezes poderia trazer prejuízos a setores econômicos nacionais e à modernização científico-tecnológica.

A partir de 1989 estas distinções entre o que era preciso-necessário mudar e o que poderia ser negociado-barganhado foram se tornando tênues. O debate nacional, afetado pelo fim da Guerra Fria e a vitória dos Estados Unidos-Ocidente no confronto bipolar, e a crise econômica doméstica, focaram na desqualificação do projeto de desenvolvimento e do sistema de relações internacionais global-multilateral. A situação na China foi a oposta: o fim da Guerra Fria trouxe mais clareza sobre a importância de negociar-barganhar. Isto também afetou as relações bilaterais Brasil-China.

Mas qual era o argumento dos que defendiam o realinhamento aos Estados Unidos-Ocidente? Segundo estas percepções, o Brasil havia atingido uma condição de vulnerabilidade e precariedade, devido ao nacional-desenvolvimentismo. As opções de parcerias com países do Terceiro Mundo e do Mundo Socialista (eixos Sul-Sul e Sul-Leste) apenas isolaram o Brasil. Ignoravam-se nestes argumentos a ampla rede de parcerias Norte-Sul do país, a importância econômica das agendas Sul-Sul e Sul-Leste (mercados de exportação, cooperação tecnológica, dentre outras) e o peso de políticas como abertura comercial, concessões econômicas para o desenvolvimento nacional. Segundo esta interpretação, os conflitos com os norte-americanos resultavam de uma postura brasileira e não de choques naturais entre potências.

Em 1989, quando da realização da primeira eleição presidencial direta no Brasil desde 1960, estas visões dominaram a campanha eleitoral. Enquanto no debate político as escolhas de 1961 a 1989 foram definidas como

[1] Porém, a fase FHC não é homogênea. Serão propostas outras possibilidades de definição do período (como alinhamento com autonomia, bilateralismo mediado e mesmo resistência complexa-transversal) e uma subdivisão entre o primeiro e o segundo mandatos (1995-1998 e 1999-2002).

"anti-americanas" e "nacionalistas", no jargão acadêmico assumiram a forma da "autonomia pela exclusão" (Vigevani e Cepaluni, 2003). Os termos preferidos eram "modernização", "globalização", "renovação", e na literatura, "normalização", "realismo periférico" e, já na segunda metade da década, "autonomia pela integração".

Em uma sociedade brasileira imersa em crise, a eleição de 1989 foi dominada pelos dois candidatos que se identificaram como anti-sistema. Fernando Collor de Mello, do Partido de Renovação Nacional (PRN), e Luis Inácio Lula da Silva pelo Partido dos Trabalhadores (PT) surgiam como soluções para a mudança, por caminhos diferentes. Políticos mais conhecidos como Ulysses Guimarães, Orestes Quércia, Leonel Brizola, eram percebidos como ligados ao *status quo*. Enquanto Lula simbolizava uma agenda social, ligada à esquerda, por sua atuação no movimento sindical, Collor prometia limpar o Brasil da corrupção e do atraso.

Embora pertencente a uma família política tradicional do Alagoas, Collor construíra uma imagem de jovem modernizador, avesso às oligarquias, e que iria contra tudo e contra todos para salvar o país da crise e promover sua modernização. Expressões como "caçador de marajás", "matar o tigre da inflação com um só tiro", "os carros brasileiros eram carroças" fizeram parte de um *marketing* personalista,carismático e que demonizava a esquerda representada por Lula.

Ainda assim, Lula chegaria ao segundo turno de forma competitiva, mas Collor sagrou-se vencedor pela legenda de aluguel PRN, sem base parlamentar ou sustentação política. Esta base veio da escolha de seu Vice-Presidente, Itamar Franco, como parte de arranjos de coalizão com lideranças mais tradicionais, vindo do Partido do Movimento Democrático Brasileiro-PMDB. Collor assumiu o Palácio do Planalto em 1990, no qual ficaria somente até 1992. Neste ano, sofreria um processo de *impeachment*, em meio a acusações de corrupção, em um país fragilizado pelo desemprego, hiperinflação e baixo crescimento. O Plano Collor de 1990, coordenado pela Ministra da Economia, Zélia Cardoso de Mello, que prometia melhorar a economia fracassara, com medidas polêmicas como o sequestro da poupança, congelamento de preços, dentre outros.

A inserção "Collorida" (Batista, 1993) era baseada na euforia do pós-Guerra Fria, associada às promessas de prosperidade da globalização neoliberal, cujos preceitos eram definidos pelo Consenso de Washington. Convergindo com Batista, Hirst e Pinheiro (1995, p. 6) apontam a existência de três prioridades na pauta do novo governo "1) atualizar a agenda internacional do país de acordo com as novas questões e o novo *momentum* internacional, 2) construir uma agenda positiva com os Estados Unidos e, 3) descaracterizar o perfil terceiro-mundista do Brasil".

Em uma lógica simples, se o paradigma interno-externo anterior levara à crise, a implementação dos preceitos de abertura, modernização, desregulamentação trariam a prosperidade. Tornara-se dominante a retórica do "There is no alternative" (TINA) sobre o neoliberalismo, conforme propagada nos anos 1980 pela então Primeira-Ministra britânica Thatcher (Chodro, 2015). Para países como o Brasil, e a América Latina, a TINA possuía duas dimensões: a da validação desta pauta política-econômica e a imposição de condicionalidades dos organismos multilaterais para a adesão a estas medidas. O que era apresentado como "voluntarismo" pró-neoliberal, possuía uma dimensão impositiva.

Porém, no Brasil, parte de grupos de interesse doméstico defendia a reforma, visando corrigir rumos. A TINA aplicava-se ao campo externo, retomando a ideia de um Brasil ocidental-americano, cujos interesses, cultura e sociedade, convergiam com os norte-americanos, vitoriosos na bipolaridade. Esta ação não era vista como uma subordinação periférica aos grandes centros, mas sim como uma retomada do lugar de direito do Brasil entre as grandes democracias ocidentais do Primeiro Mundo (Lafer, 1993). Neste processo estiveram à frente do Ministério das Relações Exteriores Francisco Rezek (1990-1992) e Celso Lafer (1992).

Esta prática era facilitada pela ofensiva político-estratégica que os Estados Unidos iniciaram no hemisfério. Diferente dos anos 1980, nos quais predominou uma política de intervenções e pressões na gestão de Reagan, seu sucessor, e ex-Vice-Presidente republicano, George H. Bush (1989-1992), optou pela revitalização do relacionamento regional. O objetivo era reestruturar o intercâmbio dos Estados Unidos em sua zona de influência, em um momento de crise, e de expansão de outras forças do bloco capitalista como Japão e Alemanha/Europa Ocidental. Tal revitalização enfatizava a dimensão econômico-comercial, mesclada com a político-estratégica.

A reestruturação era sustentada em três pilares: a integração regional, a segurança coletiva-compartilhada e os "novos" temas. Para o Brasil de Collor, todos estes pilares eram percebidos como essenciais para a sua estratégia de inserção internacional baseada no bilateralismo primeiro-mundista e no modelo político-econômico neoliberal. Eram componentes táticos destas ações a abertura comercial, as privatizações e o Estado mínimo, a desregulamentação e a adesão aos principais fluxos da política internacional vistos como capazes de credenciar o Brasil à modernização.

Estas não eram políticas específicas dos Estados Unidos para o Brasil, mas sim pautas de caráter hemisférico, aplicadas ao conjunto da América Latina. Isso não significa que em certos fóruns, e momentos, os Estados Unidos não fizessem acenos e/ou elogios direcionados ao Brasil e à gestão Collor diretamente, porém não havia uma agenda específica. Ao lado de Collor outros líderes eram "elogiados" pelos Estados Unidos, como Carlos Menem na Argentina e Carlos Salinas de Gortari no México. Ou seja, diferente das expectativas domésticas, os Estados Unidos não enxergavam o Brasil como o único ou principal parceiro latino-americano.

Como aponta Batista (1993), para sustentar estas visões, o Brasil partia de várias concepções sensíveis ao apostar no realinhamento automático: unipolaridade global baseada na *Pax Americana*, o deslocamento do interesse norte-americano da Eurásia para a América Latina, a preferência pelas relações bilaterais Brasil-Estados Unidos dentro da região e que a fórmula do alinhamento traria benefícios ao Brasil. A realidade era mais complexa: uma política defensiva e reativa dos Estados Unidos no hemisfério, a prevalência da Eurásia como prioridade norte-americana, a marginalização da América Latina e de outras regiões do Sul, como a África e o Oriente Médio, na ausência da barganha bipolar e os custos sociais e econômicos da implementação do neoliberalismo.

Avaliando os três pilares citados, Integração Regional. Segurança Coletiva-Compartilhada, "Novos" Temas, o elemento mais inovador e o que gerou mais expectativas foi o da Integração Regional. A este pilar foi agregada a premissa do *trade, not aid* (comércio, não ajuda). Esta pauta sinalizava a possibilidade de acesso ao mercado norte-americano, abertura, investimentos e transferência de tecnologia. O arcabouço foi o da Iniciativa para as Américas (IA), associada à renegociação da dívida externa por meio do Plano Brady e a construção de uma Zona Hemisférica de Livre Comércio (ZHLC). A esta proposta se encontrava atrelado o projeto de uma Área de Livre Comércio na América do Norte entre Estados Unidos, Canadá e México (NAFTA).

Para o Brasil, a sinalização destes arranjos regionais era percebida como essencial para o aprofundamento das relações econômicas com os Estados Unidos e a abertura de mercados. A fim de demonstrar a disposição nacional em aderir a este modelo, o país, ao lado da Argentina, acelerou a construção do Mercado Comum do Sul (Mercosul). A ideia era de que o Mercosul, ao qual se somaram também Paraguai e Uruguai, permitiria consolidar o livre comércio regional e a parceria Brasil-Estados Unidos. O Brasil seria o líder subregional desta composição IA-Mercosul, com a assinatura da Ata de Buenos Aires (1990) e do Tratado de Assunção (1991).Neste primeiro momento, o Mercosul, cujas origens estavam atreladas a uma concepção estratégica de Cone Sul, ganha um teor livre cambista. Teor, contudo, que não se tornou dominante até pela resistência do Ministério das Relações Exteriores do país e a ausência de avanços da proposta norte-americana. Em Junho de 1991, o compromisso de que o Mercosul negociaria em conjunto sua adesão à ZHLC (Acordo do Jardim das Rosas, 4+1), é uma destas ações de autonomia. Para os Estados Unidos, isto já é percebido com desconfiança, à medida que o objetivo da ZHLC era diluir outros arranjos locais no hemisfério, em benefício ao projeto americano.

Ao criar o Mercosul, Collor-Menem de certa forma revelam incompreensão deste quadro e abrem a possibilidade de focos de resistência e de preservação do sentido político-estratégico do bloco (Bandeira, 2004; Guimarães, 1999). Algumas das questões sempre sensíveis nas relações Brasil-Estados Unidos e, de uma forma mais abrangente, de vários intercâmbios do Brasil ligam-se à incompreensão brasileira dos interesses e do funcionamento dos sistemas políticos de seus parceiros, da crença de que é viável descolar compromissos estratégicos dos econômicos e a utopia na condução de negociações multilaterais (Lyrio, 2010; Cervo, 2008).

O Brasil aposta em um caminho que entende como de colaboração IA-Mercosul, enquanto, para os Estados Unidos a leitura era de resistência. Outra aposta, a de que a presidência H. Bush teria capacidade de implementar a IA, abrir mercados, ou fazer investimentos, desconsiderava o peso dos grupos de interesse norte-americanos. Além disso, não levava em conta as limitações dos Estados Unidos na política hemisférica e a sua escala de prioridades internacionais. Três fatores ajudam a explicar as dificuldades mas negociações.

Primeiro, um tema sempre central, eram os jogos de poder Legislativo-Executivo que poderiam se estabelecer na aprovação ou não de tratados, ou de cláusulas de tratados nos Estados Unidos. Este não é um ponto aplicado somente ao comércio, mas relacionado às atribuições constitucionais entre os poderes norte-americanos. O Executivo pode negociar com plena liberdade qualquer tratado, mas para que ele entre em vigor e seja ratificado, é necessária a aprovação do Legislativo (Câmara e Senado).[2] Esta aprovação pode estar condicionada a reformas no texto aprovado e negociado pelo país ou ocorrer mesmo a rejeição do tratado.

Para evitar estas idas e vindas, existem mecanismos pelos quais o Legislativo pode transferir poder ao Executivo e facilitar a aprovação do tratado como um todo, sem possibilidade de ajustes. Em negociações comerciais, a via rápida (*fast track*) é chamada de Autoridade de Promoção Comercial (*Trade Promotion Authority*-TPA). A concessão ou não do TPA envolve, por si só, uma outra disputa política no sistema norte-americano.

Segundo, o comércio Estados Unidos-América Latina, ou Estados Unidos-Brasil, afeta setores como o agronegócio e indústria nos Estados Unidos: agronegócio que se beneficia de subsídios e políticas protecionistas de acesso ao mercado, e que compete com a agricultura brasileira por mercados globais, e o setor de bens industriais, já dilapidado pela competição com a Ásia-Europa. Encontram-se envolvidas temáticas salariais, de padrões trabalhistas e ambientais, conteúdo de produção nacional e transferência de tecnologia, alocação de vagas de emprego, dentre outros. Um dos argumentos mais utilizados pelos contrários a acordos de livre comércio dos Estados Unidos com quaisquer outros países, principalmente os em desenvolvimento, era de que estariam sendo "exportados" empregos. Portanto, os interesses Brasil-Estados Unidos não são complementares, mas divergentes, e envolvem empregabilidade, mercados, tecnologia e agendas transnacionais.

Terceiro, sem apoio interno, ou real grau de prioridade, a IA não teve continuidade como agenda hemisférica com H. Bush. Assim como a ALPRO nos anos 1960, a implementação da IA prescindiria de um consenso interno que, pelo menos em alguma medida, permitisse aos Estados Unidos realizar algumas concessões e investimentos na região. Seria necessário que tanto o Legislativo quanto à opinião pública apoiassem medidas específicas para a América Latina, o que no conjunto das disputas de grupos de interesse norte-americano não se colocava como viável.

Mesmo o NAFTA foi aprovado com dificuldades, somente após a inclusão de diversos acordos paralelos (*side agreements*). Apesar de ter conquistado o TPA, H. Bush teve margem de manobra limitada, havendo a imposição de diversos condicionantes ao NAFTA: direitos trabalhistas, regras de origem e padrões ambientais. Os *side agreements* não foram capazes de impedir o deslocamento de indústrias americanas ao México que desejavam submeter-se a exigências menos rígidas e pagando menos pela mão de obra. Também não houve transferência de tecnologia ou mudanças concretas na economia mexicana, à medida que a maioria das empresas atuava como maquiadoras, apenas montando os produtos (principalmente carros) a partir de componentes importados.

Devido a estas questões, e da relação de interdependência Estados Unidos-México-Canadá, o NAFTA nunca deixou de ser objeto de críticas domésticas

[2] Um dos casos mais conhecidos, e no campo securitário, foi a não-aprovação pelo Congresso da entrada dos Estados Unidos na Liga das Nações, a partir da não ratificação do Tratado de Versalhes em 1920.

(sofrendo uma reforma em Trump, como se verá no Capítulo 5, quando se tornou USMCA- United States, Mexico, Canada). O bloco entrou em vigor em 1994, no governo do democrata Bill Clinton (1993-2000). O México passava por grave crise política, na região de Chiapas, devido à revolta conduzida pelo Exército Zapatista de Revolução Nacional. O movimento era contrário à implementação do NAFTA e defendia pautas de preservação dos direitos dos povos originários no México, em meio à crise social. A revolta foi reprimida pelo governo mexicano e o NAFTA entrou em vigor. Em 1994, Clinton, por meio de uma declaração de seu vice Al-Gore, foi responsável pela reedição da proposta de criação de uma ZHLC, renomeada como Área de Livre Comércio das América (ALCA).

Examinando esta trajetória 1989-1994, que sobrepõem H. Bush-Clinton nos Estados Unidos, Collor-Itamar no Brasil (e abre a presidência de Fernando Henrique Cardoso), é preciso examinar estes temas, chegando aos segundo e terceiro pilares do projeto americano. Segurança coletiva-compartilhada, é um dos pilares originais do projeto hemisférico do pós-Guerra Fria e representava a agenda político-estratégica. Os "novos" temas referem-se às agendas transnacionais e, portanto, serão referidos daqui em diante como Temas Transnacionais à medida que não são inéditos, apenas ganham outras roupagens. Encontram-se ausentes nestas discussões, propostas de reforma do Sistema Interamericano, TIAR e OEA. Tópicos sensíveis como Cuba não eram tratados, permanecendo como divergência Brasil-Estados Unidos.

Interdependentes, Segurança Coletiva-Compartilhada e Temas Transnacionais trazem como lógica subjacente a cooperação securitária Estados Unidos-América Latina. As ameaças existentes no hemisfério, de caráter não tradicional, e um ambiente internacional pacífico, permitiriam que prevalecesse a estabilidade e uma situação de baixos investimentos no setor de defesa. Para o Brasil, isto significava abrir mão de políticas no setor de segurança e defesa (muitas delas fontes de conflito com os Estados Unidos como visto no Capítulo 1).

Como moeda de troca, Collor deu sequência às tratativas de adesão a regimes como o TNP e o Regime de Controle de Tecnologia de Mísseis (MTCR) (que seriam finalizados em Itamar-FHC entre 1994-1995), redução de investimentos no setor militar, de ciência e tecnologia, abertura do mercado de informática e negociação de patentes. Estes cortes atingiram símbolos do desenvolvimento nacional na segurança e defesa, como a nacionalização da segurança e a agenda nuclear, associada à construção de usinas nucleares, o submarino nuclear e o ato simbólico de fechamento de um local que seria usado para testes nucleares na Serra do Cachimbo (PA).

A questão nuclear, um dos grandes pontos de confronto Brasil-Estados Unidos também foi contemplado com: medidas de construção de confiança Brasil-Argentina, no qual se insere a Agência Brasileiro-Argentina de Contabilidade e Controle de Materiais Nucleares (ABACC), a adesão ao Acordo Nuclear Quadripartite de Salvaguardas da Agência Internacional de Energia Atômica (AIEA) e a reafirmação, no âmbito do Tratado de Tlatelolco, da vocação pacífica e desnuclearização regional. O período igualmente marca a negociação do Sistema de Vigilância da Amazônia (SIVAM).

Diante da suposta perda de importância dos temas tradicionais da segurança, são as premissas transnacionais que ganham espaço. Multifacetadas, incluem desde questões como tráfico de drogas, crime organizado, migração ilegal, até tópicos como direitos humanos e meio ambiente. Dentre estas agendas, uma das que ganha mais espaço é a guerra ao narcotráfico, que se inicia com Ronald Reagan na década de 1980. Uma das primeiras movimentações foi a política unilateral de certificação de países na América Latina e benefícios comerciais por conta da parceria na luta contra as drogas.

Este tema não era central nas relações bilaterais Brasil-Estados Unidos, e representa um ponto de controvérsia, principalmente no século XXI. Os pontos mais significativos de convergência eram, como indicado, a dimensão securitária de buscar assinar regimes restritivos ao desenvolvimento nacional, desmontar a Base Industrial de Defesa (BID), e na agenda transnacional o meio ambiente e os direitos humanos. A adesão do Brasil à pauta ambiental na Rio-1992 (Conferência Sobre Meio Ambiente e Desenvolvimento - Eco-92), a defesa do desenvolvimento sustentável (Agenda 21), Convenção Quadro de Mudança Climática (futuro Protocolo de Quioto em 1997), e aos regimes de direitos humanos (Pacto de San José), atuação na Conferência Mundial dos Direitos Humanos (Viena, 1993), foram positivas.

Mas existiram momentos de divergência: o Brasil não apoiou a intervenção dos Estados Unidos no Iraque entre 1990-91, em contraposição a vizinhos como a Argentina que chegaram a participar do conflito. Esta postura foi vista com desconfiança pelos norte-americanos, mas mostrava-se coerente com posições tradicionais da diplomacia brasileira de resolução dos conflitos preferencialmente no âmbito multilateral. Outra motivação para uma postura mais cuidadosa relacionava-se aos laços econômicos com o Oriente Médio. Embora estrategicamente a política externa brasileira sofresse um recuo em sua visão universalista, havia uma preocupação concreta em preservar instrumentalmente parcerias econômicas Sul-Sul.

Havia um descolamento entre o discurso de uma inserção primeiro-mundista nos grandes fluxos econômicos internacionais com valorização do eixo Norte-Sul, e o mundo concreto do comércio exterior brasileiro, que permanecia vinculado ao Sul. Por mais "despotilizada e desideologizada" que a política de Collor desejasse ser, o recuo completo de mercados prévios, sem alternativas, não era viável. Pragmaticamente, independente do alinhamento automático, o Brasil necessitava de válculas de escape externas.

Collor conduziu as negociações comerciais no âmbito do Acordo Geral de Comércio e Tarifas (GATT), finalizadas nas gestões Franco-FHC. O ciclo da Rodada Uruguai do GATT (1986-1994) sofreu os impactos do fim da Guerra Fria. A somatória da crise econômica dos países em desenvolvimento, a relativização de seu poder de barganha e a dualidade de atração-condicionalidade do modelo neoliberal maximizada pelos organismos internacionais multilaterais permite aos países desenvolvidos implementar sua agenda, assim como na criação e primeiros passos da Organização Mundial de Comércio (OMC). A situação do Brasil é exemplar destas contradições. Como aponta Barral (2007), com o término da Rodada Uruguai,

> Os principais resultados alcançados, substanciados no Acordo de Marraqueche foram: 1) um corte médio nas tarifas de 37% e o aumento das linhas de produtos com tarifas consolidadas; 2) o aperfeiçoamento dos instrumentos de defesa comercial com a negociação de um Acordo sobre Salvaguardas e o aperfeiçoamento dos Códigos Sobre Subsídios e Medidas *Antidumping*; 3) a integração dos produtos agropecuários ao sistema multilateral

de comércio e a redução das barreiras não tarifárias; 4) a incorporação dos produtos têxteis ao sistema multilateral de comércio, com a eliminação do Acordo Multifibras de 1974, em dez anos, a partir de 1995, obedecendo ao calendário previamente acordado; 5) o estabelecimento do Acordo Geral sobre o Comércio de Serviços (GATS) que se constitui o primeiro conjunto de normas que contempla esta matéria; 6) a garantia dos direitos de propriedade intelectual através do Acordo Sobre Direitos de Propriedade Intelectual Relacionados com o Comércio (TRIPs); 7) a instituição do Acordo Sobre Medidas de Investimentos Relacionadas ao Comércio (TRIMs); 8) o estabelecimento de um novo Sistema de Solução de Controvérsias; 9) a definição de um mecanismo de Revisão de Política Comercial dos países membros; e 10) a criação da Organização Mundial do Comércio que iniciou suas atividades em 1° de Janeiro (BARRAL, 2007, p. 15).

Com o impeachment de Collor em 1992 abre-se espaço para uma etapa de correção de rumos. A política externa de Itamar Franco quebra o padrão de alinhamento automático e tenta, de alguma forma, retomar um sistema de relações internacionais mais complexo ao Brasil. No período estiveram à frente do Ministério das Relações Exteriores Fernando Henrique Cardoso (1992-1993) e Celso Amorim (1993-1994).

Os ajustes promovidos visavam recuperar o espaço de atuação sul-americana. Era preciso reativar a dimensão estratégica do Mercosul, por meio do aprofundamento e ampliação de políticas como as da Tarifa Externa Comum (TEC), e pautas de complementaridade econômica. Em 1994, a assinatura do Protocolo de Ouro Preto é um marco. No ano de 1996, seria a dimensão político-social que ganharia peso no bloco, com a assinatura do Protocolo de Ushaia, com a Cláusula Democrática do Mercosul.

Já havia uma percepção de um certo recuo americano no hemisfério, e uma breve observação da realidade internacional já deixava mais perceptível o que nunca havia mudado: a prioridade à Eurásia, vide a Guerra do Iraque, as relações Estados Unidos-União Europeia-OTAN e o conflito em andamento na ex-Iugoslávia (1992-1995). Enquanto isso, a crise social-econômica se fazia cada vez mais presente no Brasil e na América Latina. Além da revitalização do Mercosul são propostos dois novos arranjos: o Merconorte (Mercado Comum do Norte) e a Área de Livre Comércio Sul-Americana (ALCSA). Enquanto o Merconorte buscava o reforço dos laços com a região norte, a ALCSA era mais abrangente em termos geográficos e já sinalizava objetivos político-estratégicos de cooperação em setores como infraestrutura. Embora nenhum destes projetos tenha entrado em vigor, eles inspiraram a Integração da Infraestrutura Regional Sul-Americana (IIRSA) e a União das Nações Sul-Americanas (Unasul).

O Brasil procurou retomar suas parcerias Sul-Sul na África, Oriente Médio, Ásia e ações no eixo Norte-Sul (União Europeia e Japão), e de aproximação com países como China e Rússia. O mesmo se aplicava ao multilateralismo: reativar uma posição mais demandante nas arenas internacionais, buscando uma reinserção nestes espaços e a defesa de sua reforma para o pós-Guerra Fria. Dentre os principais temas neste campo encontra-se o pleito brasileiro para um assento permanente no Conselho de Segurança das Nações Unidas. Haviam dimensões político-estratégicas nesta retomada e motivos concretos de buscar alternativas para o crescimento brasileiro.

Todas estas movimentações ocorriam em um momento de crise nacional, e se tornavam menos efetivas do que poderiam. As condições internas brasileiras somente começam a se alterar a partir da implementação do Plano Real

(1994), por FHC à frente do Ministério da Fazenda. Batista Jr, assim sintetiza os principais pilares do Plano Real:

- uso da taxa de câmbio como instrumento de combate à inflação;
- abertura da economia às importações, por meio da drástica redução das barreiras tarifárias e não-tarifárias;
- abertura financeira externa, com a adoção inclusive de políticas de estímulo à entrada de capitais externos de curto prazo;
- medidas de desindexação da economia;
- ajuste fiscal e austeridade monetária;
- venda de empresas públicas (Batista Jr. 1996, p. 130).

A prioridade do Plano Real era a estabilidade econômica, mantendo a abertura da economia brasileira e os processos de reforma associados à diminuição do papel do Estado e à venda de ativos. A âncora cambial, e a importação de produtos externos, era essencial para o controle da inflação e, naquele momento, eram a prioridade. A questão como já alertava Batista Jr no mesmo texto era definir quais as próximas etapas, pois:

> (...) é preciso evitar que o sucesso incial em termos de redução da inflação tenha o efeito perverso de anestesiar o país, impedindo-o de reconhecer a natureza dos desafios que ainda tem pela frente para consolidar o processo de estabilização e abrir caminho para uma nova etapa de desenvolvimento sustentado.

Como a Tabela 4 indica, esta etapa seguinte não foi alcançada. Por outro lado, a China optou pela ação desenvolvimentista. Os resultados serão muito diferentes em termos de projeção de poder, inserção internacional e indicadores sociais e econômicos domésticos. Ao mesmo tempo, os Estados Unidos também apresentam crescimento, ainda que em ritmo menos acelerado.

**Tabela 4 - Crescimento do PIB - Brasil (1990-2002)**

| | 1990 | 1991 | 1992 | 1993 | 1994 | 1995 | 1996 | 1997 | 1998 | 1999 | 2000 | 2001 | 2002 |
|---|---|---|---|---|---|---|---|---|---|---|---|---|---|
| Brasil | -4,8 | -0,3 | -2,2 | 2,9 | 3,6 | 2,7 | 0,6 | 1,8 | -1,2 | -1,0 | 2,9 | 0,0 | 1,7 |
| China | 3,9 | 9,3 | 14,2 | 13,9 | 13,0 | 11,0 | 9,9 | 9,2 | 7,8 | 7,7 | 8,5 | 8,3 | 9,1 |
| EUA | 1,9 | -0,1 | 3,5 | 2,8 | 4,0 | 2,7 | 3,8 | 4,4 | 4,5 | 4,8 | 4,1 | 1,0 | 1,7 |

O crescimento brasileiro manteve-se ora estagnado, ora em níveis mais baixos, preservando o processo iniciado por Collor de abertura e desindustrialização. Ao mesmo tempo, este ciclo foi acompanhado pela reprimarização da economia, com a aposta no setor primário. A contínua desregulamentação da economia no setor de leis trabalhistas, previdência e direitos em geral também gera impactos negativos.

O Brasil fica para trás na Revolução 4.0,[3] mas também em questões básicas das cadeias de valor globais na produção de bens de consumo em todos os segmentos. Para um país que, em 1985, saíra do Regime Militar com um parque industrial completo, há um impacto significativo em níveis de

[3] O termo se refere à Quarta Revolução Industrial, concentrada em setores de ponta como biotecnologia, genética e da economia digital (inteligência artificial, internet das coisas, coleta de dados, aplicativos, segurança cibernética). Para o Brasil, em particular a economia digital, é um dos focos de sua divisão entre os dois mundos Estados Unidos e China (Pecequilo e Marzinotto, 2023).

empregabilidade, distribuição de renda e consumo. Sistematizando as escolhas brasileiras no ciclo 1980-1990, Medeiros (1999, p. 348) aponta diversos pontos de estrangulamento:

> Com efeito, com a paralisia dos investimentos nos anos 80 e com o fim das políticas industriais e tecnológicas voltadas a promoção de novos setores produtivos — com exceção do regime automotivo as exportações brasileiras tornaram-se bastante concentradas em insumos básicos, produtos semi-manufaturados (resultado dos grandes investimentos realizados nos anos 70) e *commodities* agrícolas. Com esta reespecialização do setor exportador, cada vez mais marcante nas estruturas das exportações para os EUA e a UE, a volatilidade do valor das exportações, um problema histórico do setor externo brasileiro, retornou plenamente instabilizando a economia e a sua capacidade de crescer.

Como estas ações afetam as relações bilaterais com os Estados Unidos entre 1992-1994? De acordo com Hirst e Pinheiro (1995), este foi um período curto e paradoxal da agenda bilateral. Se por um lado houve a "desdramatização" (Hirst e Pinheiro, 1995, p. 11) do intercâmbio bilateral, por outro predominaram desconfortos da parte norte-americana. Tais desconfortos referem-se a algumas medidas de resistência brasileira no campo econômico e político (subsídios e protecionismo, patentes, manutenção da defesa de Cuba, dentre outras questões), e a sinalização de ajustes nos processos de privatizações e diminuição do papel do Estado. A autonomia em propostas de integração regional também era vista com preocupação, em particular o Mercosul.

Enquanto países como Argentina (que possuía "relaciones carnales" com os Estados Unidos[4]), México e Chile eram percebidos como modelos, e elogiados pelos Estados Unidos, o Brasil recebia críticas. Entretanto, a estabilidade democrática, o Plano Real e a vitória de Fernando Henrique, candidato pelo Partido da Social-Democracia Brasileira (PSDB) na eleição presidencial de 1994 (e sua reeleição em 1998), levariam a um período de acomodação Brasil-Estados Unidos e à retomada do alinhamento.

## 2.2 Integração, Autonomia e Complexidade (1995-2002)

Eleito com ampla margem popular, FHC teve como Vice-Presidente Marco Maciel, do Partido Democrata (DEM). Em ambas as eleições, a oposição foi representada por Luis Inácio Lula da Silva, do PT. Durante 1990 a 2014, a polarização dominante foi PSDB X PT. O alinhamento seria pragmático, com elementos fortes de resistência em alguns setores. Além disso, esta fase sofreu um corte em 1999, com o início do segundo mandato de FHC. Estiveram à frente do Ministério das Relações Exteriores Luiz Felipe Lampreia (1995-2002) e Celso Lafer (1992). Lampreia estabeleceu a prioridade da "autonomia pela integração".

> A política externa será resultado de uma visão orgânica do mundo e do Brasil (...) Melhorar as condições da nossa inserção internacional é um instrumento básico no processo de transformação qualitativa da sociedade brasileira (...) ao mesmo tempo em que esta transformação (...) será uma alavanca fundamental para a melhoria do padrão de inserção externa do Brasil (...) Estamos engajados em parcerias internacionais que ampliam a nossa presença no mundo (...) somos um mercador global e um ator global

[4] Atribuída ao ex-Chanceler de Carlos Menem, Guido de Tella (1991-1999), a expressão se refere à aproximação incondicional da Argentina aos Estados Unidos.

> (...) com a economia mais aberta (...) temos melhores condições de buscar e mesmo exigir mais acesso e práticas leais e transparentes em matéria de comércio, transferência de tecnologia e investimentos (...) somos mais confiáveis e temos mais credibilidade (...) (Lampreia, 1999, p. 31-33).

Como membro responsável e partícipe da comunidade internacional, o Brasil deveria obter sua reinserção internacional, e reconhecimento de parceiros, por meio da tática da credibilidade e adesão. Isto o credenciaria naturalmente como potência a assumir seu lugar de direito no mundo. Marcando o início desta etapa na política externa, e nas relações bilaterais Brasil-Estados Unidos, um dos momentos mais simbólicos e positivos das relações bilaterais ocorre quando o Brasil comparece com dois presidentes à Cúpula de Miami em 1994: Itamar Franco e Fernando Henrique Cardoso.

Depois da grande ofensiva de H. Bush entre 1990-91, a aprovação do NAFTA e sua entrada em vigor em 1994, o fracasso da IA e da ZHLC deixara um vácuo de ação no hemisfério. A resposta de Clinton foi a atualização dos pilares anteriores, com a proposta da ALCA, e a renovação dos discursos sobre estabilidade democrática e boa governança. Clinton percebia na região latino-americana uma zona de influência a ser preservada e para a exploração de seu potencial econômico. Os Estados Unidos, mais uma vez, possuíam esta reação e olhar hemisférico por conta de suas dificuldades domésticas e de potenciais avanços de outras nações na região: a consolidação intrarregional do Mercosul e as propostas de ampliação das negociações do bloco com outras regiões (o Acordo Quadro Mercosul-União Europeia para o início de tratativas é de 1994), e a desaceleração da economia dos Estados Unidos.

A gestão democrata enfrentava desafios, contabilizando perdas eleitorais e crises mundiais: intervenção na Somália, problemas migratórios com a América Central, tensões no continente europeu com a guerra da ex-Iugoslávia, discordâncias com aliados da OTAN, em uma lista breve. A eleição de Clinton ocorrera basicamente com uma pauta doméstica, centrada na recuperação econômica (simbolizada no conhecido slogan "it´s the economy stupid"). Entretanto, para um país hegemônico, o discurso de campanha torna-se diferente quando no poder, e as ações de Clinton em política internacional em nenhum momento deixaram de buscar a projeção do interesse estadunidense. E, neste ajuste tático, a América Latina volta a receber atenção.

Na América Latina, repetindo o padrão da IA, a ALCA foi muito bem recebida, estando aí incluído o Brasil. O sonho do acesso ao mercado norte-americano, investimentos e transferência tecnológica, mais uma vez foi atrelado ao projeto, mesmo que um breve exame de sua natureza não trouxesse indicações de que estas pautas estavam na agenda. Havia algo diferente: estabelecia-se, a partir de Miami, um cronograma de negociações de 1994 a 2005. A meta do que deveria ser atingido em 2005, se a entrada em vigor da ZHLC, se a abertura de outras rodadas de conversações, não era clara, mas foi suficiente para lançar o processo. Examinando em retrospecto este ciclo, 1994 a 2005, o mesmo pode ser dividido em três fases de negociação: intensa (1994-1999), estagnação (2000-2002) e definhamento (2003-2005).

A primeira fase, de 1994 a 1999, denominada de intensa, representa o auge do movimento negociador. Este movimento acabou convergindo em torno de Estados Unidos-Brasil que eram os dois principais polos econômicos e que representavam posições e interesses diferentes. Este é um período que se sobrepõem à criação e entrada em funcionamento da OMC, percebida pelo Brasil como o espaço preferencial para a definição dos regimes internacionais de comércio, tratativas sobre propriedade intelectual e temas agrícolas, assim como para a resolução de contenciosos comerciais (Órgão de Solução de Controvérsias). Para o Brasil, as negociações da ALCA deveriam seguir a lógica destes parâmetros, com a OMC funcionando como um guarda-chuva para as negociações comerciais. Para os Estados Unidos, as conversações da ALCA não necessariamente deveriam estar enquadradas nesta lógica multilateral.Além de negociações setoriais específicas, foram realizadas somente neste período cinco reuniões ministeriais: Denver (1995), Cartagena (1996), Belo Horizonte (1997), São José (1998) e Toronto (1999). Em 1998, ocorreu também a Cúpula das Américas. Os principais pontos de divergência, somados à demanda brasileira de enquadrar as negociações da ALCA à agenda da OMC, variavam desde as características da futura ZHLC ao formato das negociações.

No caso do perfil da ZHLC, a preferência norte-americana era por um esquema de *hubs and spokes* (núcleo e raios, em uma tradução livre), no qual os Estados Unidos estariam no centro das negociações, e os demais blocos existentes seriam diluídos na ALCA. A outra opção, que contava com a preferência brasileira, era o dos *building blocs* (construção de blocos), no qual ALCA e acordos se complementariam: isto é, a ALCA poderia ser uma soma de partes, NAFTA, Mercosul, Comunidade Andina (CAN) e CARICOM (Comunidade do Caribe).[5] Com relação ao formato das negociações, o Brasil optava por concluir todas as conversações antes da entrada em vigor de qualquer acordo (*single undertaking*/empreendimento único). Para os Estados Unidos, a opção era a da negociação e implementação de temas passo a passo, ou seja, setorial. Esta opção, conhecida como *single harvest* (colheita prévia) favorece os países mais fortes e pode criar distorções nas negociações, à medida que elas podem, a princípio, ser interrompidas. Considerando o quadro de disputas domésticas norte-americanas em torno da proteção de setores e o peso de grupos de interesse específicos com relação a barreiras tarifárias e não-tarifárias, protecionismo e subsídios, este era um caminho arriscado.

Particularmente no setor agrícola, no qual existiam as *Farm Bills*, e o Brasil era bastante competitivo, a adoção da colheita prévia poderia sinalizar que após conseguirem suas metas em outros setores como o industrial, serviço ou patentes, os Estados Unidos não avançariam mais. A resistência brasileira às pressões norte-americanas por este formato de negociações não possuía uma lógica principista ou ideológica como grupos pró-ALCA do empresariado e da sociedade alegavam. Prevalecia uma visão pragmática destas negociações que se estendia à OMC.

Por conta de suas posições em ambas estas esferas, ALCA e OMC, o Brasil de FHC conseguiu mitigar concessões adicionais na OMC, assim como definir os padrões negociadores da ALCA. A partir de 1998, os parâmetros de negociação foram: opção pela estrutura de *building blocs*, *single undertaking* e respeito aos princípios da OMC. Durante estas negociações, não foram

[5] Outra opção, defendida por alguns países como a Argentina, era a expansão do NAFTA, ao invés da ALCA.

poucos os episódios de mal-estar entre Brasil-Estados Unidos, capitaneados pelas declarações da Secretária do USTR Charlene Barsheviski, que acusava o Brasil de dificultar as negociações. Ainda que o discurso doméstico no Brasil replicasse estas críticas, o que havia era uma intransigência dos Estados Unidos, e baixa prioridade à ALCA.

Entretanto, outros acontecimentos levariam à desaceleração pós-1999 das negociações da ALCA: o ciclo de *impeachment* de Clinton por conta do escândalo sexual envolvendo a estagiária Monica Lewinski, a eleição conturbada de 2000 nos Estados Unidos e os atentados terroristas de 11/09 ao território continental norte-americano. O segundo período aqui identificado nas negociações da ALCA, estagnação, 2000-2002, apresenta uma sobreposição da gestão FHC ao último ano de mandato de Clinton (2000) e ao biênio inicial da gestão do republicano George W. Bush (2001-2002).

Mesmo que durante a campanha W. Bush tenha anunciado a chegada de um "Século das Américas" e conquistado o TPA, pouco ou nenhum avanço surgiu. A dinâmica das reuniões ministeriais foi bastante esvaziada, com duas reuniões, Buenos Aires (2001), Quito (2002), e somente foi realizada mais uma Cúpula em 2001, em Quebec no Canadá. Em tal contexto, tanto FHC quanto Lula a partir de 2003 seriam acusados de anti-americanos por barrar a negociação do acordo.

Portanto, ainda que predominasse o eixo Norte-Sul hemisférico na lógica da "autonomia pela integração" em FHC, o Brasil não cedera como na gestão de Collor. A política externa possuía três dimensões, que traziam implícitas contradições nas relações bilaterais Brasil-Estados Unidos: adesão aos regimes internacionais, a valorização de pautas e práticas primeiro-mundistas e a resistência complexa-transversal.

Na primeira dimensão, a dos regimes internacionais, completou-se o ciclo iniciado em 1989-1990 com as seguintes adesões e ratificações: MTCR (1995) e TNP (1998), no setor securitário, na agenda econômica Ata de Marrakesh (1995) para a criação da OMC, Lei das Patentes (1996) e Cultivares referente às patentes agrícolas, (1997), e na questão ambiental, o Protocolo de Quioto (1997). No campo securitário-tecnológico um marco do período foi a criação do Ministério da Defesa (1999) e foram iniciadas negociações entre Brasil-Estados Unidos para a utilização do Centro de Lançamento de Alcântara (CLA) no Maranhão.

Como parte das agendas de autosuficiência e capacitação no campo da defesa e da tecnologia de satélites e de Veículos Lançadores de Satélites (VLS), o CLA foi criado em 1982 como parte do Programa Espacial Brasileiro, entrando em funcionamento em 1989. Porém, como diversos projetos associados à segurança e defesa do Regime Militar, também passou por um processo de desmonte, com cortes de investimentos estatais e a mudança no seu uso e exploração, convertendo-se do foco militar ao civil. O setor de satélites, com o projeto CBERS, é uma das prioridades das relações bilaterais com a China, como se tem procurado destacar.

Por sua localização geográfica, de proximidade à linha do Equador, Alcântara oferece vantagens comparativas de barateamento no lançamento de satélites e foguetes. Dentre as principais vantagens, segundo Andrade et al. encontram-se: a economia de combustível para o lançamento do foguetes, a colocação do satélite em órbita (facilidade no posicionamento, i.e, na satelização), as condições climáticas, a baixa densidade populacional da região (Andrade et. al, 2018, p. 22). Estes elementos tornam a base atrativa para outras nações e não só o Brasil, o que facilita o seu uso comercial (eixo civil), o que poderia garantir recursos adicionais para atividades de ciência, tecnologia e inovação civis e militares. Ao mesmo tempo traz indagações de como monitorar e compatibilizar estes usos comerciais (que podem ser via cooperação com outros Estados ou empresas privadas) com a preservação da soberania e do conhecimento tecnológico.

A gestão FHC foi a primeira a rediscutir o perfil e o uso de Alcântara, visando a sua exploração, negociando um acordo que permitia o uso comercial da base pelos Estados Unidos. Entretanto, como apontam Andrade et al. (2018), a utilização do CLA perpassa diversas temáticas e não só as da exploração comercial ou eventual aluguel e/ou concessão do espaço, uma vez que se trata de pilar essencial do Programa Espacial Brasileiro. Historicamente, Alcântara é um centro de desenvolvimento de pesquisa em ciência e tecnologia, para a capacitação brasileira e autonomia no setor de Veículos Lançadores de Satélites (VLS).

Existe uma sobreposição de agendas financeiras e estratégicas, estas últimas fortemente relacionadas à soberania brasileira e à transparência dos usos da base. Desta forma, causou imensa polêmica a discussão para o uso do espaço pelos Estados Unidos. Conforme Andrade et al.:

> Entre as cláusulas que eram apontadas como potencialmente lesivas à soberania brasileira, destacavam-se: *i)* a demanda norte-americana de que determinadas áreas no CLA fossem restritas ao governo dos Estados Unidos, sendo permitida a entrada somente de brasileiros previamente autorizados; *ii)* a proibição da utilização de recursos obtidos das atividades de lançamento no desenvolvimento de tecnologias referentes ao programa espacial nacional; e *iii)* o impedimento do ingresso no CLA de países que não integrassem o Regime de Controle de Tecnologia de Mísseis (Missile Technology Control Regime – MTCR) (Andrade et al, 2018, p. 23-24).

Na oportunidade, o Acordo de Salvaguardas Tecnológicas (AST) foi rejeitado pelo Legislativo brasileiro, pois foi considerado invasivo à soberania brasileira uma vez que permitia aos Estados Unidos acesso unilateral e sigilo sobre o uso, acesso e exploração da base.

No caso da pauta ambiental, desde a Rio 92, o Brasil busca uma ação pro-ativa na defesa do desenvolvimento sustentável. O meio ambiente é um componente que pode ser inserido como uma espécie de resistência brasileira (ao lado das negociações da ALCA e da OMC), à medida que as posições de Brasil e Estados Unidos convergiam apenas parcialmente depois da Rio 92. Apesar de bastante ativa retoricamente no apoio à questão ambiental, até pelo papel de destaque exercido pelo Vice-Presidente Al Gore no campo, a gestão democrata de Bill Clinton não produziu grandes avanços.

Da Rio 92 em diante, as negociações ambientais estiveram focadas nas Conferências das Partes (COP), e na Rio + 10 em 2002 na cidade de Johannesburgo. O tema do aquecimento global-mudança climática, que já havia sido prioridade em 1992, ganhou cada vez mais espaço, tendo em vista os alertas do Painel Intergovernamental de Mudança Climática (IPCC) sobre o agravamento da situação. Nestas etapas negociadoras seguintes, a premissa das "Responsabilidades Comuns, Porém Diferenciadas" (CBDR), revelou a continuidade da cisão Norte-Sul.

Embora Brasil-Estados Unidos convergissem no sentido de reconhecer a emergência climática, haviam diferenças: o tratamento diferenciado entre as nações do Norte-Sul, a demanda por compromissos e investimentos dos países desenvolvidos em nações em desenvolvimento, auxílio e transferência tecnológica. De todas as COP do período FHC,[6] a mais relevante foi a de Quioto em 1997, quando os compromissos de redução da emissão de gases estufa foi consolidado no Protocolo de Quioto. Apesar de vago no estabelecimento de metas para o corte de emissões (pelo menos 5% em comparação às emissões na década de 1990), o Protocolo foi firmado. Na oportunidade se estabeleceu a possibilidade de venda e crédito de emissões de carbono, associado ao Mecanismo de Desenvolvimento Limpo (MDL). Isso permitiria a países que são grandes emissores, "comprar" emissões de nações que não emitem gases estufa.

O Brasil adotou o Protocolo em 1998, o ratificou e implementou em 2002. Os Estados Unidos prolongaram as discussões do tema, até rejeitarem o Protocolo em 2001 já no governo de W. Bush, que passou ao largo das discussões ambientais nas COP e na Rio+10. As motivações republicanas eram tanto de ordem econômica e de avaliação da não gravidade do tema, como de ordem estratégica à medida que a questão ambiental não era prioridade republicana. Para o Brasil, tornou-se cada vez mais uma pauta de atuação propositiva, principalmente no século XXI, até o início do governo Bolsonaro em 2019.

Outro tema que voltará a ser controvérsia no século XXI será o do TNP. Apesar deste paradoxo, de identificar-se com pautas de reinvidicação de tratamento preferencial por ser um país do Sul, dependendo do tema, a gestão FHC priorizou, como citado, a tática da integração. Esta tática tinha como componente essencial a segunda dimensão da política externa: a valorização de pautas e práticas primeiro-mundistas. Agregava-se a identificação do Brasil como um país ocidental, parceiro dos Estados Unidos, em aderência ao multilateralismo global. Nesta dinâmica, a personalidade e identidade de FHC era relevante na apresentação de uma face austera, academicamente culta, educada e preparada, ao mundo (Visentini, 2013).

O exercício da Diplomacia Presidencial (Danese, 2017) era fundamental para sustentar a imagem de um novo Brasil nos organismos internacionais multilaterais e em suas relações bilaterais, estável economicamente e no exercício da democracia e da boa governança em nivel nacional, regional e global (Bandeira, 2005). Como prova deste novo momento, FHC era identificado como parte de um eixo de novas lideranças da "Terceira Via", ao lado de Clinton e do Primeiro-Ministro Britânico Tony Blair.

A "Terceira Via" surgira nos anos 1990, no vácuo do pensamento de esquerda pós-Queda do Muro em uma espécie de ajuste ao modelo neoliberal. Definida como uma proposta de centro-esquerda, defendia a modernização pelo centro, uma economia mista de parceria entre o Estado e o setor privado, por meio de parcerias democráticas e algumas agendas de investimento social,

[6] Além de Quioto (ou Rio+5), as COP realizadas entre 1995 e 2002 foram: Genebra (1996), Buenos Aires (1998), Bonn (1999), Haia (2000), Marrakesh (2001) e Nova Délhi (2002). Ver Antigo MMA. "Conferência das Partes". Disponível em: https://antigo.mma.gov.br/clima/convencao-das-nacoes-unidas/conferencia-das-partes.html. Acesso em 13 maio de 2024.

e pregava uma visão cosmopolita das relações internacionais. Na América Latina, ao lado destes demais líderes mundiais, FHC representaria a implementação deste paradigma renovado de Estado e Sociedade. Em 1995, FHC, em muitas de suas viagens internacionais visitaria os Estados Unidos e Clinton viria ao Brasil em 1997.

O auge do otimismo sobre as relações bilaterais ocorre entre 1995-1997. Sustentado nestas percepções sobre liderança, ocidentalismo e americanismo, e uma interação pessoal positiva entre FHC-Clinton, o Brasil percebia-se como parte do Primeiro Mundo. Ainda que não se possam subestimar os laços subjetivos que se estabelecem entre mandatários de governo, no Brasil, por vezes, estes componentes sociais-culturais encontravam-se exacerbados.

Como destaca Cervo (2008), em análise reforçada por Silva (2009), esta perspectiva kantiana e utópica de inserção liberal do Brasil no mundo era relacionada às expectativas brasileiras, e não necessariamente amparada por ações concretas norte-americanas de concessão de benefícios. Da parte dos Estados Unidos, a retórica sinalizava apoio e reconhecimento, mas o passo esperado pelo Brasil de incorporação de suas demandas não se realizava. Não haviam mudanças substantivas nos padrões e resultados das negociações político-econômicas.

No campo qualitativo, as "pistas" se davam na ausência de apoio formal à entrada do Brasil como membro permanente no CSONU e nas negociações da ALCA e da OMC. Para o Brasil, o pleito pela cadeira de membro permanente, inicialmente colocado pela gestão Itamar Franco era percebido como prioridade. A tática para a sua obtenção, assim como para um aumento de relevância em outros organismos internacionais, não era revisionista ou por meio de pressões de coalizões. A opção era pelo reconhecimento via autonomia pela integração.

É nesta contraposição entre expectativas e demandas brasileiras, ao mundo real, que se insere a terceira dimensão da política externa de FHC: a da resistência complexa-transversal. Há de se qualificar o uso do termo e seus recortes temporais. Esta dimensão é mais presente em algumas arenas diplomáticas do que em outras, como a agenda comercial. Em termos de recorte temporal, ela acompanha a subdivisão do governo FHC em dois tempos em relações internacionais: 1995-1998 e 1999-2002. Em retrospecto, há mais complexidade nas relações internacionais de FHC do que à primeira vista.

Além das discordâncias na ALCA haviam divergências relativas à permanência do isolamento imposto à Cuba e a adoção da Lei Helms-Burton pelo governo Clinton em 1996. De natureza unilateral, esta lei definia que contatos comerciais com Cuba por terceiros levaria à implementação de sanções.

As negociações da OMC igualmente expuseram o *gap* entre as expectativas brasileiras diante dos Estados Unidos. Da criação da OMC ao ao fim do segundo mandato FHC foram realizadas quatro reuniões ministeriais: Cingapura (1996), Genebra (1998), Seattle (1999) e Doha (2001). Tais reuniões ocorreram nos mesmos padrões do final da Rodada Uruguai do GATT: ausência de reciprocidade nas negociações entre países desenvolvidos e em desenvolvimento, e as pressões dos países desenvolvidos para a abertura de setores adicionais de nações do Sul. Também se colocavam em compasso de espera deliberações sobre barreiras não-tarifárias, protecionismo e subsídios. Ainda que os países desenvolvidos alegassem a ausência de barreiras tarifárias em muitos setores, utilizavam de outras ações para impedir o acesso a seus mercados: subsídios, barreiras não-tarifárias, práticas de *dumping*.O novo foco de pressões para abertura no Sul era o setor de serviços, que foi denominado de "Agenda de Cingapura". Enquanto isso, foi instaurada a partir de 1995 a "Cláusula da Paz", de 1995 a 2003. Esta Cláusula impunha uma trégua no setor agrícola, proibindo a abertura de contenciosos no setor (medidas antidumping e direitos compensatórios). Isso afetava os países em desenvolvimento, incluindo o Brasil, que enfrentavam inúmeras barreiras não tarifárias em um setor no qual eram competitivos, com destaque à regras fitossanitárias, protecionismo, subsídios.

Apesar destas limitações e pressões entre 1995 e 2002, o Brasil atuou como demandante em diversos contenciosos na OMC, assim como foi demandado. O Quadro 1 indica os contenciosos Brasil-Estados Unidos neste recorte temporal. Ao longo do livro serão listados somente os conflitos com os Estados Unidos e a China. Alguns casos, como se pode perceber, constam ainda como "Em Consultas" apesar de sua longa trajetória, isso pode ser explicado por alguns motivos como a estagnação das negociações e a não apresentação de novas informações. O processo consta como em consultas na OMC, mas sem ter sido encerrado ou estar em negociações de fato ativas. Neste período não existem disputas específicas bilaterais com a China.

Entretanto, além destas disputas bilaterais com os Estados Unidos, o Brasil esteve envolvido em várias outras, com outras nações desenvolvidas e em desenvolvimento, em blocos econômicos como demandante e demandado e como terceira parte (estas disputas não se encontram aqui listadas). Dos temas abaixo listados, os mais sensíveis foram os do algodão (DS267), encerrado apenas em 2014, e o das patentes — DS224 de 2001— que envolveu o programa de acesso a medicamentos para HIV/AIDS.

No que foi considerada uma vitória brasileira, os Estados Unidos deixaram de retaliar o Brasil por supostas violações de patentes no DS224, ao mesmo tempo em que foi possível o barateamento e o acesso a medicamentos genéricos para o tratamento público da doença no país (Oliveira, 2007). Novas disputas, envolvendo patentes e medicamentos genéricos na OMC seriam travadas pelo Brasil e Índia em 2010.

A importância destes contenciosos recai na exposição dos altos preços praticados pela indústria farmacêutica dos países desenvolvidos e na dificuldade de acesso dos países em desenvolvimento aos tratamentos. Ainda que envolva questões de patentes, não se pode ignorar o peso destes temas no âmbito do direito ao acesso universal à saúde e o caráter público de políticas para este acesso e o menor custo dos tratamentos.

Brasil e Estados Unidos tiveram uma divergência bastante séria nas negociações da OMC na Reunião Ministerial de Seattle em 1999. O país foi acusado pelos norte-americanos de práticas trabalhistas e ambientais ilegais, com violação de normas da Organização Internacional do Trabalho, com o uso de mão de obra infantil. Refutadas pelas autoridades brasileiras, estas acusações foram objeto de uma crise diplomática. Seja por estas controvérsias bilaterais, como pela resistência dos países do Sul em geral a novas pressões, o lançamento da Rodada do Milênio foi considerado um fracasso e não permitiu dar novo impulso às negociações comerciais.

**Quadro 1 – Contenciosos Brasil X EUA (1995-2002)**
**Resultados Atualizados até Maio 2024**

| Caso | Demandado | Início | Tema | Término Decisão Conclusão[7] | Resultado | Desenvolvimento |
|---|---|---|---|---|---|---|
| DS4 | EUA | 1995 | Padrões Gasolina Reformulada e Convencional | 1997 | Ganho de causa | Adoção e Implementação |
| DS52 | Brasil | 1996 | Medidas Comércio e Investimento no Setor Automotivo | Em consultas | | |
| DS65 | Brasil | 1997 | Medidas Comércio e Investimento no Setor Automotivo | Em consulta | | |
| DS197 | Brasil | 2000 | Medidas sobre Preços Mínimos de Importação | Em consulta | | |
| DS199 | Brasil | 2000 | Proteção de Patentes | 2001 | Solução Mútua | Implementação |
| DS217 | EUA | 2000 | Lei compensação por dumping e subsidio continuado de 2000 ("Emenda Byrd") | 2004 | Ganho de causa | Brasil optou pela não retaliação |
| DS218 | EUA | 2000 | Medidas Compensatórias Certos Produtos Siderúrgicos | Em consultas | | |
| DS224 | EUA | 2001 | Lei de Patentes dos EUA | Contencioso encerrado sem necessidade painel | | |
| DS239 | EUA | 2001 | Direitos Antidumping sobre Silício Metálico do Brasil | Contencioso encerrado sem necessidade painel | | |
| DS250 | EUA | 2002 | Imposto de Equalização do Estado da Flórida sobre o Suco de Laranja | 2004 | Solução Mútua Entre as Partes | Implementação Solução Mútua |

*(continua)*

[7] Refere-se ao estágio do processo

**Quadro 1 - Contenciosos Brasil X EUA (1995-2002)**
**Resultados Atualizados até Maio 2024 (*Continuação*)**

| Caso | Demandado | Início | Tema | Término Decisão Conclusão[7] | Resultado | Desenvolvimento |
|---|---|---|---|---|---|---|
| DS259 | EUA | 2002 | Medidas de Salvaguarda Definitivas sobre Importações de Certos Produtos Siderúrgicos | 2003 | Ganho de causa no painel e no Órgão de Apelação | Adoção e Implementação do Relatório |
| DS267 | EUA | 2002 | Subsídios ao Algodão | 2009 | Ganho de Causa Painel e Órgão Apelação. Autorização Para Retaliação | Retaliação Finalizada por Meio de Acordo de Pagamento de Indenização |

Fonte: Elaborada pela autora com dados da WTO[8]

Um dos fatores que barrou uma nova etapa negociadora a partir de Seattle foi também a emergência dos protestos dos chamados *black blocs*, anti-globalização. De pautas diversas que pregavam desde a anarquia até o protecionismo, passando pela agenda ambiental e contra as corporações, os Estados e os organismos multilaterais, estes movimentos possuíam raízes nos próprios países desenvolvidos. Ao mesmo tempo, eram críticos ao mundo em desenvolvimento por desrespeito aos direitos humanos e ao meio ambiente. Dentre as características destes movimentos, e que tem se reconfigurado desde então, era a sua identificação com camadas mais jovens da população, sem lideranças e que atuam por meio de protestos violentos e acampamentos em locais públicos. Após a crise de 2008 assumiram a forma do *Occuppy Wall Street* e possuem semelhanças com os movimentos de 2013 no Brasil.

Com este impasse em 2001, já sob um novo governo norte-americano, com George W. Bush, e à sombra do 11/09, uma nova rodada negociadora tentaria ser lançada, sem sucesso: a Rodada do Desenvolvimento de Doha (RDD). Até houve certa convergência de discursos entre as diplomacias, mas pouco foi negociado até pela conjuntura que se iniciava da Guerra Global Contra o Terror (GWT). O Brasil invocou o TIAR, em nome da segurança coletiva hemisférica devido à agressão sofrida pelos Estados Unidos. O seguinte grande confronto comercial entre as diplomacias brasileira e norte-americana viria em 2003, na Reunião Ministerial de Cancun, já no governo Lula.

Em 1999, além de não ter cedido às demandas dos Estados Unidos e outros países desenvolvidos na OMC, o governo FHC deu início ao segundo recorte temporal de sua política externa, que acentua a dinâmica da resistência complexa-transversal. De 1999-2002 ocorre um ajuste tático-reativo a condições adversas e insucessos prévios, em particular nas relações bilaterais

[8] Para maior detalhamento destas disputas e das demais que envolvem o Brasil recomenda-se: WTO |Brazil-Member information. Disponível em: http://www.wto.org/english/thewto_e/countries_e/brazil_e.htm#disputes e https://www.wto.org/english/tratop_e/dispu_e/dispu_e.htm. Acesso em: 09 de maio de. 224.

Brasil-Estados Unidos (e na agenda de Cooperação Norte-Sul). Mesmo sem representar uma guinada de concepção estratégica, à medida que o eixo vertical-hemisférico ainda predomina, este ajuste promove mudanças nas relações internacionais do Brasil. Estas mudanças ocorrem em três esferas: a retórica, a América do Sul e nas interações com os parceiros do Sul além da instrumentalização econômica.

No que se refere à retórica, FHC adota nos fóruns internacionais o tema da "globalização assimétrica". Tratava-se de uma crítica moderada à globalização, sem questionar a ideia em si, assim:

> A globalização só será sustentável se incorporar a dimensão da justiça. Nosso lema há de ser o da "globalização solidária", em contraposição à atual globalização assimétrica (...) Uma ordem internacional mais solidária e mais justa não existirá sem a ação consciente da comunidade das nações. É um objetivo demasiado precioso para ser deixado ao sabor das forças do mercado ou aos caprichos da política de poder (DISCURSOS SELECIONADOS, 2009, p. 68).

Portanto, diferente dos protestos de Seattle, esta agenda não pregava o fim da globalização, mas defendia uma correção de rumos. Esta correção era pauta de uma outra movimentação de forças, que passou a ser associada ao renascimento da esquerda. Em 1999, ocorre no Brasil, na cidade de Porto Alegre, o primeiro Fórum Social Mundial, que advogava "por uma outra globalização". Passada uma década do fim da Guerra Fria, que trouxera a promessa da prosperidade via universalização do modelo ocidental, o ano de 1999 trazia pelo menos três críticas intraocidentais sobre o tema: a dos *black blocs*, a globalização assimétrica e o Fórum Social Mundial.

O ano de 2000 produziria um marco em termos de negociações de temas sociais na agenda internacional. A Cúpula do Milênio lança os chamados Objetivos do Desenvolvimento do Milênio (ODM), estabelecendo metas a serem cumpridas pelos Estados até 2015 nos seguintes setores: segurança alimentar, acesso à saúde e educação, meio ambiente e desenvolvimento, e direitos sociais e de gênero.[9] O Brasil teve uma participação ativa na conferência, mas não teve mudanças nem de política interna ou externa que elevassem a prioridade da agenda.

No contexto da América Latina, a crise socioeconômica trazia o embrião da chamada Onda Rosa, de ascensão de governos progressistas de centro esquerda ao poder. A Venezuela de Hugo Chávez pode ser identificada como o marco inicial do processo em 1999, consolidando-se no século XXI. Não é possível ignorar o papel do modelo neoliberal para catalisar estes movimentos e pressionar os países por reformas. Era preciso buscar alternativas pois o desemprego e a estagnação econômica, assim como problemas sociais, faziam-se cada vez mais presentes.

A segunda alteração da política externa brasileira do período corresponde a uma reação a este cenário, com a proposta da realização da Cúpula de Brasília em 2000. Nesta Cúpula foi lançada a Integração da Infraestrutura

[9] Os ODMs são: erradicar a pobreza e a fome, atingir o ensino básico universal, igualdade entre os sexos e a autonomia das mulheres, reduzir a mortalidade na infância, melhorar a saúde materna, combater o HIV/AIDS e outras doenças, garantir a sustentabilidade ambiental, estabelecer uma parceria mundial para o desenvolvimento. Ver UNFPA Brasil. "Objetivos do Desenvolvimento do Milênio." Disponível em: https://brazil.unfpa.org/pt-br/objetivos-de-desenvolvimento-do-milenio. Acesso em 13 de maio de 2024.

Regional Sul Americana (IIRSA). No âmbito das relações sul-americanas, a IIRSA é um marco positivo por avançar em temas de cooperação regionais além do livre comércio e por focar em agendas de desenvolvimento no campo da infraestrutura.

O objetivo era promover a integração física e reativar o crescimento econômico sul-americano, com projetos de grande porte na área de comunicações, transporte e energia. A América do Sul era o foco, estando dividida em eixos de desenvolvimento: Andino, Andino do Sul, Capricórnio, Hidrovia Paraguai-Paraná, Amazonas, Escudo Guianês, Interoceânico Central, Mercosul-Chile e Peru-Brasil-Bolívia.[10] Tais projetos, além de gerar alta empregabilidade, permitiriam explorar de forma autóctone os potenciais sul-americanos (Costa, 2003). Os investimentos seriam realizados pelo Estado e empresas privadas, no esquema das Parceiras Público-Privadas (PPP).

Utilizando a classificação de Cervo (2008), este é o modelo do Estado logístico, que atua como gestor e regulador de processos econômico-sociais, em contraste com o Estado Normal, de caráter mínimo e neoliberal, e o Estado Desenvolvimentista intervencionista. Em uma comparação livre, a IIRSA poderia ser entendida como uma tentativa de reeditar, sob novos parâmetros, o Plano de Metas de JK. Chama a atenção que mais uma vez, em nível nacional e regional, o foco são setores de estrangulamento econômico, que poderiam, caso desenvolvidos, permitir um salto qualitativo das condições brasileiras e sul-americanas.

A IIRSA e suas prioridades, continuam centrais (mesmo que sob novos nomes) na política externa brasileira. Porém, permaneceram também os debates sobre como envolver o Estado nestes processos (vide o renascimento neoliberal a partir de 2016) e os problemas de financiamento no setor de infraestrutura. Com isso, será neste setor que as relações bilaterais Brasil-China ganham novas dimensões.

A IIRSA contrasta às agendas norte-americanas, à medida que os Estados Unidos haviam iniciado um processo de securitização na região. Este processo ocorre tanto pelo esgotamento das propostas econômicas (que se consolida entre 2003-2005), como pela mudança de vetores na projeção de poder hemisférica, que acompanham as mudanças sul-americanas: a ascensão de Chávez e do Socialismo no século XXI citadas, e as movimentações do Brasil.

No governo Clinton, foi estabelecida a Iniciativa Andina contra as Drogas (ACI), conhecida como Plano Colômbia em 1999. Retomando a política dos temas transnacionais, e a colocando no centro das preocupações norte-americanas, a ACI permitiria aos Estados Unidos aumentar sua influência militar no norte da América do Sul. O combate ao narcotráfico se estende como prioridade à administração W. Bush, ganhando uma nova roupagem no pós-11/09, com a reclassificação de ameaça para "narcoterrorismo".

No contexto da GWT, o termo foi utilizado para indicar que os grupos guerrilheiros da Colômbia como as FARC (Forças Armadas Revolucionárias da Colômbia) financiavam o terrorismo transnacional. Também foi elevada a ameaça da Tríplice Fronteira (Argentina, Brasil, Paraguai) como potencial santuário para grupos terroristas e zona de tráfico de pessoas, drogas e armas.

[10] Aqui somente constam as linhas gerais dos projetos. Para maiores informações ver: https://www.iirsa.org/

Apesar desta securitização, a dimensão estratégica do envolvimento dos Estados Unidos na América Latina se torna cada vez menor, devido à prioridade à Eurásia, gerando vácuos de poder no século XXI.

Em 2001, logo após os atentados de 11/09 inicia-se a Guerra do Afeganistão e, ao longo de 2002, as negociações e tensões que desembocam na Guerra do Iraque em 2003. A Guerra do Iraque eclode na gestão Lula, mas todo o seu período de encaminhamento se dá no último ano do governo de FHC em 2002. O tema foi motivo de divergências à medida que o Brasil, assim como outras nações, rejeitava a lógica da guerra preventiva conforme concebida na Estratégia de Segurança Nacional de 2002, a Doutrina Bush (The White House, 2002). Formou-se um "Eixo da Paz" pró-multilateralismo, com países como Alemanha, França e Rússia, trabalhando juntos, e nações como o Brasil, apoiando as Nações Unidas. A aliança liderada pelos Estados Unidos, a favor da operação militar no Iraque, ficou conhecida como a "Coalizão da Vontade" tinha como principais membros os Estados Unidos e o Reino Unido.

Para a América Latina, como citado, o foco era o "Século das Américas" e promessas de revitalização do relacionamento hemisférico, mas que careciam de detalhamento. A prioridade a um reposicionamento eurasiano, estando aí incluída a expansão da OTAN (iniciada por Clinton em 1999), também se encontrava na pauta. Por conta da ausência de consenso e as dificuldades na eleição de W. Bush que envolveram acusações de fraude e recontagem de votos, estes propósitos vinham sendo implementados lentamente. Com os atentados terroristas, foi possível acelerá-los e ampliá-los, assim como práticas de monitoramento-espionagem e de exceção aos regimes democráticos, conforme previsto no Ato Patriota. Dentre os principais tomadores de decisão desta agenda encontrava-se Condolleza Rice à frente do Conselho de Segurança Nacional, que, no segundo mandato, assumiria o cargo de Secretária de Estado (ocupado por Collin Powell neste momento).[11]Diferente do caso do Afeganistão no qual a justa causa era clara pelo 11/09, a Guerra do Iraque era baseada na nova política norte-americana de "atacar antes de ser atacado" (Brzezinski, 2012). Este período de unilateralismo e conflitos gerou, para o segundo mandato de W. Bush, iniciado em 2005, um quadro de superextensão e desgaste com consequências como perda de credibilidade, crise econômica e distanciamento, o que força a novas mudanças de projeção internacional. Tais mudanças serão positivas para o Brasil, também em um momento de ajuste de paradigmas.

Um episódio que gerou mal-estar diplomático entre Brasil-Estados Unidos foi a acusação, infundada, da parte dos Estados Unidos, que o diplomata brasileiro, Embaixador Maurício Bustani, presidindo a Organização para a Proibição das Armas Químicas (OPAQ), estaria criando obstáculos às inspeções no Iraque. Como indica Bandeira (2004), na verdade, Bustani e a OPAQ surgiam como obstáculos para os Estados Unidos conduzir a operação militar à medida que negavam a posse de armas químicas pelo Iraque. Bustani acabaria afastado e acusado injustamente, para ser depois inocentado (o episódio

[11] Outros nomes relevantes da gestão republicana foram o Vice-Presidente Dick Cheney, o Secretário de Defesa Donald Rumsfeld, o Vice-Secretário de Defesa Paul Wolfowitz. Para maior detalhamento dos temas aqui abordados sugere-se Pecequilo, 2011.

é retratado no documentário A Sinfonia de um Homem Comum de 2022, dirigido por José Joffily).

Outro tema em 2002, associado à nova grande estratégia de W. Bush, foi a inclusão de Iraque, Irã e Coreia do Norte, em um chamado Eixo do Mal. Além deles, depois Cuba, Síria e Líbia foram nomeados como ameaças, somada à Venezuela de Chávez. Em ano eleitoral no Brasil, havia também preocupação com a potencial eleição de Lula, visto como ligado à esquerda.

Por fim, o terceiro ajuste na política externa ocorre na mudança de padrão nas interações com os parceiros do Sul. Diferente de Collor que havia diminuído os contatos Sul-Sul e Sul-Leste do Brasil em nome da modernização, FHC deu continuidade a processos iniciados por Itamar Franco. Tais processos referem-se à retomada de parcerias no mundo em desenvolvimento e grandes parceiros do Sul como Rússia, China e Índia. Inicialmente percebidos de forma mais instrumental economicamente, para maximizar oportunidades comerciais, na lógica do Brasil como *global trader and player*, estes relacionamentos ganham densidade política entre 1999-2002.

Neste período se estabelece a parceria estratégica com a Rússia em 2002 e, antes, em 1993 no governo Itamar com a China.[12] Outra agenda Sul-Sul foi a criação da Comunidade dos Países de Língua Portuguesa (CPLP) em 1996. Esta densidade política estrutura-se em críticas moderadas à globalização como visto, e na busca de ampliar as interações em setores científico-tecnológicos (além do econômico), e não em uma valorização da CSS, ou da reversão de prioridades entre o Norte e o Sul. Ainda assim, é um movimento positivo, pois insere mais componentes de autonomia na agenda externa.

Ao longo da década de 1990, até o início do século XXI, os Estados Unidos continuaram sendo o principal parceiro comercial individual do país, tanto no que se refere a exportações e importações, com cerca de 25% de participação na economia brasileira. A China, por sua vez, continua com baixa participação no mercado brasileiro no mesmo período, seja de exportações ou importações. Para esses dois parceiros, o Brasil mantém as exportações focadas no setor primário, com as importações centradas em produtos de maior valor agregado. Este perfil da balança comercial para estes dois países não irá mudar no século XXI, e apenas se acentua. Globalmente, o Brasil perderá força na exportação de bens de médio e alto valor agregado, à medida que a China tende a ocupar cada vez mais espaços e concentrar a produção industrial mundial, como resultado de seu crescimento e planejamento econômico.

A despeito destes ajustes, e do interregno Itamar Franco, a "aposta americana" predominou no período e ocorreu de forma muito similar a outras eras de alinhamento: aproximação e concessões aos Estados Unidos-Ocidente, sem a reciprocidade esperada. Seja pela via do alinhamento automático, como da autonomia pela integração, os resultados em termos bilaterais não foram os esperados. Entretanto, focos de resistência e necessidades de mudança trariam um novo padrão externo após 2002.

[12] A Índia ganha mais destaque a partir de 2003, com a parceria estratégica sendo estabelecida em 2006.

# Capítulo 3

## Convergências, Divergências e Aprendizados (2003-2016)

Em Janeiro de 2003 Lula tomou posse como Presidente do Brasil, após ter concorrido em todas as eleições anteriores da era democrática pós-Regime Militar: 1989, 1994, 1998. Em 2002 e 2006, Lula enfrentou em segundo turno, os candidatos do PSDB, respectivamente José Serra e Geraldo Alckmin. Em 2022, Alckmin, agora no Partido Social Brasileiro (PSB), tornou-se companheiro de chapa de Lula como Vice-Presidente, quando o ex-Presidente foi eleito para seu terceiro mandato (tema do Capítulo 5).

Nestes pleitos, e no de 2022, a candidatura Lula sempre esteve associada às forças progressistas de esquerda e centro-esquerda. Nos ciclos 2002, 2006 e 2022, nos quais se sagrou vitorioso, ocorreram composições com o centro moderado, repetindo-se o padrão com Dilma. Por outro lado, a oposição procurou enfatizar o caráter "anti-sistema" do PT. Estas composições entre as "novas e velhas" forças políticas datam da era Collor. No século XXI, popularizou-se o termo "centrão" para se referir a estas forças dinâmicas. O presidencialismo de coalizão é característica dos jogos democráticos e a política brasileira se insere neste padrão (Milani and Pinheiro, 2016).

Durante seus mandatos Lula teve como Vice-Presidente, José de Alencar, do Partido do Movimento Democrático Brasileiro (PMDB), ligado ao setor industrial. Desde então, diversas transformações de partidos puderam ser observadas, com o PT dividindo o espaço da esquerda com o PSOL (Partido Socialismo e Liberdade). O PSDB a partir das eleições de 2010 descaracteriza-se, caminhando mais à direita, deixando de ser alternativa moderada. O PMDB e as forças conservadoras de direita sofrem uma pulverização, com o desmembramento em MDB, DEM e PP. Novas legendas, antes de baixa representatividade, ganham espaço como o União Brasil, PSL, PL e Republicanos.

Este breve mapeamento ajuda a entender as pressões sobre os governos do PT, assim como as polarizações nacionais, que afetam o modelo de desenvolvimento e as relações internacionais. A instrumentalização dos contatos com os Estados Unidos-China tornam-se cada vez mais parte do debate. Lula termina seus dois primeiros mandatos com alta popularidade, índices positivos de emprego e crescimento econômico, mas bastante questionado na agenda externa pela oposição. Estes bons resultados domésticos permitiram ao PT, eleger sua sucessora: Dilma Rousseff (2011-2016), cujos governos revelaram-se mais instáveis, culminando em seu *impeachment*. Na sequência, Michel Temer, originário do PMDB, seu Vice-Presidente, assumiu o cargo até 2018.

De 2003 a 2016, por conta de serem do PT, ambas as presidências são vistas como um conjunto. Porém, a trajetória do Brasil não foi homogênea. A simples observação de mais uma deposição presidencial na redemocratização em 2016, pouco mais de duas décadas após Collor, já indica um cenário complexo. Este foi um momento de contradições e de aceleração da transição do pós-Guerra Fria.

Globalmente, aprofundam-se os conflitos no Oriente Médio, com as guerras do Afeganistão (2001-2014) e Iraque (2003-2011), reflexos do 11/09 e da GWT. Como subproduto desta reestruturação do Oriente Médio, entre 2010-2016, a estagnação e desmonte do processo de paz Israel-Palestina, eventos como a Primavera Árabe, a ascensão do Estado Islâmico e os conflitos na Síria e na Líbia (somada a intervenção humanitária), geraram forte instabilidade.

A África sofreu os impactos desta realidade, além de enfrentar desafios próprios.Na Ásia, o recuo do Japão foi acompanhado pela ascensão da China. A consolidação dos emergentes e a perspectiva da multipolaridade gerada pela desconcentração de poder são características do século XXI. No centro do poder ocidental, Estados Unidos-União Europeia, eclodiu a crise global de 2008. Em 2014, as tensões na península da Crimeia levaram à primeira confrontação Rússia-Ucrânia, com a anexação da Península da Crimeia por parte da Rússia.

A América Latina, viveu o auge e declínio da Onda Rosa. Ainda como efeito das medidas neoliberais dos anos 1990, a "guinada" à esquerda foi marcada por contradições, que revelaram tanto os limites das reformas promovidas, quanto a capacidade de reação de grupos políticos contrários aos ajustes.

Nacionalmente, o Brasil responde a estas movimentações por meio de uma nova atualização em seu modelo socioeconômico-estratégico nos dois mandatos de Lula (2003-2010). A política externa "altiva e ativa" do Embaixador Celso Amorim, Ministro das Relações Exteriores, e com Samuel Pinheiro Guimarães na Secretaria Geral do Ministério (2003-2009), retoma o paradigma multilateral-global (entre 2009-2010, o cargo foi exercido pelo Embaixador Antonio Patriota). Como Assessor Especial da Presidência, foi indicado o Professor Marco Aurélio Garcia.

A ênfase da nova política externa foi em uma atuação multilateral e na agenda de Cooperação Sul-Sul, mas sem provocar quebras ou distanciamento com o eixo Norte, promovendo uma ação de eixos combinados (Pecequilo, 2008) e diversificados (Vigevani e Cepaluni, 2003). Retoma-se a vocação universal da política externa, com uma atenção destacada à integração regional da América do Sul e às parcerias bilaterais. Já em seu discurso de posse em 2003, Lula enfatizou estas agendas:

> Mudança; esta é a palavra-chave, esta foi a grande mensagem da sociedade brasileira (...) Diante do esgotamento de um modelo (...) Nossa política externa refletirá também os anseios de mudança (...) No meu Governo, a ação diplomática do Brasil estará orientada por uma perspectiva humanista e será, antes de tudo, um instrumento do desenvolvimento nacional. Por meio do comércio exterior, da capacitação de tecnologias avançadas, e da

busca de investimentos produtivos, o relacionamento externo do Brasil deverá contribuir para a melhoria das condições de vida da mulher e do homem brasileiros (...) Estaremos atentos também para que essas negociações, que hoje em dia vão muito além de meras reduções tarifárias e englobam um amplo espectro normativo, não criem restrições inaceitáveis ao direito soberano do povo brasileiro de decidir sobre seu modelo de desenvolvimento.(LULA, 2003, p. 14).

A atualização do paradigma visou a elevação do poder nacional, reforçando o caráter do Brasil como ponte entre os "novos e velhos poderes" como classifica Burgess (2013). O Brasil projetava-se globalmente, associando sua agenda internacional às pautas de reforma socioeconômica doméstica. Em um *trade-off*, o poder externo e doméstico se autoreforçavam, com pautas ligadas aos ODM. Políticas públicas como Fome Zero, Bolsa Família, Farmácia Popular e Minha Casa, Minha Vida eram traduzidas como metas internas e programas referência para países em desenvolvimento e de menor desenvolvimento. Associadas à segurança alimentar, renda e combate à pobreza, acesso à saúde e moradia, estas agendas possuíam completa aderência aos ODM.

Domesticamente, o foco é um modelo econômico neodesenvolvimentista. Contudo, o que se observa é uma "revolução incompleta" como aponta (Chodor, 2015), argumento reforçado por Bresser-Pereira (2018): ainda que retome o papel do Estado na sociedade e economia, com forte agenda social e de inclusão, e investimentos pontuais em saúde, educação e inovação, os princípios básicos de âncora cambial, abertura econômica, privatizações e parcerias público-privada não foram alterados.

A prioridade, até para a manutenção do pacto político interno, da credibilidade internacional e a sustentação da agenda social, é a continuidade das linhas macroeconômicas e os ganhos imediatos. Foram fortalecidos setores econômicos como o financeiro, o agronegócio e as empreiteiras. Isso acentua a reprimarização e a desindustrialização. As dificuldades do modelo se revelam nos índices de crescimento comparados:

**Tabela 5 - Crescimento do PIB (%)**

| | 2003 | 2004 | 2005 | 2006 | 2007 | 2008 | 2009 | 2010 |
|---|---|---|---|---|---|---|---|---|
| **Brasil** | 1,1 | 5,8 | 3,2 | 4,0 | 6,1 | 5,1 | -0,1 | 7,5 |
| **China** | 10,0 | 10,1 | 11,4 | 12,7 | 14,2 | 9,7 | 9,4 | 10,6 |
| **EUA** | 2,8 | 3,9 | 3,5 | 2,8 | 2,0 | 0,1 | -2,6 | 2,7 |

**Fonte:** Elaborada pela autora com dados de Banco Mundial

Na política externa, as implicações deste modelo levam à consolidação das parcerias com mercados compradores de *commodities* e às "campeãs nacionais" (Bugiato, 2014). O termo "campeãs nacionais" refere-se a um conjunto de empresas multinacionais brasileiras, de caráter público e privado, que foram incentivadas a buscar uma atuação regional e global sistemática. O financiamento governamental do Banco Nacional de Desenvolvimento Econômico e Social (BNDES) servia de apoio a esta expansão. Petrobrás, Odebrecht, Vale do Rio Doce (*infraestrutura e commodities*), JBS (setor alimentício) são algumas destas empresas, destacando-se a prioridade ao setor de *commodities* (energia e alimentos) e infraestrutura com as empreiteiras.

Um dos projetos mais polêmicos deste ciclo, além das agendas da IIRSA, foi o de Porto Mariel. As ações do Brasil na América do Sul e em Cuba como financiador de projetos de desenvolvimento eram apresentadas como desvios de recursos nacionais. São estas empresas que estiveram no centro das acusações de corrupção da Operação Lava Jato (2014-2021). Desde 2005, já se desenhava uma agenda de crise, com o Mensalão, relacionado a tráfico de influência e compra de votos. A prisão de diversos políticos ligados ao PT permite à oposição a construção de uma imagem anti-corrupção e pró-moralidade, essencial para a pauta da direita e extrema-direita (Capítulo 5).

Assim, independente de seu sucesso, a gestão Lula legou à Dilma Rousseff um cenário menos favorável e de instabilidades, ao qual o governo não conseguiria responder entre 2011-2016. Cabe examinar estas idas e vindas nas relações bilaterais com os Estados Unidos na sequência e o intercâmbio com a China no próximo capítulo.

## 3.1 Percepções de Liderança (2003-2010)

Considerando o período 2003-2010, os dois mandatos de Lula sobrepõem-se, nos Estados Unidos, às presidências de W. Bush (2001-2008) e do democrata Barack Obama (2009-2016). Nesta agenda, duas subfases podem ser identificadas: afirmação brasileira (2002-2004) e diálogo estratégico (2005-2010).

A primeira fase, afirmação brasileira, 2002-2004, inicia-se antes mesmo da posse de Lula em 2002, quando o candidato eleito e parte de sua equipe de governo iniciam um ciclo de ofensivas internacionais, com prioridade aos Estados Unidos. No contexto da GWT e dos "eixos do mal", ficou conhecida a expressão "eixo cucaracho", de caráter depreciativo publicada no *Washington Times*. Apesar de ser um tabloide de pouca importância, o termo ganhou muito espaço no Brasil.

Entretanto, não havia indicações de que o o futuro governo brasileiro caminharia no sentido da radicalização e isolamento, ainda que isso tenha permanecido no debate doméstico. Alguns dos momentos mais marcantes do *tour* de Lula, foram as visitas ao *National Press Club,* em Dezembro de 2002 e à Casa Branca, quando se encontrou com W. Bush. O primeiro encontro Lula-Bush reproduziu uma relação positiva entre Brasil-Estados Unidos, até similar a atribuída à FHC e Clinton.

Em termos concretos, os resultados foram até mais evidentes: 2005 e 2007, visitas de W. Bush ao Brasil, 2002, 2006 e 2007 viagens de Lula aos Estados Unidos. Em 2005 foi estabelecido o Diálogo Estratégico Brasil-Estados Unidos. Para 2008 foi estabelecido o "Brazil Caucus", espaço no Legislativo dos Estados Unidos para debate sobre temas bilaterais (em 2007 a importância histórica do relacionamento foi reconhecida pela Câmara), e ocorreram as seguintes atividades: vinda da Secretária de Estado Condoleeza Rice ao Brasil, ida de Dilma aos Estados Unidos como Chefe da Casa Civil e do Ministro da Defesa Nelson Jobim. A transição para Obama em 2009 traria a Secretária de Estado Hillary Clinton ao Brasil, sucedendo a ida do Embaixador Guimarães aos Estados Unidos. Em 2010, como continuidade do Diálogo Estratégico, estabeleceu-se o Diálogo de Parceria Global, e na Estratégia de Segurança Nacional de Obama o Brasil e outras nações emergentes ganharam destaque.

Para a gestão Lula, a sobreposição com W. Bush (2003-2008) se revelou profícua, não só em termos bilaterais, como em termos de avanço das agendas regionais e globais. A combinação da maior assertividade brasileira, com a continuidade do recuo norte-americano na América Latina, permitiu ao país ocupar espaços com seus projetos de integração, mas, igualmente, ser reconhecido pelos Estados Unidos como um ponto de equilíbrio e mediação regional (Pecequilo, 2012).

Embora no Brasil a oposição buscasse explorar os pontos de conflito e não de convergência o que se observava era um processo de acomodação e, como se tem procurado destacar, interações normais entre potências que defendem seus interesses e de suas coalizões domésticas.

A política externa caracterizou-se por uma ação de eixos combinados Norte-Sul, no qual o Sul (horizontal) assumiu hierarquicamente a prioridade. Nunca se buscou quebra de relações com o Norte (vertical), Estados Unidos, União Europeia e seus membros, ou Japão, mas sim uma ampliação de alternativas. Esta ampliação já vinha sido iniciada com FHC do ponto de vista econômico e cooperação científico-tecnológica, como uma válvula de escape, ganhando escopo estratégico com Lula. A defesa da pauta do Sul, com temas que remontavam a Bandung, acrescidos nas novas roupagens ODM/ Objetivos do Desenvolvimento Sustentável (ODS), traziam o Brasil de volta a uma postura mais combativa e de resistência nas negociações (Nações Unidas Brasil, s/a).

Em um contexto de reforço de poder das nações em desenvolvimento, via-se surgir a ideia dos BRIC (Brasil, Rússia, Índia e China), reconhecidos pelo Goldman Sachs em 2001 por Jim O´Neill como novos polos de poder. A ideia era baseada no crescimento econômico destas nações, especialmente da China, e sua crescente influência política. Diferente dos anos 1960, estas nações do Sul detinham maiores recursos de poder, passando a trabalhar juntas em parcerias estratégicas e coalizões de geometria variável. Além da China, o Brasil estaria mais próximo da Rússia e da Índia, no que se consolidou como BRIC em 2009 (depois BRICS em 2011 com a inclusão da África do Sul), e em agendas como o IBAS (ou Fórum G-3, Índia, Brasil, África do Sul de 2003).

Chamado de novo Segundo Mundo (Khanna, 2008), este grupo de nações contrastava com o anterior (classificado como socialista) em termos de orientação político-econômica e poder relativo e pedia reformas na ordem internacional. Também se diferenciavam do Terceiro Mundo, por estarem em um estágio de maior desenvolvimento relativo que as nações conhecidas como Países de Menor Desenvolvimento Relativo (PMDR). Eram os Grandes Estados Periféricos como aponta Guimarães (1999).

O conceito que passou a ser utilizado foi o de equilíbrio brando (*soft balancing* no original, conforme concebido por Walt (2006), como expressão destas coalizões que visavam seu fortalecimento e a reforma da ordem mundial e do multilateralismo. Na atualização desta ordem e do multilateralismo, encontram-se a inserção de novos membros permanentes no CSONU, para a qual o Brasil montou a coalizão G-4 (Brasil, Índia, Alemanha e Japão), que é uma expressão dos eixos combinados.

Este é um tema bastante semelhante nas relações do Brasil com os Estados Unidos e a China. Nenhum dos dois apoia a entrada do Brasil no CSONU (que conta, no conselho com o apoio de França, Rússia e Reino Unido).[1] Tanto Estados Unidos quanto China temem a diluição do poder do CSONU. A China, igualmente, perderia seu status de único representante do Sul, e poderia estar diante do risco do Brasil realinhar-se aos Estados Unidos. Para os Estados Unidos, o Brasil também poderia realinhar-se à China. Formalmente, os Estados Unidos só apoiam Japão e Índia (Rice, 2008), até como contraponto à China e à Rússia.

Outra prioridade é a revisão das cotas de contribuição e peso de votação no FMI e Banco Mundial, assim como as disputas pela gestão destas instâncias. Desde o fim da Segunda Guerra Mundial, europeus e americanos se alternam, respectivamente, na presidência de FMI e Banco Mundial. Tais demandas elevavam o potencial de disputa com os Estados Unidos, à medida que alteravam as instituições vigentes do pós-Segunda Guerra Mundial. No âmbito das estruturas de negociação comercial, que já haviam sido atualizadas com a Organização Mundial de Comércio, o Brasil, ao lado dos demais emergentes, esteve à frente da coalizão G-20 comercial.[2]

O G-20 comercial[3] surge como uma coalizão de países em desenvolvimento, visando as negociações da OMC no âmbito da Rodada do Desenvolvimento de Doha, que havia sido lançada em 2001. O auge de sua mobilização aconteceu em 2003, na Reunião Ministerial de Cáncun, quando diante das pressões dos países desenvolvidos para a abertura (e desregulamentação) dos setores de serviços, compras governamentais, os países em desenvolvimento, liderados pelo Brasil resistiram a novas concessões sem contrapartidas. As contrapartidas eram associadas às negociações nos setores agrícola e pecuário, nos quais o protecionismo, subsídios e barreiras não-tarifárias dos países do Norte continuavam impedindo acesso aos mercados.

No âmbito das relações Brasil-Estados Unidos, o choque em Cáncun em 2003, foi um dos mais sérios, incluindo trocas de acusações de que o país estaria obstruindo as negociações (Amorim, 2015). Todavia, o movimento não era o de barrar negociações, apenas demandar sua ampliação para temas agrícolas e pecuários, para que não se repetisse sua exclusão ou tratamento especial como fora no final do GATT com a Cláusula da Paz. Uma vez que as nações do Sul (G-20) não cederam em suas demandas e nem o Norte (Estados Unidos-União Europeia), o resultado foi a ausência de consenso.

Depois de Cancun, foram realizadas mais duas Reuniões Ministeriais, Hong Kong (2005) e Genebra (2009), mas sem avanços. O ciclo de crises iniciadas no sistema OMC desde 1999 com os protestos de Seattle, leva à paralisação do sistema no século XXI. O tema voltará a ser abordado ao longo

---

[1] As discussões sobre a ampliação do Conselho, os grupos atuantes e processos de reforma das Nações Unidas podem ser vistos em maior extensão em Pecequilo, 2019b.

[2] Além do G20 comercial, as negociações da OMC destacam-se pela existência de uma variedade de outras coalizões como o Grupo Cairns, Mercosul, G20 comercial NAMA-11 (Economias Pequenas e Vulneráveis), FANs (Amigos das Negociações A-D) e o W52 Sponsors.

[3] Os membros do G-20 comercial (ou G-20 *plus*) tem se alternado ao longo do período. Em sua última listagem constam Brasil, Argentina, Bolívia, Chile, Cuba, Equador, Guatemala, México, Paraguai, Peru, Uruguai, Venezuela nas Américas; China, Filipinas, Índia, Indonésia, Paquistão e Tailândia na Ásia; África do Sul, Egito, Nigéria, Tanzânia e Zimbábue na África.

deste item, incluindo a chegada do Embaixador Robert Azevedo à presidência da OMC em 2013.

Em termos de contenciosos Brasil-Estados Unidos na OMC, a gestão Lula ainda abriria mais dois processos contra os norte-americanos, listados no Quadro 2, e um seria aberto em 2016. O fato mais importante foi a conclusão definitiva do contencioso do algodão iniciado em 2002. Em 2014 (já nas gestões Dilma e Obama), a disputa foi finalizada com a assinatura do "Memorando de Entendimento relativo ao Contencioso do Algodão (DS 267)", e o pagamento de cerca de US$ 300 milhões ao Brasil pelos Estados Unidos.[4] Os Estados Unidos não abriram contenciosos contra o Brasil neste período.

**Quadro 2 - Contenciosos 2003-2018**

| Caso | Demandado | Início | Tema | Término Decisão Conclusão[5] | Resultado | Desenvolvimento |
|---|---|---|---|---|---|---|
| DS365 | EUA | 2007 | Apoio Doméstico e Garantia de Crédito à Exportação de Produtos Agrícolas | | | Painel estabelecido, mas ainda em composição |
| DS382 | EUA | 2008 | Revisão medidas antidumping e outras medidas relativas à importação de alguns sucos de laranja | 2011 | Ganho de causa | Adoção e Implementação do Relatório |
| DS514 | EUA | 2016 | Medidas Relativas à Importação de Chapas de Aço Frio e Quente | Em consultas | | |

Fonte: Elaborada pela autora com dados da WTO[6]

Outro tema comercial entre 2003-2004 foi a finalização das negociações da ALCA entre 2003-2005 com Brasil e Estados Unidos na presidência. Como já analisado no Capítulo 2, estas conversações possuem três etapas: 1994-1999 intensa, estagnação 2000-2002 e esta terceira de definhamento. O definhamento ocorre pela falta de prioridades de ambos os países nestas negociações devido a outras agendas externas e à permanência dos constrangimentos conhecidos a acordos comerciais nos Estados Unidos.

Apesar de W. Bush ter conseguido o TPA, sua atuação esteve sempre mais voltada à GWT, às guerras em solo no Afeganistão e Iraque, e às aproximações com potências regionais, em particular depois de 2005 (o que foi positivo para o Brasil). Não se modificaram as lógicas dos grupos de interesse interno no campo do comércio. Manteve-se o padrão de apenas fechar acordos e iniciar negociar com países inseridos na esfera dos Estados Unidos. De 2004

[4] Brasil. Ministério das Relações Exteriores. Disponível em: https://www.gov.br/mre/pt-br/canais_atendimento/imprensa/notas-a-imprensa/encerramento-do-contencioso-entre-brasil-e-estados-unidos-sobre-o-algodao-na-omc-ds267. Acesso em 16 de maio de 2024.

[5] Refere-se ao estágio do processo

[6] Para maior detalhamento destas disputas e das demais que envolvem o Brasil recomenda-se: WTO |Brazil-Member information. Disponível em: http://www.wto.org/english/thewto_e/countries_e/brazil_e.htm#disputes e https://www.wto.org/english/tratop_e/dispu_e/dispu_e.htm. Acesso em: 09 de maio de 2024.

em diante estabeleceu-se o Acordo de Livre Comércio Estados Unidos-Chile e o Acordo de Livre Comércio da América Central(Costa Rica, El Salvador, Nicarágua, Honduras, Guatemala) + República Dominicana (CAFTA/DR) em andamento desde 2008. Entre 2006-2007, iniciam-se tratativas com Peru, Panamá e Colômbia para TLCs. Tais TLCs, contudo, somente entram em vigor em Obama: Peru em 2009, Panamá em 2011 e Colômbia em 2012.

O Brasil buscava uma atuação mais densa na OMC e na América do Sul, investindo no Mercosul, na continuidade da IIRSA, e na criação de uma estrutura político-estratégica inicialmente nomeada como Comunidade das Nações Sul-Americanas (CASA), posteriormente chamada de União das Nações Sul-Americanas (UNASUL), que entrou em funcionamento em 2008. A UNASUL, alternativa moderada frente à ALBA e à PETROCARIBE, mesmo assim gerou certo padrão de desconforto nas relações bilaterais à medida que se inseria na dinâmica de *soft balancing* e era alternativa autóctone ao sistema interamericano de OEA e TIAR. Este tema, assim como a criação da Comunidade de Estados Latino-Americanos e Caribenhos (CELAC) em 2010, estará temporalmente mais presente em Lula-Obama.

Para o momento, cabe explicar um pouco mais o definhamento da ALCA que não foi imediato em 2003. Entre 2003 e 2005 foram realizadas três Cúpulas das Américas, Miami (2003), Monterrey (2004) e Mar Del Plata (2005), esgotando-se o modelo das reuniões ministeriais. Foram preservados contatos bilaterais setoriais, mas a pauta das Cúpulas caminhou no sentido da boa governança democrática e estabilidade.

Houve uma proposta adicional do Brasil para tentar revitalizar o processo, a ALCA *Light*: o arcabouço era bastante limitado, focando em acordos setoriais de interesse mútuo e o estabelecimento de algumas medidas de facilitação comercial (Bandeira, 2004). Após essa agenda, em 2005, não existiram mais propostas, e a ALCA simplesmente se esvaziou. No Brasil, o estabelecimento de um acordo bilateral comercial com os Estados Unidos permanece como meta de referência dos setores conservadores.

Em termos estratégicos, e de reforço de seu potencial mediador na região, o Brasil colaborou na criação do Grupo Amigos da Venezuela, composto por Brasil, EUA, México, Chile, Portugal e Espanha em 2003. O ano de 2003, contudo, veria uma divergência entre Brasil e Estados Unidos com relação à Guerra do Iraque. Como abordado no Capítulo 2, todo o processo de negociação desta guerra foi sensível, mas não se estenderia no pós-2003.

Entre 2004 e 2017, o Brasil esteve à frente da Missão de Estabilização no Haiti (MINUSTAH), dando sequência a sua participação em Operações e Missões de Paz das Nações Unidas. Por ter assumido a liderança da Missão no Haiti, a MINUSTAH foi considerada um marco nessa trajetória. Na ONU, o Brasil inseria em sua pauta o princípio da "não-indiferença", para sustentar a relevância de que a comunidade internacional atue em cenários de crise humanitária. As origens deste princípio encontram-se nas discussões sobre tragédias como genocídio, violência sistemática contra populações civis no continente africano do pós-Guerra Fria, que passavam à margem de outros Estados e organismos multilaterais (destacando-se cenários como os de Ruanda e Congo).

O Brasil defendia a continuidade dos processos de reforma e atualização da ONU e suas missões de paz, engajando-se nestas agendas. Com a MINUSTAH e a mediação na Venezuela, fazendo um contraponto à Chávez, o Brasil praticava uma política de responsabilidade e credibilidade frente seus parceiros relevantes, como os Estados Unidos, e no âmbito multilateral. Entretanto, diferente de FHC, era uma integração autônoma pelo Sul.

Essa autonomia se estenderia a outra área estratégica, objeto de controvérsia entre os dois países nos anos 1970: segurança e defesa. Desde a criação do Ministério da Defesa em 1999, o Brasil inicia (mesmo que mais lentamente em FHC) um processo de elaboração de novas diretrizes estratégicas que, a partir da gestão Lula foi acrescido de aumento de investimentos financeiros BID. Segundo Martins e Nunes (2017), este processo envolvia a atualização do pensamento estratégico nacional e uma maior atenção aos instrumentos de poder nacional para a sua projeção e defesa dos interesses brasileiros (defesa da soberania, fronteiras e de recursos nacionais).

Para debater as questões estratégicas, deu-se início a um processo de elaboração e debates públicos sobre os três documentos principais que compõem o pensamento estratégico brasileiro: a Política Nacional de Defesa (PND), a Estratégia Nacional de Defesa (END) e o Livro Branco de Defesa Nacional (LBDN). Em 2012, o primeiro LBDN foi publicado (as outras versões são de 2016, 2020, estando previstos ciclos de revisão periódica). Temas como a proteção da Amazônia e do Atlântico Sul (que também foi definido como Amazônia Azul) ganharam destaque, assim como a necessidade de reforma dos sistemas de proteção, melhoria tecnológica das Forças Armadas e, como citado, a renovação do BID.

Esta nova dinâmica securitária trouxe alguns desafios às relações bilaterais uma vez que poderiam representar ganhos de poder nacionais e gerar a situação de mudança no equilíbrio de poder regional. À medida que o Brasil passava a buscar parcerias para a capacitação no campo com outros países, e não apenas os Estados Unidos, com destaque à França, Rússia e a China, criava-se um desafio adicional. Por se tratarem de projetos de longa duração, estas agendas militares continuam em andamento.

A França, uma das principais concorrentes dos Estados Unidos no mercado de defesa e tecnologia, estabeleceu acordos importantes com o Brasil, na retomada do programa de construção de submarinos convencionais e para a recuperação do projeto do submarino nuclear (PROSUB). Outra demanda associada ao reaparelhamento das Forças Armadas foi a necessidade de atualização da frota de aviões da Aeronáutica. O processo de concorrência fora aberto ainda na gestão de FHC em 1998, chegando a uma decisão final em 2013. Os Estados Unidos estavam participando com o modelo Super Hornet F/A-18 (Boeing), a França com o Rafale (Dassault) e a Súecia com o Gripen NG (Saab). A vencedora foi a Saab por oferecer maior acesso à tecnologia do produto e a sua produção em território nacional (iniciada em 2023). Em várias dimensões, a cooperação no setor de defesa recai em outros países do Norte e do Sul e não só nos Estados Unidos.

O tema da Base de Alcântara, seu uso e eventual concessão, ganha outras proporções com a trágica explosão do VLS brasileiro quando de seu lançamento em 2003. Tanto o VLS quanto o satélite eram nacionais e representavam a continuidade de um esforço de consolidação do programa espacial brasileiro de forma autônoma. Esta era a terceira tentativa e mais uma vez não houve sucesso. As consequências foram mais graves com a destruição de parte da infraestrutura do CLA, do VLS e dos satélites por ele carregados, além do falecimento de mais de 20 pessoas (Andrade et al., 2018, p. 14). Segundo Andrade et al. (2018), este episódio provocou atrasos adicionais no programa espacial brasileiro, devido aos custos materiais e, principalmente, humanos da explosão. A investigação, abordada pelos autores, indicou que os cortes prévios de pessoal e orçamento no CLA estavam na raiz deste episódio.

Os debates sobre a exploração da base, e parcerias com os Estados Unidos no CLA, foram somente retomados em 2017, no governo de Temer. Além deste evento negativo, o governo Lula teria como ponto de destaque no setor espacial, em 2006, a ida do primeiro astronauta brasileiro ao espaço, o Tenente-Coronel Marcos Pontes. A cooperação com os Estados Unidos, mas, fundamentalmente, com a Rússia, na estação Soyus, foi fundamental para a missão científica e simbólica associada à ida ao espaço. Pontes se distanciaria do governo Lula, alinhando-se à gestão de Jair Bolsonaro, na qual exerceu o cargo de Ministro da Ciência, Tecnologia e Inovação (2019-2022). Em 2022, foi eleito como Senador de São Paulo pelo PL.

Ainda no campo da defesa, em 2004, tensões existiram no que se refere às pressões internacionais, e principalmente norte-americanas, por meio do então Secretário de Estado Collin Powell, para que o Brasil assinasse o Protocolo Adicional ao TNP (não assinado até a conclusão deste texto). A assinatura deste Procotolo permitiria o acesso da Agência Internacional de Energia Atômica (AIEA) às instalações de enriquecimento de urânio das Indústrias Nucleares do Brasil (INB), localizadas na cidade de Resende no Rio de Janeiro. O governo brasileiro considerava esta demanda excessiva e em violação a sua soberania tecnológica. Mais barata e eficiente, a técnica brasileira de jateamento, agregada à disponibilidade de urânio nas reservas estratégicas nacionais permitia uma vantagem comparativa no setor.

Somadas a estas movimentações brasileiras puderam ser observadas transformações da política externa dos Estados Unidos no segundo mandato de W. Bush. Pressionado pelas dificuldades político-militares das guerras do Afeganistão e Iraque, associados à dificuldade de estabilização e reconstrução, W. Bush promove uma atualização da agenda internacional com a chegada de Condolleza Rice ao Departamento de Estados. Para essa mudança contribuíram a superextensão do poder, o aumento das instabilidades regionais, as novas corridas armamentistas, a expansão e fortalecimento das coalizões de geometria variável e os primeiros indícios de crise econômica interna.

Estas orientações caminhavam em direção à retomada do multilateralismo, a diplomacia transformacional e o reconhecimento do processo de desconcentração de poder mundial, com a valorização das parcerias com os *stakeholders*. A mais relevante para o Brasil e outras potências emergentes, era a de *stakeholders*. O conceito sinalizava um reconhecimento dos Estados Unidos do *status* de novas potências, com as quais dividiriam responsabilidades para a estabilidade global.

Para as relações Brasil-Estados Unidos, inaugura-se a segunda fase do intercâmbio: o Diálogo Estratégico (2005-2010). Este período pode ser definido como um dos mais ativos das relações bilaterais, Brasil-Estados Unidos. Além disso, consolida a existência de dois triângulos geopolíticos sobrepostos na região: Brasil-Estados Unidos-Venezuela, de caráter intrarregional, e Brasil-Estados Unidos-China, de perfil misto intra e extrarregional. A projeção do Brasil, da Venezuela e da China consolida-se no vácuo do poder norte-americano, trazendo movimentos de alianças político-econômicas inéditos na América do Sul, principalmente a partir de 2004. O ano de 2004 é um marco para a presença da China no hemisfério, iniciando uma ofensiva diplomática, e para os projetos de integração regional do Brasil.

Ao inaugurar-se esta fase, 2005-2010, todos estes fenômenos encontram-se em desenvolvimento, legando um quadro pouco uniforme ao intercâmbio. Isto gera duas subdivisões: 2005-2008 e 2009-2010. Tais recortes são ligados à crise econômica global de 2008, à troca da presidência W. Bush-Obama e às eleições presidenciais no Brasil em 2010. Outro fator é a crise da Venezuela, com o adoecimento de Chávez. Embora o líder venezuelano só viesse a falecer em 2013, seus afastamentos do poder tornaram-se frequentes, assim como as disputas internas. Por fim, são recortes que resultam da dualidade de ação dos Estados Unidos diante do incremento de poder brasileiro: se por um lado há o reconhecimento desta liderança, por outro produz reações de contenção.

Na primeira subdivisão, 2005-2008, prevalece uma percepção positiva da proatividade brasileira (Crandall, 2011), em particular no que se refere ao gerenciamento das tensões na Venezuela e a abertura de oportunidades de cooperação. A aproximação Brasil-Estados Unidos era percebida como uma forma de contrabalançar a aliança sino-brasileira que ganhava densidade. No Eixo Norte, destacavam-se as negociações Mercosul-União Europeia e a parceria estratégica Brasil-União Europeia.

As reações no Brasil à formalização do Diálogo Estratégico foram mescladas. As correntes político-sociais-econômicas próximas ao governo Lula, ressaltaram que o novo momento resultava da diplomacia autônoma e assertiva. A oposição classificou o processo de reconhecimento, assim como as falas positivas de Rice (2008) sobre o país, como mera retórica. Afinal, qual a dimensão prática e os resultados do Diálogo Estratégico? É relevante ser um parceiro estratégico dos Estados Unidos?

É preciso deixar claro que o *status* selado entre os países com o Diálogo é sim relevante. Os Estados Unidos somente concedem este *status* a nações próximas como Japão, Israel, por exemplo. Isso permite criar estruturas mais sólidas e permanentes de governança e uma interação sistemática de consultas. É neste contexto que o Brasil será chamado como interlocutor em questões sensíveis do período, como a estagnação do processo de paz Israel-Palestina e as negociações sobre o programa nuclear do Irã. Estar em um Diálogo Estratégico não significa que existem concessões, benefícios, convergência ou harmonia de posições. Como destacou o Embaixador do Brasil nos Estados Unidos, Antonio Patriota (2009), trata-se do amadurecimento e aprofundamento dos laços e a busca de novas oportunidades, independente de divergências e assimetrias.

Pode-se apontar, entretanto, que houve um elemento utópico da parte do governo Lula, que desembocou nas crises de 2009-2010. Tal elemento reside na relativa incompreensão das dinâmicas políticas norte-americanas, associadas a grupos de interesse e à natureza da hegemonia. Ocorre uma subestimação do risco da contrarreação estadunidense e a superestimação do potencial brasileiro em sustentar sua projeção.

A despeito de todas as conquistas nacionais em Lula, a vulnerabilidade do projeto econômico e das coalizões governamentais, dificultou uma ação internacional sustentada e mais resistente às pressões da oposição doméstica e à contenção norte-americana. Porém, não se pode ignorar a cooperação que existiu e potenciais que foram desperdiçados devido a quebras. A questão energética merece atenção no setor de biocombustíveis e no pré-sal.

Inicialmente competidores no setor de biocombustíveis, Brasil e Estados Unidos estabeleceram uma profícua cooperação no campo do etanol e para o desenvolvimento de novas matrizes energéticas. No caso do etanol, a competição havia sido sustentada pela diferença nas matrizes produtivas e na sobretaxa americana à entrada do etanol brasileiro no país. Resultante do programa de investimentos no álcool combustível, iniciado pelo Regime Militar, o proálcool, o etanol brasileiro era produzido da cana-de-açúcar e possuía menor custo e impacto ambiental, e maior eficiência energética. Além disso, o Brasil estava avançado no desenvolvimento da tecnologia de carros flex híbridos (etanol e/ou gasolina) e de outros biocombustíveis (biodiesel). O etanol norte-americano provinha do milho, em um setor bastante subsidiado da agricultura estadunidense nas *Farm Bills*.

Apesar disso, e por motivações diferentes, o Brasil desejando maior investimentos tecnológicos e diversificação de fontes de energia renováveis, e os Estados Unidos pelo interesse em diminuir sua dependência do petróleo, convergiram para buscar uma maior valorização deste combustível. Para os Estados Unidos, era relevante, com duas guerras em andamento e a instabilidade no Oriente Médio, buscar fontes de energia e fornecedores "amigos", em comparação a nações menos confiáveis como Venezuela, Rússia e Arábia Saudita. Fico bastante conhecida a expressão de W. Bush de que os Estados Unidos estavam "viciados" em petróleo, como forma de criticar a excessiva dependência do país do setor (Bush, 2006).

A partir de 2007, com a assinatura do Memorando de Entendimento Sobre o Etanol, na segunda visita de W. Bush ao Brasil, iniciou-se a chamada "Diplomacia do Etanol". As metas estabelecidas no documento versavam em torno das citadas diversificação da matriz energética e da diminuição da dependência do petróleo, e cooperação científico-tecnológica bilateral e com terceiros países. Mencionava-se tal possibilidade de criação de um mercado global de etanol, no qual este biocombustível seria comercializado por valores por galão, como é o petróleo. A questão ambiental nesta agenda é discutível e não consensual: se por um lado se apontava a importância da diversificação de matriz renovável, por outro, o tema não era o foco das preocupações de W. Bush e o tema se demonstrava sensível.

A razão de ser considerado sensível residia em preocupações relativas ao aumento da área cultivável de cana-de-açúcar, o risco da monocultura e de desrespeito a questões trabalhistas (no Brasil, este é um dos setores mais contestados justamente pelo não cumprimento destas leis). Isso poderia gerar fenômenos como a insegurança alimentar e o desmatamento. Entretanto, não foram estes empecilhos que bloquearam o avanço da "Diplomacia do Etanol", mas sim a ausência de investimentos sustentados no tema e a crise econômica global de 2008. W. Bush em final de mandato seria substituído por Obama em 2009, que não veria esta agenda do etanol como prioridade.

Avançavam nos Estados Unidos, as explorações de petróleo e gás domesticamente por meio da chamada "Revolução do Xisto". Considerada como a grande inovação energética do período (Yergin, 2014), esta Revolução permitiu aos norte-americanos aumentarem seu potencial de extração de gás e petróleo domésticos (respectivamente o *shale gas* e o *tight oil* na terminologia original). Esta produção os tornou os maiores fornecedores destes hidrocarbonetos. Mesmo gestões pró-meio ambiente não recuaram nesta exploração, controversa por conta seus potenciais danos por conta dos métodos de extração (em particular o *fracking* - fraturamento hidráulico). Esta Revolução muda a posição dos Estados Unidos no mercado energético, assim como as suas relações geopolíticas e geoeconômicas com compradores e produtores destes insumos.

Na agenda energética, o período coincide entre 2004-2007 com a descoberta das primeiras reservas do Pré-Sal na costa brasileira, estados de São Paulo, Rio de Janeiro e Espírito Santo, no chamado Polígono do Pré-Sal (com foco no Campo de Libra). O sistema de exploração era o da partilha, com a obrigatoriedade da participação da Petrobras e a entrada de empresas estrangeiras na atividade por meio de leilões, com o direcionamento dos recursos para o Fundo Social do Governo. A exploração de petróleo em águas profundas e as reservas existentes de petróleo e gás converteram-se em um elemento estratégico para o Brasil e sua autossuficiência energética.

Na sequência, o ano de 2008 representa o início de diversas transições nas relações bilaterais, que desembocam em 2009. Alguns poderiam questionar: por que já não encerrar o Diálogo e considerar esta uma fase de crises? A resposta reside no fato de que apesar do aumento das tensões entre 2009-2010, não existem rupturas entre as diplomacias. Entende-se ruptura pela paralisação de contatos, trocas de acusações, suspensão de atividades regulares da relação e isto não ocorre.

Paralelamente à elevação do tom geopolítico, permaneceram agendas de atualização do Diálogo Estratégico. Isso permitiu o lançamento em 2011 do Diálogo Global quando da visita de Barack Obama e sua família ao Brasil no começo da gestão Dilma e o incremento da cooperação Brasil-Estados Unidos na realização dos grandes eventos esportivos: Copa do Mundo em 2014 e Olimpíadas em 2016. A ruptura ocorre em 2013, na gestão Dilma, como será visto em 3.2.

Examinando o ano de 2008, por que identificá-lo como de transições? O primeiro ponto é, certamente, a crise econômica global de 2008. Este recuo norte-americano ocorre em ano de eleição presidencial, com a solidificação da candidatura do democrata Barack Obama, crítico veemente das políticas republicanas. Gera-se um novo vácuo de poder e *gaps* nas relações bilaterais. Na América Latina, estes espaços foram ocupados pelo Brasil e a China, inaugurando o segundo triângulo sobreposto no hemisfério: Estados Unidos, Brasil e China (e já iniciando uma perda de capacidade de ação da Venezuela).

O marco para o Brasil é a entrada em vigor da UNASUL, projeto de integração regional, como forte agenda político-estratégica e de desenvolvimento, que, como já indicado, oferece uma alternativa ao sistema interamericano: OEA e TIAR. Muitas vezes associados a tentativas de ingerência dos Estados Unidos no hemisfério, estes mecanismos eram vistos com desconfiança, e a UNASUL, de forma inédita traz potenciais de cooperação em áreas securitárias, como o Conselho de Defesa Sul-Americano (CDS). Acentua potenciais de cooperação em segurança alimentar, saúde, educação, ressaltando a autonomia regional. A incorporação dos projetos da IIRSA e a continuidade dos investimentos em infraestrutura encontra-se em seu escopo.

Tal organismo reforça a Cooperação Sul-Sul de forma birregional e não apenas intrarregional, consolidando o projeto do Brasil de consolidar a América do Sul como base de projeção global. No âmbito dos esforços de parceria horizontal, destacam-se as Cúpulas América do Sul-Países Árabes (ASPA) e a América do Sul-África (ASA). No que se refere à ASPA foram realizadas Cúpulas em 2005, 2009 e 2012, e à ASA, em 2006, 2013 e 2016, seguindo-se o seu esvaziamento. Somado a este escopo multilateral e regional, o Brasil manteve uma intensa cooperação bilateral com países árabes e africanos, mantendo sua prioridade ao eixo Sul-Sul da política externa.

Diante destas movimentações, do adensamento das coalizões de geometria variável e de sua crise, os Estados Unidos em 2008, retomaram um perfil mais securitário e de contenção de sua agenda para o Brasil (e o Sul de uma maneira geral). Para a América Latina, isso significou a extensão da guerra contra o narcotráfico com a Iniciativa Mérida, com foco no México, além da manutenção do Plano Colômbia. Globalmente, os Estados Unidos promoveram uma atualização e reorganização de seus sistemas de Comandos Militares (COCOMs). Os COCOMs, cujas origens datam da Guerra Fria, garantem aos norte-americanos sua projeção militar global.

Em 2008, foram incrementados os investimentos no Comando Militar do Sul (USSOUTHCOM), incluindo a reativação da Quarta Frota do Atlântico Sul, e criado o Comando Militar Africano (USAFRICOM). O USAFRICOM corresponde a um espaço antes compartilhado com dois outros Comandos: o Comando do Sul e o Comando do Pacífico (USPACOM). O objetivo era reformatar a presença militar no Atlântico Sul e no continente africano, nos quais Brasil, China, Rússia, África do Sul e Índia estavam atuando de forma mais sistemática e coordenada. Outra implicação era permitir que o USPACOM direcionasse seu foco com mais eficiência à região de influência sino-indiana. Este Comando seria renomeado como Comando Militar do Indo-Pacífico e Pacífico (USINDOPACOM),[7] em movimento iniciado por Obama em 2011 com a estratégia do Pivô Asiático e solidificado por Donald Trump em 2017-18.

A passagem de W. Bush a Obama, entre 2008-2009, já demonstra sinais de mudança na política externa: a preservação da retórica positiva para os emergentes somada a mecanismos de contenção, com maior atenção à recuperação

[7] Até Maio de 2024, os COCOMs norte-americanos, seguidos de sua data de fundação são: USPACOM (1947, desde 2018 USINDOPACOM), Comando Militar Europeu (EUCOM, 1952), USSOUTHCOM (1983), Comando Militar do Espaço (USPACECOM, 1995, renomeado SPACECOM, 2019), Comando Militar da Ásia Central (USCENTCOM, 1983), Comando Militar do Norte (USNORTHCOM, 2002), USAFRICOM (2008) e Comando Militar Cibernético (USCYBERCOM, 2014). Também existem comandos específicos de transporte e estratégia (US Department of Defense. Combatant Commands). Disponível em: https://www.defense.gov/About/Combatant-Commands/. Acesso em 20 de maio de 2024.

econômica e ao gerenciamento e superação dos problemas internos e externos norte-americanos. Esta realidade dual de engajamento e contenção, dentro de um novo quadro geopolítico e geoeconômico, é subestimada pelo Brasil.

Também se subestimam os jogos políticos dos dois países e seus grupos de interesse, com impactos na política externa, principalmente em contextos eleitorais. Do lado brasileiro, parte desta subestimação deveu-se em grande parte à expectativa altamente positiva associada à Obama e seu Vice-Presidente Joe Biden. O discurso democrata associado à recuperação do multilateralismo, o fim do intervencionismo militar, o apoio ao meio ambiente e aos direitos humanos, e a valorização das parcerias como os emergentes foi percebida como uma espécie de aceitação da desconcentração de poder e o desejo de mudar o perfil das alianças norte-americanas (Patriota, 2009). A figura carismática de Obama, sua juventude, e o fato de ser o primeiro Presidente afro-americano, contribuíam para que o potencial do relacionamento entre as duas maiores democracias multiétnicas e multiculturais do hemisfério fosse visto com otimismo.

O termo *stakeholders* seria substituído por zonas e polos de influência na Estratégia de Segurança Nacional de Obama (2010), prevendo-se o exercício de um poder inteligente (que mescla a força, as instituições e o convencimento).[8] Dentre os países emergentes com os quais os Estados Unidos deveria buscar parcerias mais sólidas e em novo patamar estavam nominalmente mencionados: China, Índia, Rússia, Brasil, África do Sul e Indonésia (Obama Whitehouse, 2010). Assim:

> A liderança do Brasil é bem vinda e desejamos nos mover além das ultrapassadas divisões Norte-Sul para alcançar progressos em questões bilaterais, hemisféricas e globais. O sucesso macroeconômico do Brasil aliado aos esforços para diminuir diferenças sócio econômicas, oferecem importantes lições para países por todas as Américas e a África (...). Como guardião de um patrimônio ambiental (...) único e líder em combustíveis renováveis (...) é um parceiro (...) para (...) mudança climática global e (...) segurança energética. E no contexto do G20 e da Rodada Doha, trabalharemos ao lado do Brasil para assegurar que o desenvolvimento e a prosperidade sejam compartilhados (...) (Obama White House, p. 53).

O biênio 2009-2010 foi afetado por estes fatores e por isso traz a segunda subfase nas relações bilaterais. A aproximação Lula-Obama no G20 financeiro que se tornou um espaço preferencial para a discussão da crise de 2008. As interações Lula-Obama ganharam destaque à medida que o recém-eleito Presidente democrata elogiou a liderança de Lula como "o homem" e posou para imagens com a camisa da seleção brasileira.

Estes gestos foram interpretados de forma muito positiva pelo Brasil, assim como o G20 financeiro passaria a ser considerado um espaço mais adequado pela diplomacia nacional para lidar com a crise de 2008. Criado em 1999, o G20 financeiro era percebido como uma combinação dos eixos Norte-Sul, em consonância com a lógica da política externa brasileira. Até então, o Grupo não havia ganho visibilidade, pressionado por alternativas mais conhecidas como o G-7. O auge do processo G-20 financeiro ocorre entre 2009-2010,

[8] O conceito de poder inteligente (*smart power*) foi criado por Nye Jr (2011), somando-se ao já existentes poder duro (*hard power*, representativo da força militar e capacidades materiais) e o poder brando e de cooptação (*soft and cooptive power*).

para depois esvaziar-se devido à recuperação econômica dos Estados Unidos. A mesma expectativa se atrelava à OMC, cuja RDD permaneceu travada, vide a ausência de avanços na Reunião Ministerial de Genebra (2009).

No campo ambiental, também não houve avanços, apesar das expectativas de que Obama seria uma referência neste campo logo em seu primeiro mandato (COP-15 em Copenhagen, 2009). A COP-15 havia sido vista como uma tentativa de recuperação do processo negociador, mesmo com o relativo sucesso da Conferência de Bali (COP-13, 2007). Em Bali, as Ações Nacionais de Apropriadas de Mitigação (NAMAS), sinalizaram a urgência da prevenção das mudanças climáticas, com o apoio do Brasil. Com as reticências dos Estados Unidos, na COP-15 formou-se nova coalizão de nações emergentes, Brasil, África do Sul, Índia e China (BASIC), com impactos nas futuras reuniões como a Rio+20 (2012) e as demais COPs, já no período Dilma.

Em 2009, ocorre um primeiro racha Estados Unidos-Brasil quando da deposição de Manuel Zelaya, Presidente de Honduras. Inicialmente o MRE e o Departamento de Estado (com Hillary Clinton à frente), condenaram o Golpe de Estado, ao lado da OEA, da ONU e da UNASUL. Algumas semanas depois, a Casa Branca muda de posição, passando a apoiar a oposição liderada por Roberto Michelleti. Dentre as hipóteses que se colocaram sobre esta mudança de posição estavam as pressões de grupos de interesse conservadores nos Estados Unidos, anti-Cuba e anti-Venezuela, que atribuíam a Zelaya um *status* de esquerdista.

A posição norte-americana trazia elementos de ambiguidade: ao mesmo tempo em que reconhecia o governo Michelleti, buscava caminhos para pressioná-lo a realizar eleições. Até chegar-se a uma acomodação entre Brasil e Estados Unidos, e o retorno de Honduras à OEA, o ciclo 2009-2010 foi de relativo mal-estar. Para preservar sua integridade física, Zelaya ficou abrigado na Embaixada do Brasil em Honduras, gerando desconforto entre as duas diplomacias. As tensões somente se encerraram com o salvo-conduto a Zelaya, pelo recém-eleito Presidente Porfírio Lobo, reconhecido tanto por Brasil e Estados Unidos em 2011.

Na América Latina, Lula também foi acusado de boicotar a Cúpula das Américas de 2009 convocada por Obama em Port of Spain, em Trinidad e Tobago, de continuar apoiando ditadores em Cuba e na Venezuela e de ser antiamericano. O fato de que Obama havia falado em descongelamento com estas nações era ignorado, assim como a ausência de propostas concretas de agendas hemisféricas que fossem além dos tratados de livre comércio existentes e a defesa da democracia e governança.

Outra crítica foi à participação do Brasil na criação da Comunidade de Estados Latino-Americanos e Caribenhos em 2010. A projeção da influência político-estratégica na América Central, com a MINUSTAH, a CELAC e projetos de cooperação e infraestrutura, representam uma inovação. A América Central sempre foi um espaço preferencialmente ligado aos Estados Unidos e esta nova presença brasileira, assim como a da China, afetam os interesses norte-americanos.

A movimentação mais importante na geopolítica-geoeconomia de 2009, e com implicações maiores para as relações bilaterais, não viria da América Latina e sim da Eurásia. Realizou-se na Rússia, em Ecaterimburgo, a primeira

Cúpula dos BRIC, reunindo os chefes de Estados de Brasil, Rússia, Índia e China. Apesar de ter sido bastante criticado pelos Estados Unidos e até por grupos internos no Brasil que consideravam que o país se distanciava do Ocidente, procurando alianças pouco produtivas, o BRIC consolidou-se rapidamente. Como citado, sua primeira expansão em 2011 traria a África do Sul para o grupo, ampliando sua relevância e escopo geográfico (Rinaldi, 2021).

As críticas domésticas também apontavam que os membros do grupo eram muito diferentes entre si e por isso a cooperação não funcionaria, o que reproduzia o discurso dos EUA. No Parlamento Britânico, em discurso de 2011, Obama sinaliza aos emergentes os limites de suas ações, visto suas posturas de contestação da ordem internacional liberal:

> Países como a China, a Índia e o Brasil estão crescendo rapidamente. Este desenvolvimento deve ser bem recebido, pois permitiu que milhões, por todo o mundo, tenham saído da pobreza, criando novos mercados e novas oportunidades para nossas nações. Enquanto esta rápida mudança ocorre, tornou-se moda em alguns meios questionar se esta ascensão irá acompanhar o declínio da influência americana e europeia no mundo. Talvez, segundo este argumento, estas nações representem o futuro, e o tempo de nossa liderança passou. O argumento está errado. O tempo da nossa liderança é agora. Foram os EUA (...) e seus aliados democráticos que moldaram o mundo no qual estas nações (...) puderam crescer (OBAMA, 2011, s/p).

Entretanto, desde 2009 o BRICS permanece sólido, a despeito das oscilações de padrões de engajamento devido a mudanças de política doméstica dos membros (ver Capítulo 5). Em 2010, todos estes temas, Honduras, integração sul-americana, BRIC e outras alianças com os emergentes seriam fortemente instrumentalizados pela oposição brasileira. Repetindo críticas conhecidas, como de exclusão e isolamento no mundo, ignorava-se a crescente relevância econômica destes parceiros emergentes para o Brasil, principalmente da China. Ignorava-se, também, a citada NSS-2010 e o reconhecimento do papel brasileiro no mundo pelos Estados Unidos em um novo patamar.

A política externa tornou-se uma válvula de escape para a oposição, próximo às eleições presidenciais de 2010, entre Dilma Rousseff (PT) e José Serra (PSDB), devido ao sucesso das gestões do PT. Para os grupos de interesse pró-alinhamento era uma forma de questionar as ações internacionais. A pauta de costumes, e de corrupção, até chega a ser aventada (aborto), mas as relações internacionais ganham um peso maior até porque três novas dimensões de choques de interesse entre Brasil e Estados Unidos se apresentam no Oriente Médio: o processo de paz no Oriente Médio, a temática nuclear Irã-Brasil-Turquia e os Direitos Humanos.

Em uma tentativa de estabelecer um ranqueamento, do problema mais sério entre Brasil-Estados Unidos nos governos Lula, o Acordo Nuclear Tripartite Brasil-Irã-Turquia estaria em primeiro lugar. Em segundo o processo de paz e, por último os Direitos Humanos. Na verdade, no Brasil, este último tema, além das discussões já existentes sobre o apoio de Lula a governos autoritários, recebeu um tratamento mais direcionado: foi associado à condenação à morte por apedrejamento da iraniana Sakineh Ashtiani pelo suposto assassinato de seu marido.

Devido a este direcionamento para tópicos como violência de gênero e pena de morte, muitas forças progressistas chegaram a compartilhar estas críticas com a oposição. Após a eleição, com a derrota do grupo que trouxe o tema ao debate, Sakineh foi rapidamente esquecida no debate político brasileiro,[9] retomando-se acusações mais gerais sobre o PT e o desrespeito aos direitos humanos.

As temáticas do processo de paz no Oriente Médio e o Acordo Nuclear encontram-se ligadas e demonstram tanto o potencial quanto às reticências dos Estados Unidos em engajar mais ativamente potências regionais em negociações político-estratégicas. Para o Brasil, a participação nestas negociações era vantajosa para manter sua crescente projeção global e novo status de potência diante dos Estados Unidos, agregando maior capital em pleitos como os da reforma da ONU.

Apesar dos posteriores desacordos Brasil-Estados Unidos e cortinas de fumaça domésticas, é preciso deixar claro que o envolvimento das diplomacias brasileira e turca não se deu à revelia ou em confronto com os norte-americanos. Ele resultou de uma composição entre as chancelarias para destravar conversações estagnadas. Em seu livro de memórias, *Teerã, Ramalá e Doha* (Amorim, 2015), o Chanceler Celso Amorim aborda a evolução destas negociações geopolíticas e da OMC, apresentando não só as dificuldades brasileiras, mas as oscilações de posição norte-americana.

Agendas que envolvem o Oriente Médio, do ponto de vista norte-americano, sobrepõem-se ao intercâmbio preferencial deste país com Israel e o peso de grupos de interesse judaicos e ligados ao complexo industrial-militar.[10] Alterações na política do país geram reações de alguns dos setores com maior peso no financiamento de campanhas,[11] da opinião pública e de linhas democratas e republicanas mais conservadoras. Mudanças na posição dos Estados Unidos podem ser esperados durante o processo. Mesmo no caso de Honduras, examinado acima, essa dinâmica esteve presente.

No que se refere ao processo de paz do Oriente Médio, o Brasil esteve envolvido como mediador: Israel, Irã e Palestina, representados respectivamente pelos Presidentes Shimon Peres e Mahmoud Ahmadinejad, ao lado do líder da Autoridade Nacional Palestina (ANP), Mahmoud Abas. Desde os anos 1970, por suas posições equilibradas entre os principais atores da região, e pelos laços econômicos com estes países, o Brasil era percebido como um interlocutor relevante.

Os três lideres visitaram o país em Novembro de 2009, quando foram abordados temas como a criação dos dois Estados Israel-Palestina, a diminuição da violência e de hostilidades mútuas. Desde o assassinato de Ytzak Rabin por um radical israelense em 1995, ocorreu a desconstrução as conquistas dos Acordos de Oslo I e II (1990-1991), situação agravada pelo 11/09 e a

[9] O esquecimento ocorreu também a nível mundial e nos Estados Unidos, algumas das últimas notícias sobre o tema datam de 2014, anunciando a libertação de Sakineh. THE TIMES. "Ashtiani freed after 9 years on death row". Disponível em: https://www.thetimes.co.uk/article/ashtiani-freed-after-9-years-on-death-row-5gk8c3nnds7. Acesso em 20 maio. 2024. Após Sakineh muitas outras violações de direitos de gênero e mortes de jovens no Irã ganharam a mídia mundial e brasileira, sendo objeto de instrumentalização política. A violência de gênero não é exclusiva do Irã e, gravemente, estas questões e de outros abusos de direitos humanos não cessam de acontecer, e são agravadas pelas pautas conservadoras da extrema-direita.

[10] O termo complexo industrial-militar refere-se à interação entre o Departamento de Defesa e as empresas do setor bélico, interligadas ao papel do Executivo norte-americano. Para maior detalhamentover Forner e Pecequilo, 2023.

[11] Para dados e mecanismos sobre o financiamento de campanhas eleitorais dos Estados Unidos recomenda-se o site *Open Secrets*, disponível em: https://www.opensecrets.org/

ascensão da extrema-direita em Israel. Prolonga-se e agrava-se a deterioração das conversações, sem que o processo pudesse ser retomado seja pelos Estados Unidos, o Brasil, ou qualquer outro ator estatal ou multilateral.[12]

A questão nuclear do Irã, sua capacitação no setor nuclear e parcerias com países como a Rússia neste campo, por sua vez, sempre foi uma preocupação norte-americana e cercada de impasses. Com a GWT, as operações no Afeganistão e Iraque, e a Doutrina Preventiva, somada à ascensão dos conservadores ao poder no Irã, estes impasses transformaram-se em tensões mais claras devido à aceleração do programa nuclear iraniano. Movimento similar de incrementar seus mecanismos de dissuasão foi realizado pela Coreia do Norte e as negociações foram conduzidas no âmbito multilateral das Conversações das Seis Partes. No caso do Irã, entre 2003-2009, as negociações eram conduzidas pela AEIA e o P5+1 (os cinco membros permanentes do CSONU e a Alemanha). Na ausência de sucesso, Brasil e Turquia, por convite da presidência de Obama, passaram a negociar paralelamente um novo acordo com o Irã de 2009 em diante.

O Acordo Tripartite (ou Declaração de Teerã) foi anunciado em Maio de 2010, por meio da "Declaração Conjunta de Irã, Turquia e Brasil". Em suas linhas gerais, o Irã concordava em interromper o enriquecimento de urânio no país, que passaria a ser feito por outros países (troca de combustível nuclear), e a enfatizar apenas os fins pacíficos de seu programa nuclear (geração de energia e aplicações tecnológicas não bélicas). De forma realista, o acordo era bem estruturado e claro nos direitos e deveres do Irã perante à comunidade internacional, comprometendo-se a permitir o acesso à AEIA a suas instalações nucleares para verificação do cumprimento destas obrigações.

Por que Estados Unidos e União Europeia rejeitaram o acordo então? Evitando a explicação fácil da oposição brasileira de que o Brasil excedera seus limites, dois fatores explicam a não implementação da Declaração de Teerã: primeiro, as pressões domésticas sobre a gestão Obama para que não assinasse o acordo, incluindo membros de alto escalão do governo como a Secretária de Estado Hillary Clinton e, segundo, um descolamento de expectativas geopolíticas entre Brasil-Estados Unidos-Turquia.

Conforme a análise de Hirst (2019), apesar de reconhecerem a relevância de Brasil e Turquia, nas negociações, o envolvimento das potências regionais na governança internacional multilateral ainda é motivo de preocupação pois afeta o equilíbrio de poder da ordem mundial. Além disso, o Acordo expôs cisões Norte-Sul no trato destas questões sensíveis, contrapondo uma abordagem punitiva (Norte) a uma proposta de engajamento (Sul). Um dos termos usados pelos Estados Unidos para criticar o acordo foi "ingenuidade" da parte de Brasil-Turquia por confiar no Irã.

Neste contexto, ocorreu a suspensão do acordo e novas rodadas de sanções sobre o Irã, lideradas pelos Estados Unidos e a União Europeia nas Nações Unidas. Tanto o Brasil quanto a Turquia se manifestariam contra estas ações no CSONU. Um outro acordo somente seria fechado após esta nova rodada

[12] W. Bush ainda tentaria o processo com o "Mapa da Estrada" para a criação dos dois Estados, sem sucesso. Outros eventos como a Primavera Árabe, a intervenção na Líbia e os ataques do Hamas a Israel, afetam ainda mais o processo e à medida que cronologicamente forem surgindo serão abordados em linhas gerais.

de sanções, em 2015, mediado pelos Estados Unidos e o P5+1, o Plano de Ação Conjunto Global (JCPOA). Com a posse de Trump em 2017 este acordo seria finalizado unilateralmente pelos Estados Unidos e não houve nenhuma negociação adicional desde então.

Assim, estes foram temas muito presentes no pleito de 2010. Após a eleição, na passagem de 2010-2011, o Oriente Médio também traria um novo desafio à política externa brasileira e suas relações bilaterais com os norte-americanos, a Primavera Árabe. Ao longo deste período Lula, e aprofundadas no biênio 2009-2010, as agendas da oposição indicavam a "ideologização da política externa", a exclusão e o isolamento do Brasil no mundo.

Ao mesmo tempo, entrevistas do Embaixador do Brasil nos Estados Unidos, Mauro Vieira (2010) e do Embaixador dos Estados Unidos no Brasil, Thomas Shannon (2010), destacavam que discordâncias eram normais entre potências. Não houve ruptura e se manteve, por exemplo, a assinatura de um novo acordo militar em 2010. Porém, não se pode negar que entre muitas convergências, existiram divergências. Tal dinâmica reproduzia os resultados da autonomia como na década de 1970, à medida que a posição do Brasil no equilíbrio de poder mundial e seu sistema de alianças se atualizara. Apesar da estrutura do Diálogo Estratégico, foi exposta uma relativa ausência de mecanismos bilaterais atualizados que pudessem melhor coordenar interesses mútuos nestas novas situações. Além disso, prevalece, e se aprofunda, a assimetria de poder entre o Brasil e os Estados Unidos, mesmo com a melhoria das condições econômicas do Brasil. Estes tensionamentos e dilemas se estendem à gestão Dilma Rousseff.

## 3.2 Autonomia Mediada, Estagnação e Crise (2011-2016)

A eleição de Dilma Rousseff como presidente do Brasil foi considerada um marco por várias razões: o rompimento da barreira de gênero, a atuação de Dilma na resistência ao Regime Militar e a conquista de um terceiro mandato nacional para o PT. Apresentada como a "Mãe do PAC" (Programa de Aceleração do Crescimento), um dos programas mais relevantes de desenvolvimento da gestão Lula, por ela coordenado, Dilma assumira a candidatura presidencial no vácuo de outras lideranças mais experientes e consistentes do PT, que já sentia o efeito das primeiras pressões e condenações do Mensalão.

Justamente até pelo seu não envolvimento político prévio e seu perfil apresentado como técnico, Dilma chega ao poder sustentada no sucesso das políticas sociais e de crescimento econômico. Contudo, um crescimento frágil como já exposto, e que não revertera os processos de desindustrialização, reprimarização e expansão do setor bancário e da financeirização. Independente destes gargalos, o clima era de otimismo, com a continuidade das políticas sociais de Lula. Estas políticas estavam permitindo ao Brasil cumprir metas dos ODM, como a redução da fome e pobreza, aumento da escolaridade, com melhorias em seu Índice de Deenvolvimento Humano (IDH).

Expectativas positivas direcionavam-se à realização da Copa do Mundo em 2014 e as Olimpíadas de 2016 no país. Um aparte que merece ser colocado sobre estes grandes eventos esportivos é que a sua realização no Brasil, e antes disso na China (Olimpíadas, 2008) e na África do Sul (Copa do Mundo,

2010), foi vista como uma prova da consolidação do eixo Sul. Ao se capacitarem para sediar estes eventos, antes dominados pelos Estados Unidos-Europa, os emergentes se credenciavam a um novo patamar de responsabilidade e visibilidade. Eram oportunidades de modernização em sua infraestrutura, formação de atletas, aumento do turismo e da segurança. O Brasil perderia estas chances (e a África do Sul de certa forma), no agravamento da situação doméstica entre 2013-2014.

Desde seu início, o governo Dilma se mostra cercado de contradições, com descontinuidades sutis, que depois trazem rupturas internas e externas. Duas fases coexistem, e que correspondem às divisões sobre a evolução das relações bilaterais com os Estados Unidos: 2011-2012, autonomia mediada, e 2013-2016, estagnação e crise.[13]

Antecedendo a primeira fase, mas já dando o tom do futuro governo, Dilma repete o padrão de Lula em 2002 e faz uso do momento pós-eleitoral para afirmar diante do público interno e externo algumas intenções de sua futura presidência. Sem romper a agenda de continuidade da pauta doméstica, as sinalizações sobre a política externa foram mais enfáticas sobre a necessidade de ajustes obrigatórios e discordâncias. Expostas em diversos veículos de comunicação, dentre eles *O Globo* e *The Washington Post*, as posições de Dilma focavam no campo dos direitos humanos e os intercâmbios com países de tendências autoritárias.

Para Bastos e Hiratuka (2020), Dilma buscava uma dinâmica de aproximação e distanciamento com seu antecessor no setor externo, traduzida na contraposição da anterior política externa "altiva e ativa" às relações internacionais "ativas e dignas". A mesma percepção é expressa por Patriota (2023), que esteve à frente do Ministério das Relações Exteriores na gestão Dilma entre 2011-2013, "(...) o período Dilma se posiciona claramente sob o signo da continuidade. Mas continuar não significa reproduzir de forma automática, sem modulações ou criatividade, a política anterior. Tomei emprestada a expressão "continuar não é repetir" de Ana Buarque de Hollanda (...)." (Patriota, p. 19, 2023). Além de Patriota,[14] ocuparam o cargo de Ministro das Relações Exteriores, Luiz Alberto Figueiredo (2013-2015) e Mauro Vieira (2015-2016).

Porém, por seu tom e teor, não seria equivocado relacionar estes ajustes na continuidade, em parte, a medidas compensatórias frente às críticas anteriores ao PT. Outro objetivo era tirar o foco das relações internacionais logo de início, e da Diplomacia Presidencial, à medida que pesava não só a inexperiência citada de Dilma no campo, mas certo desconforto com estas pautas. Não só quantitativamente Dilma viajou bem menos que FHC e Lula, como envolveu-se menos qualitativamente.

Isso não significa que Dilma abandonou as políticas nestes campos, até porque a retórica continuou a mesma, mas sim que menores investimentos financeiros, pessoais e de atenção foram dispendidos, produzindo um baixo

[13] Em Pecequilo (2014), a proposta de divisão fora: 2011-2012 definida como autonomia e diversificação e 2013-2014, distanciamento, repensamento e estagnação. Esta proposta de 2024 ajusta-se aos acontecimentos do segundo mandato da ex-Presidente, refletindo o período completo de sua gestão.

[14] O Embaixador Patriota deixou o cargo em 2013 em uma situação de crise que ele mesmo define como evitável, envolvendo o Senador Roger Molina e um diplomata brasileiro, que o tirou da Bolívia, sem autorização da chefia imediata (Patriota, 2023, p. 34).

perfil. No caso da integração sul-americana, os projetos da IIRSA foram incorporados à UNASUL, como o Conselho de Infraestrutura e Planejamento (COSIPLAN). Regionalmente, esse menor envolvimento brasileiro era acompanhado por um cenário adverso, com o enfraquecimento da Onda Rosa. Havia também uma certa resistência de maior envolvimento na Primavera Árabe, e as tensões subsequentes no Oriente Médio. No âmbito do multilateralismo, que só voltaria a ter mais atenção na segunda fase e com motivações bastante específicas e reativas, o período 2011-2012 foi de recuo em temas como CSONU, IBAS, BRICS.

Este perfil da gestão foi muito profícuo para as relações bilaterais, baixando a "intensidade e o volume" das conversações diplomáticas após o período mais denso de 2009-2010. Para os Estados Unidos, a mudança de Lula à Dilma, e de Amorim a Patriota, surgia como relevante devido ao desejo mútuo por maior acomodação e parcerias (Mares and Trinkunas, 2016). Um dos pontos de maior relevância era o aprofundamento do Diálogo Estratégico, que foi elevado para o o status de Diálogo da Parceria Global (DGP).

Devido ao sua complexidade temática e ampliação de iniciativas, o DGP foi reorganizado, passando a contar com novos fóruns (além das já existentes Câmaras de Comércio, espaços de cooperação e o Caucus legislativo das relações bilaterais): o Diálogo Econômico-Financeiro (DEF) e o Diálogo Estratégico-Energético (DEE). Este é um período no qual são assinados diversos Memorandos de Cooperação, como a retomada dos projetos sobre etanol e biocombustíveis, biodiversidade, trabalho decente para a organização de grandes eventos esportivos. Os Estados Unido tiveram importante participação no programa de bolsas de estudo Ciências Sem Fronteiras. Desde 2011, houve a assinatura de tratados de cooperação entre os dois países e o aprofundamento do Diálogo de Cooperação em Defesa.[15]

Assim como em Lula, mas concentrada no biênio inicial (2011-2013), o ritmo dos contatos bilaterais de alto nível foi intenso, começando em Março de 2011 com a visita de Obama ao Brasil, acompanhado de sua família. Apesar de ser parte de um *tour* na América do Sul, a presença de Obama foi anunciada como um relançamento das relações bilaterais para uma nova era e sinal de prestígio da administração recém-empossada. A oposição ao PT indicava a existência de uma "limpeza de agenda" diante dos radicalismos prévios, e um retorno positivo ao rumo correto da inserção global. Reforçando estas percepções, as reuniões preparatórias entre as duas diplomacias ressaltavam a cooperação político-estratégica e social.

Entre 2011 e 2013 (até Agosto), o Ministro Patriota e Dilma iriam aos Estados Unidos, com uma visita da presidente em 2012, assim como a Secretária de Estado Hillary Clinton entre 2011-2012 e John Kerry em 2013. Kerry, em sua passagem pela América Latina, anunciaria o fim da Doutrina Monroe (1823) e uma nova realidade de cooperação hemisférica. Diferente de outras épocas quando estes anúncios eram acompanhados de medidas mais concretas como a IA e ALCA, a declaração de Kerry foi vista como apenas continuidade de um

[15] Não estão sendo listados ao longo do livro todos os Memorandos e Acordos assinados a cada período, destacando-se os considerados mais relevantes a cada período histórico. A título de curiosidade um dos acordos do período foi Reconhecimento Mútuo da Cachaça como Produto Tipicamente Brasileiro e do Uísque Bourbon/Tennessee como Produto Tipicamente Estadunidense.

discurso positivos. O Vice-Presidente Joe Biden esteve no país em 2013, ano no qual estava agendada a visita de Estado de Dilma em Outubro.

Em 2011 também ocorreu a publicação pelo *Council on Foreign Relations* (CFR) do relatório Global Brazil and US-Brazil Relations.[16] Um dos mais importantes *think tanks* americanos, o CFR trouxe neste documento, formulado por uma força tarefa composta de brasileiros e norte-americanos, membros da sociedade civil, do meio empresarial e diplomático, uma visão bastante positiva dos potenciais brasileiros, alternada a críticas às políticas de Lula para o Oriente Médio, na Venezuela e Cuba, e no campos dos direitos humanos e nuclear. Também se apontavam pontos de estrangulamento para o desenvolvimento nacional: saúde, infraestrutura, educação e baixos investimentos em ciência, tecnologia e inovação, dentre os principais. Ressaltava-se a importância do aprofundamento da cooperação no meio ambiente (Amazônia e mudança climática), na agenda energética (pré-sal e biocombustíveis), de uma maior atenção aos riscos que a China oferecia a ambos e o papel de equilíbrio que o Brasil poderia desempenhar na América do Sul e no mundo

Guardadas as proporções, era uma lógica semelhante a dos documentos produzidos pelas Comissões Mistas da época da Guerra Fria (ver Capítulo 1). Internamente, o material foi apontado como "prova" dos erros de Lula e da necessidade de mudança pró-Estados Unidos pela oposição, enquanto a gestão Dilma o recebeu de forma equilibrada. Embora se possa concordar com a complementaridade de valores e a boa vontade, dificilmente é possível apontar a mesma similitude de interesses no campo dos interesses, em particular, os geopolíticos e geoeconômicos. No terreno geoeconômico, os Estados Unidos perderam, em 2009, a posição que detinham desde o início do século XX como maior parceiro comercial individual do país para a China.

A Tabela 6 mostra a participação comparada dos Estados Unidos e da China na economia brasileira entre 2003-2016, em anos selecionados:

**Tabela 6 - Participação Comparada- Estados Unidos e China na Economia Brasileira (%)**

| Ano[17] | Exportações Brasil-Estados Unidos | Exportações Brasil-China | Importações Brasil-Estados Unidos | Importações Brasil-China |
|---|---|---|---|---|
| **2003** | 22,85 | 6,19 | 19,80 | 4,44 |
| **2006** | 17,80 | 6,70 | 16,05 | 8,75 |
| **2010** | 9,56 | 15,25 | 14,88 | 14,08 |
| **2014** | 12,01 | 18,04 | 15,28 | 16,30 |
| **2015** | 12,60 | 18,63 | 15,44 | 17,92 |
| **2016** | 12,58 | 18,97 | 17,52 | 16,99 |

Fonte: Elaborada pela autora com dados do MDIC-Comexstat

Fato comum a ambas as relações sino-brasileiras e brasileiras-estadunidenses, era a perda de vigor do Brasil em setores de exportação de médio e alto

[16] Council on Foreign Relations. Global Brazil and US-Brazil Relations. Disponível em: https://www.cfr.org/report/global-brazil-and-us-brazil-relations. Acesso em 23 de maio de 2024.

[17] Os anos referem-se aos ciclos Lula (2003, 2006 e 2010) e Dilma (2014, 2015, 2016). A média de 2016 refere-se ao balanço anual, incluindo o período pós-impeachment, do governo de Michel Temer de Agosto a Dezembro de 2016.

valor agregado, e o incremento do setor primário. Durante os governos Lula e Dilma, a pauta de exportações do Brasil para a China e os Estados Unidos, conforme dados do Ministério do Desenvolvimento, Indústria, Comércio e Serviços, concentrou-se em commodities, enquanto as importações vindas destes países eram focadas tanto em *commodities* como no setor de médio e alto valor agregado.

Somente para ilustrar, o peso do Brasil para a China na importação de commodities é tão significativo que, conforme dados da CEPAL (2016), ao término do período 2010-2016, o país respondia por cerca de 75% das exportações agrícolas à China. Em termos alimentícios, as principais exportações são de soja em grãos, enquanto no campo dos minérios, o minério de ferro e no energético, o óleo bruto de petróleo.

Produto das fragilidades do modelo econômico do país vigente desde a década de 1990, esta é uma tendência que apenas acentua no século XXI. O período 2003-2016, apresenta o seguinte perfil conforme o Quadro 4.

**Quadro 3 – Fluxos Comerciais**

| | Estados Unidos | China |
|---|---|---|
| **O que o Brasil Exporta** | Partes de turborreatores, pasta química, café não torrado, oleos brutos de petróleo, produtos semimanufaturados de ligas de aço | Sementes e frutos oleaginosos, grãos, sementes e outros, minérios de ferro não aglomerados, óleos brutos de petróleo, pasta química, cobre, carnes e miudezas comestíveis |
| **O que o Brasil Importa** | Partes de turborreatores, turborreatores de empuxo, gasóleo, hulha betumimosa, e outros propanos liquefeitos | Barcos-faróis, outras partes de aparelhos de telefonia/telegrafia, receptores de radiodufusão, televisão, placas de microprocessamento |

Fonte: Elaborado pela autora, com o auxílio de Karina Hasegawa e Gabriela Buccioli, com dados do MDIC e Comextat

Somando estes dados com os do Quadro anterior sobre a participação comparada de Estados Unidos e China na economia brasileira, a balança comercial brasileira com a China mostrava-se mais favorável ao país, do que as transações com os Estados Unidos.

**Tabela 7 – Saldo da Balança Comercial US$ FOB**

| Ano[18] | Brasil-Estados Unidos | Brasil-China |
|---|---|---|
| **2003** | 7.158.624.345 | 2.385.562.162 |
| **2007** | 6.356.527.652 | - 1.819.595.606 |
| **2011** | - 8.196.001.570 | 11.518.424.329 |
| **2015** | - 2.391.400.049 | 4.888.118.590 |
| **2016** | - 646.302.389 | 11.770.000.000 |

Fonte: Elaborada pela autora com dados do MDIC-Comexstat

[18] Datas correspondem aos anos de posse de Lula em seu primeiro e segundo mandato, 2003 e 2007, e os de Dilma, até o impeachment, 2011, 2015 e 2016. A média de 2016 refere-se ao balanço anual, incluindo o período de governo de Michel Temer de Agosto a Dezembro de 2016.

Havia outra perda de vigor: a do crescimento econômico conforme a Tabela 8:

**Tabela 8 - Crescimento Comparado do PIB (%)**

| | 2011 | 2012 | 2013 | 2014 | 2015 | 2016 |
|---|---|---|---|---|---|---|
| Brasil | 4,0 | 1,9 | 3,0 | 0,5 | -3,5 | -3,3 |
| China | 9,6 | 7,9 | 7,8 | 7,4 | 7,0 | 6,8 |
| EUA | 1,5 | 2,3 | 1,8 | 2,3 | 2,7 | 1,7 |

Fonte: Elaborada pela autora com dados do Banco Mundial

Kalout e Costa (2022, p. 74) resumem de forma pragmática a atual situação das interações Brasil-China-Estados Unidos em termos geoeconômicos:

> Trata-se da relação com as duas maiores potências do mundo e, também, da subsistência do sistema produtivo brasileiro. Cerca de dois terços do comércio exterior brasileiro têm como destino os mercados americano e chinês. Portanto, os dados atuais, a sua evolução nas últimas décadas e os fatos históricos das relações Brasil-EUA e Brasil-China são vetores vitais para a definição das opções de preferência brasileira na dimensão da relação bilateral tanto com Washington quanto com Pequim.

O termo subsistência indicado pelos autores revela um status de aprofundamento de dependências com ambas as nações, devido à perda de importância de outros mercados como a União Europeia e a América do Sul principalmente. Além disso, é uma nova dinâmica bilateral, à medida que os Estados Unidos exerceram um papel significativo geopolítica e geoeconomicamente no Brasil. E, pelo menos no segundo campo, o geoeconômico, encontram-se desafiados pela China, com implicações disseminando-se pela geopolítica. Como citado, no governo Obama isso gera algumas tentativas de aproximação e agendas pró-ativas, com declarações de apoio à diplomacia brasileira e gestos de aproximação no ciclo 2009-2011.

Entretanto, a retórica bilateral positiva na política não se traduzia em mudanças que indicassem uma crescente atuação dos Estados Unidos na economia brasileira. Em nenhum momento da presidência Obama, sobreposta à Dilma, observaram-se avanços para abrir mercados ou, dentro do conjunto da América Latina, oferecer novas propostas de parcerias econômicas. O mesmo se aplica à questão dos investimentos, com o avanço da China no país e na região, como será analisado no Capítulo 4.

A proposta da Parceria Transpacífica (*Transpacific Partnership*) de 2011 definida como a maior área de livre comércio do mundo e a Aliança do Pacífico na América Latina de 2012, composta por Chile, Colômbia, México e Peru, eram percebidas como as soluções mais adequadas pelos Estados Unidos uma vez que não envolviam compromissos políticos, mas apenas a livre circulação de mercadorias.

A TPP agregaria Austrália, Brunei, Canadá, Chile Cingapura, Estados Unidos, Japão, Malásia, México, Nova Zelândia e Vietnã. Porém, os Estados Unidos nunca chegaram a participar ativamente do bloco, que entrou em vigor em 2015: durante o governo Obama o tema não foi levado ao Legislativo e em 2017 logo após assumir a presidência, Trump retirou os Estados Unidos do acordo. Por sua vez, a Aliança do Pacífico permaneceu como um arranjo comercial bastante frouxo entre seus membros, reforçando padrões de interdependência já existentes, que se sobrepôs neste momento a outros arranjos como a TPP e o próprio NAFTA.

Na geopolítica, as expectativas brasileiras de que a postura menos incisiva, associada a manutenção de compromissos como a MINUSTAH, não trouxe contrapartidas. A esperança de que Obama, em solo brasileiro, anunciasse o apoio formal à entrada do Brasil no CSONU, não ocorreu, e nem a abolição dos vistos. O quanto destas expectativas relacionava-se a sinalizações concretas da diplomacia norte-americana ou a avaliações excessivamente otimistas do Brasil é difícil de medir.

O Brasil procurou se manter longe das polêmicas sobre a Primavera Árabe e quando Obama anunciou a intervenção humanitária da OTAN na Líbia em 2011, ainda no país, o clima foi de tranquilidade. Baseada no conceito do Responsabilidade de Proteger (R2P, *Responsibility to Protect*), cujas origens ligam-se ao princípio da não-indiferença, a intervenção na Líbia foi aprovada pelo CSONU sem nenhum voto contrário. Apesar disso, nota-se a existência de cinco abstenções na votação: Alemanha, Brasil, China, Índia e Rússia.

Com o relativo insucesso da intervenção no campo humanitário e na contínua instabilidade na Líbia, incluindo o assassinato de seu líder Muamar Khadafi, ocorre uma alteração na postura brasileira e dos demais emergentes. Não cabe aqui detalhar este processo (abordado em Pecequilo e Rinaldi, 2021), mas indicar que o Brasil e a China trouxeram propostas de reforma sobre o R2P. No caso do Brasil, a Responsabilidade ao Proteger (*Responsibility While Protecting*, RwP) e no da China, a Proteção Responsável (RP, *Responsible Protection*). O Embaixador Patriota esteve à frente do RwP, indicando a necessidade que a comunidade internacional elaborasse, a partir da experiência na Líbia, regras mais claras para intervenção e seus procedimentos e, principalmente, para o período de estabilização e reconstrução.

Entre 2011 e 2013, este tema esteve muito presente na agenda brasileira da ONU pela liderança de Patriota, esvaziando-se com sua saída. Na realidade, todo o debate sobre o R2P, e suas ramificações, sofreu este mesmo esvaziamento com as mudanças dos interesses dos Estados Unidos e condições internacionais. Embora não tenha afetado as relações bilaterais, a abstenção brasileira em 2011 e esta iniciativa do RwP, foram vistas como sensíveis.

Questões na ONU que, para o Brasil, haviam merecido mais destaque de Itamar a Lula, como a candidatura como membro permanente do CSONU foram de baixa prioridade. Esta baixa prioridade com o pleito, e mesmo com o envolvimento do Brasil neste organismo multilateral, ficou ainda mais clara com a não apresentação da candidatura do país em Dezembro de 2011 para reassumir um mandato de membro rotativo no CSONU. Mais uma vez diversas hipóteses foram colocadas para explicar o ocorrido, como desinteresse, esquecimentos e altos custos, sobre os quais não serão feitas especulações.

O fato é que a ação rompeu uma longa tradição de participações brasileiras como membro rotativo no Conselho, símbolo de prestígio e envolvimento nos grandes temas internacionais e do status de poder nacional como potência regional e, no século XXI, emergente. Até então, o Brasil cumprira dez mandatos: 1946-1947, 1951-1952, 1954-1955, 1963-1964, 1967-1968, 1988-1989,

1993-1994, 1998-1999, 2004-2005 e 2010-2011 (Brasil, 2024).[19] Uma nova candidatura seria apresentada em maio de 2015, o que permitiria o Brasil retornar em 2033-2034. Em 2018, o Brasil, na presidência Temer, conseguiu antecipar esta volta para 2022-2023, firmando um compromisso de troca de posições com Honduras. Caso este acordo não tivesse sido possível teria sido a primeira vez, desde a redemocratização que o país ficaria mais de duas décadas sem participar do CSONU (a anterior havia sido no Regime Militar entre 1968 e 1988).

Algumas agendas adicionais entre 2011-2012 merecem ser mencionadas. No campo das negociações comerciais bilaterais e na OMC não ocorreram modificações. Em Dezembro de 2011, a Reunião Ministerial de Genebra avançou pouco ou quase nada, o que levou ao início de um redesenho de compromissos no âmbito da OMC: a proposta de se pensar um RDD menos abrangente, a RDD light começa a ser colocada na mesa.

Para o Brasil, um dos eventos mais importantes do ciclo presidencial Dilma era a Rio+20 em 2012. Esperava-se a consolidação da liderança no campo ambiental e uma parceria mais sólida com os Estados Unidos. Todavia, os resultados mais uma vez ficaram aquém do previsto. A não participação do Presidente Obama, representado pela Secretária de Estado Hillary Clinton, já trazia dúvidas sobre o real impacto da reunião. Para o Brasil, este episódio, depois dos esforços iniciais de relançamento da parceria, foi visto com reticências.

Assim como outras instâncias de negociação multilateral (e não só no campo ambiental), a Rio+20 repetiu padrões conhecidos de muitos chamamentos à ação e poucos compromissos concretos. Positivamente, o documento final da Conferência "O Futuro Que Queremos" (elaborado a partir do Esboço Zero), estabelece diversas metas que serviriam de base para a Agenda 2030 (Objetivos do Desenvolvimento Sustentável). Os ODS, previstos para serem implementados entre 2015-2030, surgem como uma forma de relançar os ODMs, com foco em temas sociais (segurança alimentar, acesso à educação, meio ambiente, direitos humanos, sustentabilidade, redução da desigualdade, são algumas destas agendas).

Ou seja, entre 2011-2012, as relações bilaterais caminhavam no sentido de uma acomodação, sem picos de conflito ou alinhamento. O conjunto da política externa de Dilma era baseado em uma mescla de continuidade retórica sobre a cooperação Sul-Sul, acompanhada por engajamentos proativos mais seletivos (Estados Unidos, Meio Ambiente, RwP), mas sem uma ação sistemática (ou investimentos) em temas geopolíticos densos como América do Sul, BRICS, África e Oriente Médio. Adicionalmente, notava-se uma certa instrumentalização econômica da parceria com os emergentes, devido a esta menor intensidade política.

A virada 2012-2013 não dava sinais de alteração, mas surgiam indicativos de tentativas de correção de rumos na agenda econômica interna devido à estagnação econômica. Segundo Bastos e Hiratuka (2020), os ajustes de Dilma

[19] Brasil. Ministério das Relações Exteriores. Histórico do Brasil no CSNU. Disponível em: https://www.gov.br/mre/pt-br/sites-antigos-retirados-do-ar/Brasil-CSNU/o-brasil-no-csnu-1/historico-brasil-csnu. Acesso em 20 de maio de 2024.

possuíam um caráter mais desenvolvimentista que a de seus antecessores pois ajustavam o câmbio, os juros e a abertura comercial para incentivar a produção industrial doméstica. Para os autores, três fatores impediram que este ajustes tivessem resultado positivo: um contexto internacional desfavorável com a baixa da demanda e preço das *commodities*, as reformas serem "muito poucas e muito tardias" e a crescente oposição interna.

Esta oposição possuía duas vertentes: a insatisfação de um dos pilares do pacto interno que dava sustentação ao governo, o do setor financeiro, e o recuo dos demais setores, mesmo que ainda beneficiados pelo governo (agronegócio principalmente) do apoio ao PT. No que se refere a esta segunda vertente, o que se observa é o que Milan (2016) define como uma retomada oligárquica doméstica, visando seu retorno ao poder. Neste momento, o perfil era de uma oligarquia mais tradicional de centro, que, na eleição de 2018, une-se à extrema direita (ver Capítulo 5). A estas movimentações na base do governo, somou-se uma ofensiva de protestos de rua.

Esta ofensiva iniciou-se em Janeiro de 2013 e conseguiu agregar às manifestações populares até mesmo setores da esquerda e centro-esquerda, com o apoio de muitos jovens. Impulsionados por protestos contra o aumento do preço das passagens de transporte público, estes movimentos populares eram definidos como apartidários e sem lideranças. Sua pauta variava desde esta questão específica das tarifas (pedindo o passe livre), até críticas ao mau uso do dinheiro público, focado em grandes eventos esportivos e não em políticas públicas. As Jornadas de Junho agregaram com mais intensidade a defesa da boa governança e a luta anti-corrupção, retomando a pauta "anti-comunismo" e "anti-bolivarianização do Brasil".

Slogans como "o gigante acordou", "não vai ter Copa" e "hospital padrão Fifa" tornaram-se comuns. Também se disseminou a atuação de novos grupos como o Movimento Brasil Livre (MBL) e a instrumentalização de figuras como heróis (que ganha mais espaço com o início da Lava Jato e a atuação de Sergio Moro). A Copa do Mundo de 2014 e as Olimpíadas de 2016, além de associadas à corrupção, seriam caracterizadas como oportunidades perdidas e fracassos. Nos dois eventos, a Presidente Dilma seria fortemente vaiada quando presente nos estádios. O mais marcante episódio foi a derrota por 7 a 1 da seleção brasileira para a Alemanha, símbolo da humilhação nacional.

O governo Dilma viu-se pressionado e com dificuldades de promover mudanças. O efeito imediato sobre a política externa foi um recuo ainda maior, uma vez que o tema da corrupção era ligado às "campeãs nacionais" e também aos emergentes e à América do Sul. Prevalecia o otimismo sobre as relações bilaterais Brasil-Estados Unidos e para a continuidade de projetos iniciados na gestão Lula em setores estratégicos: os acordos de cooperação militar-teconológica com a França, a criação de uma subsidiária da Petrobras em 2013 para atuar na exploração do Pré-Sal (a Pré-Sal Petróleo-PPSA), a aprovação da Lei Partilha do Pré-Sal e a decisão final sobre a compra dos aviões para a FAB, na qual a escolhida foi a Gripen Sueca.

Todavia, esta situação se altera no segundo semestre, com uma ruptura entre o Brasil e o Estados Unidos devido ao escândalo de espionagem da National Security Agency (NSA) denunciado por Edward Snowden. Snowden expôs que os Estados Unidos espionavam diversos líderes e empresas estrangeiras, como a Presidente Dilma, a Chanceler Angela Merkel da Alemanha e a Petrobras. Esta prática contradizia o compromisso assumido pela gestão democrata de que ações invasivas e coleta de informações sigilosas não estavam sendo realizadas ou utilizadas para pressionar cidadãos e governos. Portanto, não só o processo continuava, como se direcionava a países vistos como parceiros norte-americanos, e não inimigos que poderiam ser enquadrados como risco de segurança nacional.

Embora diplomatas do Brasil e dos Estados Unidos tivessem realizado inúmeros esforços no sentido de evitar a deterioração do intercâmbio às vésperas da visita de Estado de Dilma aos Estados Unidos, a visita foi cancelada pela Presidente. Parte do cancelamento e da elevação de ânimos podem ser atribuídos a uma tentativa de demonstrar força em um cenário interno desfavorável, externalizando a crise, e possui raízes na falta de traquejo político de Dilma. Desta crise nasceu outro projeto do governo nas Nações Unidas, em conjunto com a Chanceler Merkel, a Lei da Privacidade Digital, que foi aprovada em 2013.

Outra agenda da presidência que colocou Brasil-Estados Unidos em campos opostos em 2013 (mesmo antes da crise da NSA) foi a da OMC. Em um forte esforço da diplomacia nacional, o Embaixador Roberto Azevedo foi eleito em Maio Diretor-Geral da OMC, sucedendo Pascal Lamy, cargo que exerceu de 2013 a 2020. A eleição de Azevedo foi sustentada em uma coalizão de países do Sul, repetindo o padrão do G20 comercial. O principal adversário de Azevedo foi Hermínio Blanco, do México, candidato apoiado pelos Estados Unidos e União Europeia. Apesar de não existirem conflitos muito aparentes entre Brasil-Estados Unidos, o tema foi sensível e colocara os dois países em campos opostos.

Em Dezembro de 2013, na Conferência Ministerial de Bali, poucos meses após a posse formal de Azevedo, a OMC conseguiria um fato positivo: a aprovação do Pacote de Bali. Baseada na lógica da RDD *light*, o encontro de Bali tinha como principal objetivo destravar o processo, oferecendo soluções de compromisso entre o Norte e o Sul. Estas soluções dividiram-se em três prioridades: o reconhecimento pelos países desenvolvidos do tratamento diferenciado de setores nos quais os países em desenvolvimento são mais atuantes, como o agrícola, a reafirmação do desenvolvimento como sustentáculo de um comércio justo, e a assinatura do Acordo de Facilitação de Comércio (AFC). Os principais pontos do AFC cobriam este "tratamento especial e diferenciado" às nações do Sul e a transparência, simplificação e modernização de procedimentos aduaneiros (Farias, 2018).

Ao dar conta das demandas dos eixos Norte-Sul, pelo menos tornando-as um compromisso legal e legítimo aprovados pelos membros da instituição, a Conferência de Bali parecia realmente ter destravado o processo negociador. A sequência dos acontecimentos colocou em xeque a euforia. O final do governo Obama, e as políticas europeias, continuaram a driblar as prescrições da OMC no que se refere a protecionismo e subsídios.

A ruptura somente seria superada entre Dilma e Obama no biênio 2014-2015. O início da reaproximação ocorre com a visita do Vice-Presidente Biden ao Brasil durante a Copa do Mundo de 2014 em Junho. Na oportunidade ficou acordada uma nova ida de Dilma aos Estados Unidos em 2015. Foram fechados novos compromissos no campo dos biocombustíveis, ratificados

Acordos de Cooperação em Defesa e Segurança de Informações Militares, parcerias no setor educacional. A abertura do mercado norte-americano à carne brasileira e a concessão do *Global Entry*, visto especial para viagens empresariais foram apontadas como conquistas (Carvalho Neto, 2015).

No hemisfério, o marco de 2014 foi o reatamento de relações diplomáticas formais entre Estados Unidos-Cuba (2014). O processo foi bastante elogiado e teve grande repercussão, com a reabertura de Embaixadas e visitas bilaterais (Obama iria à ilha com sua família). Porém, ele não modificava um dos componentes básicos desta relação, o embargo econômico, cuja suspensão dependia do Legislativo (o que nunca ocorreu).

Resultante de negociações secretas entre as diplomacias, esta retomada foi impulsionada por fatores geopolíticos, como a maior influência sino-brasileira na América Central, com a CELAC e a instalação em 2014 do Fórum China-Celac. Esta reaproximação foi suspensa por Trump em 2017 (e não mais retomada). A China crescia no vácuo do poder norte-americano e brasileiro (na ideia da triangulação Estados Unidos-China-Brasil). A ausência de inovações ou avanços nas agendas das Cúpulas das Américas do período Cartagena, Colômbia (2015) e na cidade do Panamá, no Panamá (2015), são exemplos deste vácuo.

Em 2015, após a retomada de um curso mais efetivo de negociações foi assinado o Acordo de Paris (COP-21) referente às mudanças climáticas. Debatido desde a Rio Eco-1992, com a assinatura do Protocolo de Quioto em 1997, o tema do corte das emissões de gases estufa se mantinha como fonte recorrente de debates e ajustes. Além das cisões Norte-Sul sobre as responsabilidades diferentes que países desenvolvidos e em desenvolvimento deveriam assumir, permanecem debates sobre os impactos de acordos no setor na redução das atividades econômicas. Outro agravante era o negacionismo científico sobre a existência ou não do aquecimento global.

Ainda assim, em Paris-2015 foi alcançado mais um acordo no tema, com base em uma flexibilização de metas: a Contribuição Pretendida Nacionalmente Determinada (INDC) permitia que cada país estabelecesse suas próprias metas de cortes de emissão a fim de que se alcançasse alguma redução na emissão dos gases estufa. Bastante criticada por especialistas, a INDC era percebida como um retrocesso (Franchini, Viola e Barros-Platiau, 2017). Na oportunidade, o Brasil estabeleceu como metas a redução de 43% de emissões até 2030, a diversificação de sua matriz energética e a proteção, restauração e reflorestamento. Todavia, com a mudança política no país estas metas não foram alcançadas e o Brasil novamente retomou uma posição defensiva no setor a partir de 2019. A colaboração com os Estados Unidos no setor, a partir da presidência Trump se esvazia entre 2017-2018 e de 2019-2020 converge no sentido do negacionismo científico.

Para o Brasil de Dilma, entre 2014-2015, as relações internacionais, e a "apresentação de resultados" pragmáticos neste campo, com os grandes parceiros do Norte (Estados Unidos e União Europeia) e do Sul (China-BRICS) tornaram-se âncoras da gestão. No caso da Cooperação Sul-Sul (a ser abordada em mais detalhes no Capítulo 5), em 2014 o Brasil esteve à frente da criação do Novo Banco de Desenvolvimento dos BRICS (NBD) em Julho de 2014 na Cúpula dos BRICS de Fortaleza.

Nenhum mecanismo compensatório foi o suficiente para amenizar a crise doméstica, principalmente depois do início da Operação Lava Jato (2014) e a reeleição de Dilma em 2014, conquistada em segundo turno contra Aécio Neves do PSDB. Até 2016, quando sofreria seu processo de *impeachment*, Dilma se manteria constantemente pressionada e com margem de manobra social, política e econômica cada vez menor.

Para as forças progressistas a retirada de Dilma do poder foi caracterizada como um golpe constitucional, devido a inverdades jurídicas e manipulações institucionais. Esta posição é referendada por diversos estudos que usam o termo "golpe oligárquico" para definir este movimento (Milan, 2016). Deve-se destacar que o Brasil não foi o único país latino-americano envolto nestas crises insititucionais, acusações de corrupção ou tráfico de influência na década de 2010-2020, bastando lembrar do Paraguai, Bolívia, Equador. A curva descendente da Onda Rosa, e o falecimento de líderes como Chávez, traz o esgotamento das pautas, e a retomada do poder por grupos conservadores. Uma retomada frágil, que revela uma América Latina polarizada entre as forças conservadoras e progressistas.

Neste cenário de crises globais, regionais e nacionais, o Brasil teve dificuldades em superar (e mesmo reconhecer) suas vulnerabilidades, buscando uma política de eixos combinados. Neste processo, importantes conquistas foram alcançadas, mas sem solidez de longo prazo, e o projeto político-econômico permaneceu frágil entre uma identidade neodesenvolvimentista e neoliberal. As palavras de Patriota (2023, p. 37), expressam as contradições da trajetória do governo Dilma, mas que podem ser aplicadas a todo este período: "(...) é penoso reconhecer que os progressos não são irreversíveis e que alguns objetivos continuam a nos escapar."

Neste Capítulo 3, e no anterior, observou-se como estas dinâmicas evoluíram e afetaram a política externa, indicando mais uma vez o peso estrutural dos Estados Unidos nas relações internacionais do país. No pós-Guerra Fria este peso estrutural nunca deixou de estar presente e se estende ao século XXI. Para as relações bilaterais com a China estas dinâmicas possuem impactos diretos, assim como as escolhas do Brasil em seu modelo político-econômico-social-estratégico.

# Capítulo 4

## O Brasil, a China e o Sul Geopolítico (1989-2016)

No período de 1989 a 2016, as relações bilaterais Brasil-China alternaram momentos de baixa e alta intensidade devido às transformações dos vetores da política externa brasileira e chinesa. Diferente do intercâmbio com os Estados Unidos, cuja centralidade para as relações internacionais do Brasil excede elementos objetivos, para inserir componentes estruturais e subjetivos como cultura, sociedade e identidade, a parceria sino-brasileira é afetada por oscilações políticas internas. A partir destas oscilações, associadas a mudanças de dinâmicas governamentais, existe uma tendência a instrumentalizar a parceria economicamente, dificultando o seu adensamento. Muitas vezes se assume, de forma equivocada, que o intercâmbio é unidimensional, focado na geoeconomia, deixando de explorar potenciais político-estratégicos multidimensionais.

Da Guerra Fria ao Pós-Guerra Fria, esta não é uma realidade aplicada somente à China, mas a diversos relacionamentos do Brasil nos eixos Sul-Leste na bipolaridade e no âmbito da Cooperação Sul-Sul. Devido ao peso do "Mundo Ocidental" na agenda nacional, a escolha entre "Mundos" e "Parceiros" para o Brasil esteve longe de ser resolvida no passado e no presente, e talvez não o seja nem no futuro.

Não foram poucos os momentos nos quais, a despeito do tensionamento entre a uni e a multidimensionalidade do intercâmbio, Brasil e China demonstraram o elevado potencial de suas alianças. De nações pertencentes ao Terceiro Mundo-Sul, no século XXI, ao lado de outros países emergentes podem ser vistas como parte de um Sul Geopolítico que, conforme Duarte e Costa (2023):

> (...) tem sua definição baseada em atores que constroem suas posturas política e identitária no plano sistêmico, politizando suas posições (desfavoráveis) na hierarquia internacional, a partir de uma leitura histórica das assimetrias, que se perpetuam e se cristalizam em estruturas de poder. Não se trata, portanto, de um conceito criado a partir da visão das potências mundiais sobre demais atores. O conceito de Sul Geopolítico busca reforçar a agência dos atores do Sul, na medida em que traz uma imagem autoconstruída, a partir das leituras que eles têm das relações internacionais e de suas inserções. Em contraste com o conceito de Sul Global (...) apresenta uma vantagem imediata quanto à substância e

ao significado. O adjetivo "geopolítico" tem valor informativo, uma vez que traz sentido e qualifica o substantivo "sul". Enquanto o Sul Global, tanto pela escolha semântica quanto por ser um conceito vago, ofusca e suaviza a existência de relações de poder, o conceito apresentado busca colocar essas disputas e tensões no centro da análise (Duarte e Costa, 2023, pp. 24-25).

Um Sul Geopolítico[1] que converge em torno de objetivos comuns sobre a reforma da ordem internacional e do multilateralismo, independente das crescentes assimetrias sino-brasileiras, provocadas pelas opções de modelos socioeconômicos do Brasil e dinâmicas estruturais nas relações internacionais. E um Sul Geopolítico que não só entre Brasil-China, mas entre todos os emergentes segue afetado pelas transformações do equilíbrio de poder mundial. Enquanto nos Capítulos 2 e 3 esta trajetória foi acompanhada do ponto de vista dos paradigmas da política externa brasileira e do intercâmbio Brasil-Estados Unidos, aqui se busca compreender como, de 1989 a 2016, as relações sino-brasileiras evoluíram entre a distância e o adensamento. Nesta trajetória, podem ser identificadas duas fases: parceria na distância (1989-2002) e o Brasil emergente e China potência (2003-2016).

## 4.1 Parceria na Distância (1989-2002)

O período de 1989 a 2002 inicia-se à sombra do fim da Guerra Fria, possuindo duas subdivisões: 1989-1992, na qual prevalece uma perspectiva instrumental com forte peso unidimensional, e 1993-2002, com uma retomada político-estratégica. Tal retomada abre perspectivas multidimensionais que se concretizam a partir da gestão Lula.

Analisando a primeira subdivisão, diferente do Brasil, cujo legado de Sarney pós-1989 foi uma mescla de estabilidade política e profunda crise econômica, a China de Deng Xiaoping (1978-1989), trouxe uma herança de sinais invertidos: economia estável e no caminho da modernização e um cenário político sensível. A somatória dos eventos da Praça da Paz Celestial com o fim da Guerra Fria, traziam pressões internacionais de Estados Unidos e União Europeia no campo dos direitos humanos e democracia, e na geopolítica eurasiana. Com o desmonte da antiga União Soviética entre 1990-1991 e o crescimento econômico dos aliados norte-americanos como Japão e Coreia do Sul, a China sofria uma situação de relativo estrangulamento.

Mediante o triunfalismo da globalização e do neoliberalismo pairava também o risco de que o setor externo, até então essencial ao crescimento chinês, com foco nos Estados Unidos, apresentasse um recuo de presença e investimentos em solo chinês. Tal situação poderia dificultar um novo salto qualitativo em sua consolidação econômica, a despeito das conquistas já alcançadas com a Política das Quatro Modernizações. É este mesmo modelo globalizado que permite à China continuar se beneficiando dos capitais internacionais nas

[1] A opção pelo uso do termo "Sul Geopolítico" e não "Sul Global", converge com as avaliações de Duarte e Costa (2023), no que se refere à despolitização do conceito de "Sul Global" e a tentativa de dissociá-lo dos antigos movimentos do Terceiro Mundo e Sul da Guerra Fria. Compartilha, contudo, as preocupações dos autores de que ambos possuem prós e contras, e que esta terminologia "Sul Geopolítico", ainda parece estar restrita a uma discussão mais acadêmica do que social e estratégica no debate público. A proposta é trazer a terminologia para além desta visão acadêmica e mais próximo ao cotidiano.

ZEEs, à medida que muitas empresas ocidentais continuavam buscando as vantagens comparativas oferecidas pelo país: mão de obra barata e políticas estatais de atração de investimentos.

Como aponta Kissinger (2011), ao mesmo tempo em que criticavam a política da China em Washington, para suprir as demandas de grupos de interesse focados em temas sociais, os Estados Unidos mantinham forte interdependência econômica com o país por conta das demandas do mercado interno por importações de baixo custo e de setores empresariais. Simbolizando os dilemas da interdependência sino-americana, encontram-se fatores como a transferência de empresas dos Estados Unidos para a China e os custos dos produtos chineses no mercado norte-americano e, em decorrência disso, a desindustrialização de setores tradicionais da indústria do país. No século XXI, a competição tecnológica se inseriu nesta dinâmica e todos estes componentes somados ilustram as chamadas "guerras" entre Estados Unidos-China na geoeconomia (além das tensões geopolíticas).

Portanto, como mencionado no Capítulo 1, tanto o Brasil quanto a China iniciam o pós-bipolaridade em condições defensivas por diferentes razões e as quais respondem de formas diversas. Comum a ambos, reside o fato de que os norte-americanos por conta seu caráter hegemônico, constituem os principais poderes das regiões nas quais China e Brasil se localizam, e são, no imediato fim da Guerra Fria o seu principal parceiro econômico e vetor geopolítico. Enquanto a opção brasileira foi pela inserção subordinada aos grandes fluxos da política internacional por meio de seu realinhamento aos Estados Unidos, no eixo Norte-Ocidental, a China caminhou no sentido da autonomia.

Reforçando a análise apresentada no Capítulo 1, de que as escolhas de ambos os países, Brasil e China são essenciais em seus destinos, mas não podem ser desconectadas da realidade global, traz-se a avaliação de Medeiros (2003, p. 351):

> A análise comparativa do desempenho recente das economiás chinesa e brasileira possibilita um interessante estudo de caso de alguns dos principais elementos que explicam na história do desenvolvimento das nações seu maior ou menor grau de sucesso: a interação entre a inserção geopolítica e comercial com as políticas internas de desenvolvimento. Países que foram capazes de lograr processos de desenvolvimentos exitosos quando souberam aproveitar de condições geopolíticas favoráveis para empreender políticas de desenvolvimento em que a estratégia da inserção internacional estava subordinada à expansão dos seus mercados internos.

Analisando a trajetória chinesa, neste período, sucedendo Deng, coube a Jiang Zemin (1989-2002) assumir o cargo de Secretário Geral do PCCh[2] e levar a China ao século XXI de forma soberana e sólida. A troca de gerações entre Deng e Zemin em um contexto internacional desfavorável à China no pós-Guerra Fria, demonstrou-se desafiadora. Todavia, como aponta Weber (2023), a China conseguiu preservar sua agenda econômica e política de gradualismo apesar das ingerências externas. Desta forma, políticas de abertura acelerada no campo econômico, diminuição do poder do Estado, desregulamentação e demais preceitos do Consenso de Washington que orientavam as

[2] Na estrutura de poder da China, o PCCh detém o comando do sistema, sendo alguns dos cargos mais importantes o de Secretário Geral do PCCh, de Presidente da China e Presidente da Comissão Militar. Xi Jinping, por exemplo, exerce os três cargos. Para uma análise do funcionamento do sistema político chinês ver Fang, 2020.

"terapias de choque neoliberais" em diversas nações no pós-Guerra Fria não foram implementadas.

Por oposição, ao longo da década de 1980, e parte inicial dos anos 1990, a China optava por uma política econômica de continuidade gradual e controlada de reformas, priorizando o seu fortalecimento e desenvolvimento. Conforme Medeiros (2003, p. 340):

> Na China claramente segmentou-se os dois regimes (proteção do mercado interno e promoção de exportações) e liberalizou-se o acesso aos investimentos externos (nas zonas econômicas especiais) antes da liberalização das importações. A proteção do mercado interno se fez com direitos aduaneiros, licenças, barreiras tarifárias e não tarifárias. Ao lado desta proteção, soma-se a proteção natural do interior da China precariamente interligado pelo sistema ferroviário e rodoviário.

A capacidade de resistência chinesa e a manutenção do curso gradual das reformas, mesmo em condições adversas, relacionava-se a sua estrutura de gestão política comandada pelo PCCh. Predominava uma clareza estratégica no campo político-econômico que, por meio de planos quinquenais de desenvolvimento e agendas de reforma permitia manter o curso. A tradição da política externa chinesa de coexistência e de buscar o equilíbrio, de forma não confrontacionista com as grandes potências, dava sustentação a uma pauta pragmática, sem alinhar-se ou ceder às pressões internacionais.

Em seu início de mandato, a prioridade de Zemin foi garantir a estabilidade da economia chinesa e o controle gradual das reformas. Entre 1989 e 1994, o país pode crescer consideravelmente, ultrapassando os dois dígitos. Esta significativa expansão econômica, que incluía as relações comerciais com os Estados Unidos, permitiu solidificar a base doméstica do crescimento chinês e estabelecer metas adicionais na modernização econômica e estratégica. Ao mesmo tempo, elevou a demanda por mercados consumidores, por insumos para a indústria e de bens de consumo alimentícios para a população. O crescimento chinês não vinha dissociado da melhoria de vida da sociedade, e isso incluía a elevação dos padrões de vida e consumo, assim como da renda.

Para dar continuidade e sustentar estes padrões de desenvolvimento, somado à importância de buscar alternativas aos mercados ocidentais, em particular os Estados Unidos, a China iniciou uma atualização de sua política externa. A ampliação do sistema de Relações Internacionais chinês era percebido como uma possibilidade e necessidade diante das novas condições domésticas e internacionais. Inicia-se, a partir de 1995, uma coordenação mais ativa entre os movimentos internos e externos da China no sentido de adaptar gradualmente as práticas internacionais de Deng a uma nova situação de poder nacional, regional e global, às percepções de ameaça e às zonas de oportunidade e parcerias para uma atuação do país.

A evolução do paradigma do KLP para uma projeção internacional mais sólida começa, como a experiência chinesa de modernização contemporânea, de maneira gradual, pela recuperação de princípios tradicionais e sua adaptação às circunstâncias externas. Tais circunstâncias apontavam a prevalência da hegemonia dos Estados Unidos globalmente no campo estratégico-militar, matizada pela continuidade de desgaste econômico relativo. A atenção norte-americana prevalecia na Eurásia, com a marginalização de regiões como a América Latina e o continente africano. Independente da apresentação de propostas cooperativas, em particular para a América Latina, como visto nos Capítulos 2 e 3, poucos avanços concretos foram realizados. Havia, portanto, razoável margem de manobra para a China aproximar-se de outras regiões e mesmo na Eurásia, haviam espaços para repensar parcerias.

Havia também uma preocupação em não repetir os erros do passado que levaram à China, no auge do seu poder, a uma política de isolamento, dificultando sua modernização. Apesar dos riscos de "estar mais visível no mundo" serem reconhecidos, os riscos de "não estar" também o eram. A partir da lógica da Coexistência Pacífica somada ao KLP, a China introduz a premissa da ascensão pacífica, baseada na Cooperação Sul-Sul e no desenvolvimento. Texto clássico de Bijian sobre o tema, assim descreve o processo:

> A China não busca a hegemonia ou o predomínio nos assuntos internacionais. Ela defende uma nova ordem política e econômica internacional que somente pode ser atingida a partir de reformas graduais e a democratização das relações internacionais. O desenvolvimento da China depende da paz mundial — uma paz que o desenvolvimento irá reforçar (Bijian, 2005, p. 24).

A tradução desta nova etapa de Cooperação Sul-Sul para o desenvolvimento, promovendo um *trade-off* entre a ascensão pacífica da China e de outras nações do Sul, consubstancia-se no paradigma do Desenvolvimento Pacífico e Harmonioso (DPH). Trata-se da transição do KLP a uma política de maior presença global, sem caráter confrontacionista, e dentro das premissas da Coexistência Pacífica de respeito à soberania dos povos, não-ingerência, não-intervenção e integridade. O DPH sustenta-se na lógica do poder brando e de cooptação, ao investir em elementos econômicos e sociais.

No campo social, inserem-se iniciativas como as do Instituto Confúcio para o ensino da cultura e da língua chinesa e ampliação de intercâmbios estudantis. A China fez investimentos significativos para a realização de grandes eventos esportivos, com destaque às Olimpíadas (2008 e 2022), formação de atletas e infraestrutura. Diferente do Brasil, no qual a Copa do Mundo e as Olimpíadas se tornaram símbolos de corrupção e equívocos em políticas públicas, instrumentalizados pela oposição, na China as oportunidades de consolidação do poder nacional e melhoria de vida foram aproveitadas.

É no campo econômico que o DPH se torna referência da nova capacidade e forma de ação chinesa no mundo. Em contraposição às restrições e pressões do Consenso de Washington, a visão da China, que passou a ser chamada de "Consenso de Beijing" defendia a autonomia e soberania dos Estados, e, fundamentalmente, as oportunidades de parcerias horizontais. Outros termos que surgem associados à projeção chinesa são "Consenso do Pacífico" e/ou "Consenso Asiático" (Vadell, Ramos e Neves, 2024; Jilberto e Hogenboom, 2010).

A lógica do DPH é a do desenvolvimento conjugado, baseada na premissa do ganho-ganho (*win-win*). Independente de assimetrias, regimes políticos, histórias nacionais, todos os Estados terão a oportunidade de atingir ganhos relativos na sua cooperação com a China, sem condicionalidades políticas. Apesar de longa vale uma citação de um documento oficial chinês sobre o tema, à medida que deixa claro a lógica chave desta projeção internacional: paz, desenvolvimento, prosperidade comum e cooperação.

> Avaliado em um contexto global e histórico abrangente, o caminho do Desenvolvimento Pacífico pode ser definido como segue: a China deve se desenvolver defendendo a paz mundial e contribuindo para a paz mundial por meio do seu desenvolvimento. Ela deve atingir o desenvolvimento por seus esforços e investindo em reforma e inovação: ao mesmo tempo ela deve ser abrir para o mundo e aprender com os outros países. Ela deve buscar benefícios mútuos e o desenvolvimento comum com outros países, acompanhando a tendência da globalização econômica e deve trabalhar junto com outros países para construir um mundo harmonioso de paz durável e de prosperidade comum. Este é um caminho de desenvolvimento científico, independente, aberto, pacífico, cooperativo e de desenvolvimento comum (WHITE PAPER ON CHINA'S PEACEFUL DEVELOPMENT, 2011, s/p).

Quais as características e prioridades iniciais deste processo de "sair para fora" (*going-out*) do DPH? Em termos de características, o impulso inicial do "sair para fora" baseado na lógica da CSS, possui elementos político-estratégicos de reafirmação da solidariedade Sul-Sul, e econômicos de fundo pragmático. Neste viés pragmático incluem-se a busca por insumos para o desenvolvimento das capacidades chinesas, como energia, minérios e alimentos, assim como mercados consumidores externos para a consolidação de mercados alternativos aos do mundo desenvolvido, como Estados Unidos e União Europeia. A receptividade à presença chinesa é positiva, à medida que os interesses convergem com outras nações do Sul que visam o incremento de seu desenvolvimento, investimentos e ajuda externa.

Razões geopolíticas e geoeconômicas de de expansão da influência da China podem ser listadas, em particular na definição das prioridades inicias da projeção externa. Duas vertentes se destacam: a reformatação do relacionamento sino-russo foi a consolidação da presença na Ásia e a abertura de uma nova era nas relações com a África, com ênfase na Cooperação Sul-Sul.

Com relação à primeira vertente, se na década de 1970 a grande mudança no equilíbrio de poder mundial, e para o futuro da China, e da Guerra Fria, foi a retomada das relações diplomáticas entre o país e os Estados Unidos, nos anos 1990 avaliação similar pode ser feita para as interações sino-russas. Tais interações iniciam-se lentamente entre 1989-1995, visando uma acomodação entre vizinhos, perpassada por uma sensação ainda de ameaça do lado chinês. O fim da União Soviética em 1991, e o alinhamento da Rússia de Boris Yelstin (1990-1999) ao Ocidente, sinalizavam a possibilidade de um aumento de influência norte-americana na Eurásia que poderia gerar um estrangulamento da China. Entretanto, contatos bilaterais para a reaproximação já haviam sido iniciados entre 1989-1991, com a Cúpula Sino-Soviética e visitas de Estado. Não se pode ignorar um desejo mútuo de auto-contenção por meio das parcerias bi e multilaterais: à medida que a China se fortalecia, a Rússia estava em um caminho oposto de enfraquecimento.

O aprofundamento da crise russa e as frustrações com o Ocidente, ainda na gestão Yeltsin, trariam pressões para a revisão das políticas pró-ocidente e a busca de alternativas econômicas, levando em 1996 à formação dos "Cinco de Xangai". Além da Rússia e da China, esta aliança era composta pelo Cazaquistão, o Quirguistão e o Tadjiquistão, com o objetivo de fortalecer a cooperação estratégica na Ásia Central, região rica em recursos energéticos. No pós-Guerra Fria, reproduzia-se nestas regiões, em situação que seria agravada pela GWT, as disputas entre potências pela Eurásia, agora sob novo formato e nos espólios do antigo império soviético: Estados Unidos-Europa Ocidental (i.e. OTAN e UE de um lado e, de outro, Rússia, China, e as ex-repúblicas soviéticas que não se alinharam a Moscou. Um dos termos que se tornaria comum no período era o "Grande Jogo 2", em alusão ao Grande Jogo imperial do século XIX entre os Impérios britânico e russo e a França) (Kissinger, 1994; 2011).

Esta aliança funcionou como embrião da Organização de Cooperação de Xangai (OCX), fundada em 2001. Nas últimas décadas, a OCX consolidou-se como um dos principais arranjos regionais da Eurásia, estendendo-se da Ásia Central, ao Oriente Médio à Península indiana. Além dos cinco membros originais, a expansão da organização trouxe como parceiros efetivos: Índia, Irã e Paquistão.[3] Por sua diversidade de membros e escopo geográfico, a OCX também se mostrou objeto de críticas no Ocidente, reproduzindo discursos similares aos aplicados aos BRICS.

Também se procurou enfatizar as inúmeras disputas entre seus membros, principalmente Rússia e China (e mais recentemente a Índia) no que se refere à questões fronteiriças. Todavia, o que se observa é que estes espaços multilaterais (BRICS e OCX), coalizões de geometria variável e estruturas institucionalizadas de cooperação, tem facilitado o encaminhamento de agendas bilaterais e não somente multilaterais específicas. Evidenciam algo que precisa sempre ser lembrado: cooperação não pressupõe harmonia plena ou subordinação, mas sim um espaço de interesses comuns, nos quais poderão existir divergências.

No caso específico da parceria sino-russa, desde 1996, mas principalmente, com a chegada de Vladimir Putin ao poder em 1999, observa-se um aprofundamento de ações estratégicas. Em 2001, além da citada OCX, os dois países assinaram um "Tratado de Boa Vizinhança e Amizade" e, em 2004, uma resolução pacífica de disputas fronteiriças. Em termos estratégicos, a cooperação militar tem evoluído de forma constante, incluindo exercícios militares conjuntos, iniciados em 2005. Economicamente, a agenda bilateral tem evoluído de forma constante, ampliando-se para setores estratégicos para o crescimento chinês no campo da energia: gás e petróleo.

Somada a esta reformatação do relacionamento sino-russo, a segunda vertente do DPH foi a consolidação da presença na Ásia e a abertura de uma nova era nas relações com a África, com foco na Cooperação Sul-Sul. No caso da Ásia, a ação da China traduziu-se em um aprofundamento das relações com a ASEAN (Associação das Nações do Sudeste Asiático), incremento de contatos com vizinhos no Indo-Pacífico e o aumento das tensões estratégicas e da presença geopolítica em regiões como o Mar do Sul da China (MSCh). O que se observa é uma continuidade de uma trajetória que já vinha se consolidando desde o início da década, sob a lógica econômica.

Os anos 1990 trazem a reincorporação de Hong Kong (1997) e Macau (1999) à China. A devolução das possessões coloniais britânica (Hong Kong) e portuguesa (Macau) é um fato relevante no processo de reconstrução do

[3] Conforme dados até Maio de 2024. A OCX também inclui Estados observadores (Afeganistão, Belarus e Mongólia), assim como Estados parceiros e diálogos com outros organismos regionais. Para informações mais detalhadas ver Shangai Cooperation Organization. Disponível em: https://eng.sectsco.org/. Acesso em 20 de maio de 2024.

Estado chinês, visando a consolidação de "Uma Só China". Aplica-se a estas regiões a fórmula "Uma Nação, Dois Sistemas", com o respeito da China aos sistemas políticos destes territórios.

Em termos de África, aplica-se a ideia de uma nova era porque o relacionamento ganha contornos mais específicos nas dimensões bi e multilaterais, acompanhadas de uma ofensiva político-econômica. As relações China-África representam um tipo ideal da agenda de Cooperação Sul-Sul na lógica do ganho-ganho do DPH, baseadas em interesses complementares. Marginalizado no pós-Guerra Fria, com a perda de seu poder de barganha, o continente africano foi contemplado pela China como uma potencial zona de expansão pacífica, sem confrontação imediata com as grandes potências ocidentais. A China passava a atuar em um espaço de vácuo de poder e interesse, e o marco simbólico deste processo foi o estabelecimento do Fórum China-África em 1999 que, desde então, possui reuniões trienais.

Do lado da China, o objetivo era atingir novos mercados consumidores mas principalmente, obter insumos energéticos, minerais e alimentos (*commodities*). Por sua vez, os países africanos necessitavam, em um momento de profunda crise, de recursos financeiros e investimentos, ajuda humanitária e projetos de modernização em setores de infraestrutura e tecnologia. No que se refere às *commodities*, a questão da sustentação do desenvolvimento é essencial, à medida que a China sempre teve dificuldades em atingir a autossuficiência nestes setores.

A vulnerabilidade no acesso a alimentos é um dos componentes destas preocupações, associada à Segurança Alimentar e Nutricional (SAN). Da mesma forma, existe também um componente de vulnerabilidade associado à a obtenção de energia e de minérios para a manutenção da produção, como os chamados minerais críticos e o acesso a terras raras. Ainda que estas discussões sobre SAN, terras raras e minerais críticos voltem no Capítulo 5, é relevante já introduzir uma conceituação dos termos.

No que se refere à SAN, este é um debate que evoluiu ao longo dos anos, passando pelas cúpulas da FAO das Nações Unidas, os Objetivos do Desenvolvimento do Milênio (ODM) e os Objetivos do Desenvolvimento Sustentável (ODS). No caso, o marco que lança o debate contemporâneo sobre o tema foi a Declaração de Roma de 1996, lançada na Cúpula Mundial Sobre Alimentação. O Brasil, como se percebeu nas discussões do Capítulo 3 sobre as prioridades da política externa de Lula é uma das referências no combate à insegurança alimentar e políticas públicas como o Fome Zero para mitigar a situação. Sobre a definição da terminologia:

> Existe segurança alimentar quando as pessoas têm, a todo momento, acesso físico e econômico a alimentos seguros, nutritivos e suficientes para satisfazer as suas necessidades dietéticas e preferências alimentares, a fim de levarem uma vida ativa e sã. A este respeito é necessário uma ação concertada, a todos os níveis (FAO, s/a, s/p).

Por sua vez, terras raras e minerais críticos associam-se às cadeias produtivas globais e seus suprimentos, essenciais à continuidade do desenvolvimento econômico e às novas matrizes tecnológicas contemporâneas.

> (...) são um conjunto de elementos químicos, normalmente encontrados na natureza misturados a minérios, de difícil extração – daí o nome –, mas com características peculiares, como magnetismo intenso e absorção e emissão de luz. Essas propriedades especiais fazem

com que sejam usadas numa infinidade de aplicações tecnológicas, como lâmpadas de LED, lasers, superímãs presentes nos discos rígidos de computadores e motores de carros elétricos, e na separação de componentes do petróleo (Bernardes, 2022).[4]

Completando sobre os componentes das terras raras, Melo (2017, p. 224) indica que sua principal característica é a dificuldade de acesso e exploração. Mais especificamente:

> As terras raras são um conjunto de 17 elementos químicos da tabela periódica compreendidos entre os números atômicos 57 e 71 (Lantânio –La–, Cério –Ce–, Praseodímio –Pr–, Neodímio –Nd–, Promécio –Pm–, Samário –Sm–, Európio –Eu–, Gadolínio –Gd–, Térbio –Tb–, Disprósio –Dy–, Hólmio –Ho–, Érbio –Er–, Túlio – Tm–, Itérbio –Yb– e Lutécio –Lu), além dos números atômicos 21, Escândio –Sc–, e o 39, o Ítrio –Y (...).

Além das terras raras, destacam-se também os minerais críticos. Que, no estudo de Castro, Peiter e Góes (2022, p.7) para o IPEA, são objeto de uma relevante discussão sobre a temática e sua conceituação:

> Uma síntese das definições adotadas nos Estados Unidos e União Europeia possibilita conceituar como matérias-primas críticas e, dentre essas os minerais críticos, aqueles com significativa contribuição para suas cadeias produtivas. Constituem-se, assim, substâncias minerais vitais para o desenvolvimento econômico e funcionamento das linhas de produção dos países, mas cujo suprimento pode envolver riscos devido a diversas questões, tais como: escassez minerogeológica, dinâmicas geopolíticas, regulações comerciais, instabilidade política ou de infraestrutura, entre outros fatores (EC, 2017; USDE, 2011). Em geral, essas matérias-primas são importantes porque estão presentes em componentes usados na fabricação de produtos inovadores, tais como: telefones celulares, monitores de tela plana, turbinas eólicas, carros elétricos, painéis solares, baterias de alta capacidade, magnetos e dispositivos de alta tecnologia (EC, 2021; Blengini, 2020).

Complementando, Castro, Peiter e Góes (2022, p.8) avaliam que:

> Como a extração mineral é um estágio inicial para muitas das cadeias produtivas, a dimensão dos minerais críticos amplia então o debate sobre os minerais estratégicos, estendendo o conceito oriundo do período posterior à Segunda Guerra Mundial, quando as superpotências, na Guerra Fria, buscavam os meios para garantir seu domínio geopolítico e interesses militares. Portanto, os minerais estratégicos englobam também os minerais críticos. Contudo o que é estratégico para determinados países pode ser considerado crítico para outros países e vice-versa. Assim, a definição, para cada país, de quais são suas matérias-primas críticas necessita de estudos nacionais para cada bem mineral e suas respectivas cadeias industriais relacionadas, de modo a formular uma estratégica de suprimento para atender as demandas.

Dentre os minerais críticos considerados os mais relevantes para o desenvolvimento tecnológico inserem-se lítio, cobalto, nióbio. Entretanto, diferente das terras raras, que há uma definição mais "fechada", os minerais críticos, como está na citação, são todos aqueles essenciais na cadeia produtiva de um determinado produto ou, no caso, de uma transição, como energética. Ou seja, são críticos para a produção, e igualmente estratégicos para a geoeconomia e a geopolítica. Terras raras e minerais críticos-estratégicos, tendem a ser abundantes na China e outras nações do Sul como o Brasil, gerando no presente e no futuro, assim como no passado, uma corrida por recursos.

[4] Bernardes, Julio. "Valiosas e versáteis: pesquisas com terras raras mostram caminhos para criar cadeia produtiva no Brasil". Disponível em: https://jornal.usp.br/ciencias/valiosas-e-versateis-pesquisas-com-terras-raras-mostram-caminho-para-criar-cadeia-produtiva-no-brasil/. Acesso em 01 de setembro de 2024.

Do ponto de vista político, a solidariedade política das nações do Sul, antigo Terceiro Mundo, que visam a construção de sua soberania e autonomia, é um elemento comum aos desejos de parceria, que se soma às dimensões de interesse concreto. Em um primeiro momento, ao crescer no vácuo das potências ocidentais que haviam marginalizado e pressionado o continente, a China expandiu-se rapidamente. Inclusive, as primeiras reações de Estados Unidos e de muitas nações europeias foram lentas e mais políticas do que práticas, centradas em pressões e críticas sobre um suposto imperialismo Sul-Sul da China (e mesmo do Brasil e da Índia). As respostas mais práticas, mas ainda com o foco tradicional nas pressões estratégicas inicia-se em 2008 com o USAFRICOM, como mencionado, e só começa a se traduzir em questões práticas na gestão Obama, que apresenta uma agenda com pacotes de ajuda e promessas de maior cooperação pós-2009. Entretanto, nem as movimentações norte-americanas (e europeias) impediram a consolidação da parceria sino-africana e nem da sino-latino-americana.

Um pouco mais tardio, acelerando-se a partir de 2004, o processo de projeção na América Latina segue-se ao africano, dentro de linhas de interesse similares, mas em condições geopolíticas mais complexas. Afinal, o hemisfério ocidental é o da zona de influência dos Estados Unidos. Porém, antes de chegar à América Latina em 2004, como o Brasil responde a estas transformações externas da China entre 1989-2002? Por que chamar de "parceria na distância" um período no qual se estabelece a Parceria Estratégica em 1993, e que ao longo da década se sobrepõe ao *going-out* e o DPH?

Retomando algumas considerações do início do capítulo, o período 1989 a 2002 pode ser dividido em duas fases: 1989-1992 e 1993-2002. Na primeira fase, observa-se o predomínio de uma agenda unidimensional econômica, sem agregar componentes político-estratégicos. Apesar do estabelecimento da parceria estratégica em 1993, que visa adensar e incrementar a cooperação bilateral, e fornece o corte para uma segunda subfase neste trajetória a partir deste ano, não há uma alteração de mentalidade da política externa brasileira para o eixo Sul-Sul.

Nem mesmo os ajustes trazidos por FHC em 1999 trouxeram esta mudança de ênfase à medida que o Brasil possuía ações reativas a uma situação de crise diante das nações do Sul que poderiam potencializar sua economia: China, Rússia e Índia. O estabelecimento da Parceria Estratégica inclusive ocorre no interregno Itamar Franco, sob a liderança de Celso Amorim no Ministério das Relações Exteriores, em contraste ao alinhamento automático de Collor e o posterior período FHC. Em termos de agenda geopolítica, o biênio 1993-1994 é uma exceção pró-Sul-Sul, em mais de uma década de vetor Norte-Sul.

Portanto, a ideia de "Distância" aplica-se ao perfil e desenvolvimento da parceria, sob os governos Collor e FHC, guardadas suas diferenças. Além disso, a premissa da "Distância" aplica-se também a abrangência da projeção da China no Brasil e na América Latina e no conteúdo de sua política externa. Ou seja, refere-se às características dos paradigmas das relações internacionais dos dois países em suas interações com o mundo, sua região, seus desafios nacionais e no âmbito multilateral.

No que se refere à gestão Collor, os anos 1990 a 1992 são um tipo ideal de distância, com uma grande estagnação do relacionamento. Definido como de "sérios desgastes" por Becard (2010, p. 151), o governo Collor colocou em xeque os avanços que haviam sido obtidos desde 1974. Mesmo programas vistos como estratégicos como o CBERS sofreram cortes em seu orçamento, por serem considerados não prioritários e ligados à agenda de segurança e defesa. Segundo Becard (2010, p. 194), as responsabilidades brasileiras no projeto sofreram inúmeras dificuldades em processos básicos de pesquisa, execução, construção de equipamentos e contratação de empresas. A autora relata que existiram desacordos na definição do local de montagem dos satélites, se na China ou no Brasil.

Também não existiam convergências políticas, à medida que temas como cooperação Sul-Sul, desenvolvimento e terceiro-mundismo, não possuíam ressonância na agenda brasileira. Entre 1990-1992 nenhuma autoridade brasileira de primeiro escalão visitou a China, ainda que o Presidente chinês Yang Shagkun tenha vindo ao Brasil em 1990 e o Primeiro Ministro Li Peng em 1992. Um marco relevante como os quinze anos do reestabelecimento das relações diplomáticas passavam desapercebidos em meio à agenda Norte-Sul brasileira.

Este ciclo somente foi interrompido em 1993 com a formalização da Parceria Estratégica em 1993, celebrada com a vista do Primeiro Ministro Zhou Rongji ao Brasil. Entre Março e Junho deste mesmo ano, autoridades chinesas e brasileiras estiveram à frente do processo negociador que culminou com a visita do Presidente Jiang Zemin ao país em Novembro. Na oportunidade, como aponta Shixue (2003, p. 408) foram sugeridos por Zemin quatro pontos norteadores da parceria estratégica:

> - Promover continuamente as relações econômicas e comerciais entre as duas nações a fim de promover a prosperidade mútua e estabelecer um bom exemplo para a cooperação Sul-Sul.- Fortalecer contatos não-oficiais através do intercâmbio cultural, educacional, acadêmico e esportivo.- Fortalecer discussões, a coordenação e o apoio mútuo nas organizações a fim de proteger os direitos dos países em desenvolvimento e estabelecer uma ordem política internacional pacífica, estável, justa e razoável.- Manter o contato e diálogo direto entre funcionários do alto escalão dos dois países, fazer grande uso do mecanismo existente de consultas políticas, ampliar intercâmbios amistosos entre os dois lados, em todos os níveis e em todas áreas, aumentar o entendimento e a confiança mútua, e trabalhar, em conjunto, para desenvolver uma amizade de longo prazo que seja estável e mutuamente benéfica.

É neste recorte temporal que se inicia a segunda subfase deste período, 1993 a 2002, de Franco a Cardoso. Independente do interregno Franco e da intensidade que assumem as relações bilaterais, principalmente no campo geoeconômico, Brasil e China não compartilhavam o mesmo sentido de autonomia externa político-estratégica. Será este compartilhamento, que permite a consolidação do eixo Sul-Sul, dentro dos parâmetros do Sul Geopolítico, somente seria alcançado a partir de 2003.

Independente deste conteúdo político-estratégico menos presente (o que não significa ausente), os anos de 1993 a 2002 foram muito profícuos para as relações bilaterais. A celebração dos vinte anos das agendas diplomáticas em 1994 foi cercada de muito otimismo e possibilidades de aprofundar a cooperação, ampliando-se os contatos entre setores empresariais e científicos. Zemin viria ao país novamente em 2001, sucedendo inúmeras visitas de autoridades chinesas ao Brasil. Da parte do Brasil, FHC e seu vice Marco Maciel visitaram a China, assim como o Embaixador Lampreia.

O período ainda engloba, quando da celebração dos 25 anos da parceria, dois marcos: em 1999, o CBERS-1 foi lançado, e em 2000 a China ultrapassa o Japão como o maior parceiro comercial brasileiro na Ásia. No caso do projeto CBERS, ambos os governos demonstraram compromisso duradouro com esta agenda de cooperação científico-tecnológica, que permanece como uma das mais relevantes entre Brasil-China.

Além dos já existentes acordos de cooperação científico-tecnológica, agregaram-se pautas energéticas. A questão da infraestrutura já indica caminhos de cooperação bilateral que iriam se aprofundar. A China buscava no Brasil expertise na área de hidrelétricas e no mercado de hidrocarbonetos. O montante de *joint ventures* e investimentos chineses no Brasil era pouco significativo, contudo,esta tendência teve uma significativa mudança no século XXI, com uma atuação crescente da China na economia nacional, em diversos setores. Muito desta mudança, deve-se indicar, relaciona-se ao encolhimento econômico do Brasil em comparação à China. Esta realidade apresenta-se também na elevação do comércio bilateral, que começa a apresentar padrões que consolidariam no século XXI como resultado das escolhas político-econômicas da China e do Brasil nos anos 1990: menor participação brasileira na exportação de produtos de médio e alto valor agregado ao mercado chinês, que passa a buscar no país insumos para o seu desenvolvimento, e a abertura da economia nacional a produtos industrializados da China. Na agenda político-estratégica que, como indicado esteve menos presente, mas não ausente, uma das expectativas brasileiras que não se realizou foi o apoio da China a sua entrada como membro permanente do CSONU.

Após o significativo afastamento na gestão Collor, a resposta brasileira pós-1992 à China que se reformava em sua visão externa, concentrou-se na continuidade de projetos já existentes na área de ciência e tecnologia e na ampliação dos laços comerciais, de forma reativa e compensatória à crise e às pressões internas e latino-americanas. Se o olhar brasileiro ainda era Norte-Sul, o eixo Sul-Sul da China também estava mais voltado ao espaço geopolítico eurasiano. A projeção externa chinesa era gradual e somente chegaria com mais força à América Latina no século XXI, sobrepondo-se no Brasil à gestão Lula (2003-2010) e ao auge da Onda Rosa na primeira década do século XXI.

## 4.2 O Brasil Emergente e a China Potência (2003-2016)

A fase que se inicia com a posse de Lula em 2003 e engloba a continuidade dos governos do PT com a eleição de Dilma Rousseff em 2010, caracteriza-se pela elevação do patamar do relacionamento bilateral. Ao atingir um novo nível de complexidade, por meio de iniciativas diplomáticas que incrementam laços político-estratégicos, e aprofundamento da interdependência econômica, o intercâmbio entra em uma etapa sem precedentes em sua trajetória histórica.

No que se refere às relações Brasil-China, assim como no caso do conjunto da política externa nacional, a primeira constatação é que não há homogeneidade entre os governos do PT no gerenciamento das interações. Desta forma, seguindo as linhas temporais dos mandatos presidenciais, observam-se as subdivisões desta fase: 2003 a 2010 e 2011 a 2016. Enquanto na primeira fase ocorre o auge das potencialidades da parceria multidimensional, caracterizando o triângulo estratégico, Brasil-Estados Unidos-China, na segunda, a gestão Dilma volta a oscilar entre a instrumentalização econômica e a aproximação estratégica, devido a sua inicial inclinação de maior acomodação com os Estados Unidos e o agravamento da situação interna brasileira. Na China, o período corresponde a dois governos: Hu Jintao (2002-2012) e Xi Jinping (2012-Atual).

Considerando a fase 2003 a 2010, ao agregar conteúdos político-estratégicos aos econômicos, a gestão Lula eleva o perfil das relações bilaterais em escala multidimensional. A ampliação de pautas focada na Cooperação Sul-Sul, que incluem demandas pela reforma da ordem internacional com maior participação dos emergentes e a criação de estruturas alternativas aos sistemas vigentes desde 1945 representa um salto qualitativo no movimento nascido nos anos 1950. Para o Brasil, esta realidade traz o desafio de coordenar os níveis bi e multilaterais da agenda com a China, às demais agendas de sua política externa ao Sul em meio a constantes pressões domésticas pela priorização do intercâmbio com os Estados Unidos. Este é um período, como visto nos capítulos anteriores, no qual a pauta é a retomada da assertividade global-multilateral. Porém, uma retomada à sombra do Ocidente e das vulnerabilidades nacionais.

Tais vulnerabilidades foram responsáveis pela consolidação das assimetrias entre as duas nações, com o Brasil emergente e a China potência. Um dos marcos desta fase, senão o mais relevante, como citado, em 2009, foi que a China tornou-se a principal parceria comercial individual do Brasil, assumindo o lugar ocupado pelos Estados Unidos desde o início do século XX. A China lidera o ranking das importações brasileiras e das exportações nacionais ao exterior, e se torna uma das maiores investidoras em infraestrutura e tecnologia no país. Portanto, um Brasil sem a China, até pelas opções econômicas realizadas pelo Brasil, é um país frágil economicamente.

Aparte os discursos políticos ou orientações estratégicas, a instrumentalização econômica da presença da China no Brasil é vital mesmo para os que usam de uma retórica negativa para defini-la. Dependendo do momento histórico dos anos 2000, este descolamento política-economia, e as oscilações estratégicas por conta da postura brasileira são presentes. Em certa medida, Lula relança as bases do intercâmbio para uma nova realidade internacional, mas a combinação desta realidade com as fragmentações domésticas torna o processo menos linear.

Uma das primeiras iniciativas do governo Lula em 2003 foi a sinalização de aprofundamento da parceria em termos político-estratégicos, a fim de quebrar o padrão unidimensional de agendas econômicas. Havia também clara preocupação em retomar as pautas de cooperação tecnológica que haviam perdido vigor no imediato pós-Guerra Fria devido aos cortes de gastos da gestão Collor de Mello principalmente. Estes cortes haviam atingido o projeto CBERS, que sofreu um processo de desaceleração e atrasos assim como diversos outros setores do desenvolvimento científico-tecnológico nacional, associados à dimensão securitária e de autonomia.

Rompendo o ciclo de estagnação, ocorre a reafirmação da cooperação científico-tecnológica no âmbito do CBERS-2. Além disso, novas metas de cooperação foram estabelecidas no âmbito deste projeto de satélites, para o longo prazo. Foi celebrada uma nova divisão de tarefas e responsabilidades financeiras neste programa tecnológico, agora estipuladas em 50-50 para cada parceiro. O projeto CBERS, até 2024, já conta com os CBERS: 1, 2, 2-B, 4, 4-A, 5 e o um novo planejamento para o desenvolvimento do CBERS-6. O objetivo era ir além do CBERS, incrementando parcerias tecnológicas.

Contudo, é o ano de 2004 que pode ser definido como o de ponto de virada das relações bilaterais, acompanhando a tendência do salto qualitativo da presença da China na América Latina. Neste ano, que representava o trigésimo aniversário da retomada das interações diplomáticas sino-americanas, o Presidente Lula visita a China, assim como Presidente Hu Jintao virá ao Brasil. Um dos marcos deste processo é a criação da Comissão Sino-Brasileira de Alto Nível de Concertação e Cooperação (COSBAN). Adicionalmente amplia-se a atuação dos Institutos Confúcio no país, como a ação de organismos da sociedade civil e redes de pesquisadores universitários.

No que se refere à COSBAN, como aponta Rocha (2024), ela institucionaliza a cooperação Brasil-China de forma permanente, consolidando a parceria estratégica em termos práticos. Até como discutido nos capítulos anteriores sobre os Estados Unidos, ao se falar em parceria estratégica, diálogo estratégico, etc, a impressão ao grande público e certos grupos de interesse, é de que estes mecanismos diplomáticos se consistem em apenas termos retóricos e inócuos que poucos efeitos práticos teriam. Isso passa por uma visão instrumental, e até imediatista, como tem se destacado, mas também pelo desconhecimento do papel que estas estruturas institucionalizadas exercem.

Em larga medida, revelam outro desconhecimento: o do papel do Estado na condução das relações bilaterais em sua multidimensionalidade de temas e de dimensões públicas e privadas. Desde a sua instalação, a COSBAN atua como facilitadora da ampliação das relações bilaterais Brasil-China, cobrindo uma variedade de pautas econômicas, sociais e políticas. Neste fórum permanente aprofundam-se e consolidam-se os quatro pontos apresentados por Zemin, e analisados neste capítulo, como essenciais para que a parceria estratégica construa-se de maneira sólida. As Sessões Plenárias possuem maior evidência como espaço desta negociações de alto nível, mas como citado, a COSBAN igualmente é uma facilitadora de espaços de negociação adicionais públicos e privados, agregando atores estatais e da sociedade civil.[5]

Ainda em 2004, foi criado o Conselho Empresarial Brasil-China (CEBC). Ambas as estruturas, de caráter permanente, surgiam para fortalecer o interesse mútuo em facilitar as relações diplomáticas, políticas e econômicas, entre o Estado, a sociedade e o setores de negócios. Juntam-se a esforços prévios como os da Câmara de Comércio Brasil-China, em um novo ambiente político-econômico. O foco do CEBC é no setor privado e associações empresariais, mas com aderência a pautas de negociação diplomática. Desde 2004, o CEBC consolidou-se como um centro de referência sobre as relações Brasil-China (https://www.cebc.org.br/). Adicionalmente, parcerias culturais e no âmbito universitário intensificam-se nas atividades dos Instituto Confúcio no Brasil.

[5] As Atas das Sessões Plenárias que ocorrem periodicamente desde 2006 (seguindo-se 2012, 2013, 2015, 2019, 2022 e 2024) podem ser encontradas na coletânea organizada por Castro e Loureiro (2024). Nota-se que, independente do "espaçamento" entre as Sessões, as relações bilaterais permaneceram ganhando dinamismo desde 2003, ainda que de forma não homogênea como se tem discutido ao longo do livro.

Apesar do clima de otimismo e celebração, uma movimentação do governo traria desconforto à parte do empresariado nacional: o reconhecimento da China como economia de mercado em 2004, e parte integrante da OMC. Já bastante atingido pelas políticas de liberalização anteriores, o setor industrial, de bens de baixo e médio valor agregado principalmente, alertou para os riscos de mais esta abertura econômica. Estes eram setores bastante afetados pela desindustrialização, que haviam apoiado a abertura de Collor, assim como as negociações da ALCA com os Estados Unidos, mas que avaliavam este passo frente à China como sensível. Também de forma contraditória serão estes mesmos setores que quando da reforma da política industrial tentada por Dilma, não darão suporte aos ajustes cambiais e se unirão ao setor financeiro e outros para a defesa do *impeachment* (Bastos e Hiratuka, 2020).

A explicação para esta diferença de postura reside em fatores subjetivos e objetivos. Os subjetivos relacionam-se à atração do mercado norte-americano e a promessa da modernização e os objetivos, ao perfil da projeção econômica chinesa e sua evolução: uma ampla variedade de produtos, em maior quantidade, e que haviam elevado seu padrão de qualidade com preços mais baixos que os do mercado nacional. A esta equação de produtos de baixo e médio valor agregado, irão somar-se os produtos de alto valor e tecnologia, tema que se torna mais presente no pós-2011.

A desindustrialização brasileira e latino-americana apenas expõe as diferentes opções de modelo socioeconomico escolhidas, demonstrando as vantagens comparativas obtidas pela China com seu planejamento estatal. Ainda assim, diferente dos Estados Unidos, onde a China surge como a grande "vilã" comercial como será discutido no Capítulo 5, as críticas ao país no Brasil e na América Latina caminham mais no sentido do campo ideológico-social do que no econômico. Isso não significa que estas críticas não existam, mas sim que são suplantadas, no campo econômico, pelos interesses dos setores beneficiados pela expansão chinesa, como o de *commodities* (agrícolas, pecuárias e minerais) e no pós-2010, o setor de infraestrutura (transporte e energia).

Como descrito no Capítulo 3, as receitas do comércio e investimentos provenientes da China beneficiavam estes setores e eram essenciais para a manutenção das contas públicas equilibradas, permitindo ao governo Lula dar continuidade a seu projeto de gastos sociais, sem quebrar o modelo do pacto com os setores do agronegócio, mineradoras e empresas de energia, infraestrutura e setor financeiro. Apesar da economia brasileira volta a crescer, o perfil do comércio com a China muda, sinalizando as assimetrias indicadas.

Contudo, um questionamento a este reconhecimento da China na OMC é pertinente: a ausência de reciprocidade em termos de apoio à inserção do Brasil em organismos multilaterais. Assim como a China, o Brasil possui reinvidicações de reforma das instituições internacionais, tema de convergência com este país, no BRICS e na CSS em geral. Entretanto, se caminham juntos na demanda por reformas amplas, no campo concreto de uma das principais demandas do Brasil, as duas nações se separam: qual seja, a candidatura do Brasil a uma cadeira de membro permanente ao CSONU.

A parceria estratégica foi levada ao nível de Diálogo Estratégico em 2007. Em 2008, Lula esteve presente na China para a abertura das olimpíadas, retornaria em 2009, mesmo ano da visita do então Vice-Presidente e futuro

Presidente Xi Jinping ao Brasil. A crise econômica global de 2008 contribuiria para adensar estas relações diplomáticas, principalmente no campo multilateral. Assim como nas relações bilaterais de Brasil com outros parceiros estratégicos emergentes, Rússia e Índia, o intercâmbio com a China, foi caracterizado por esta sobreposição bilateral-multilateral. Ainda assim, como indica Haibin (2010), denota-se certo cuidado na definição da parceria sino-brasileira como capaz de afetar os rumos da política internacional global.

No caso do multilateralismo, destacam-se as movimentações conjuntas destas nações nos G20 comercial e financeiro e sua coordenação política para demandar reformas no sistema de Bretton Woods, FMI e Banco Mundial. O elemento mais representativo desta nova dinâmica entre os emergentes são os BRICS, como adiantado no Capítulo 3. A Declaração final da I Cúpula de Ecaterimburgo em 2009,[6] ainda como BRIC, deve ser vista como um marco para a apresentação do grupo e seus objetivos, destacando a importância de criação de metas e espaços de Cooperação Sul-Sul voltados para o Sul, mas sem que isso signifique uma postura revisionista.

Este é um ponto central da agenda BRICS ao longo de sua história: compatibilizar as prioridades do Sul com a ordem internacional, mas ao mesmo tempo, buscar alternativas próprias de atuação. De forma provocativa, o BRICS poderia ser definido como buscando a construção de um mundo pós-hegemônico e/ou pós-americano, baseado em novos pilares de cooperação multilateral, lado a lado com as instituições do pós-1945, reformadas para dar conta dos novos equilíbrios de poder nascentes.

No último ano do governo Lula, em 2010, ocorre a visita do Presidente Hu Jintao ao país. Foi assinado o Plano de Ação Conjunta Entre o Governo da República Federativa do Brasil e o Governo da República Popular da China 2010-2014.[7] A linguagem que abre o Plano de Ação Conjunta ressalta alguns elementos-chave da política externa chinesa, como a coexistência, os ganhos mútuos, o pragmatismo e a igualdade, compartilhados historicamente pelos dois países.

Este plano buscava solidificar a nova estrutura político-econômica-estratégica das relações bilaterais, traçando metas conjuntas para a cooperação comercial e a atuação da China no setor de infraestrutura e tecnologia. A facilitação do ambiente de negócios e o interesse em trazer mais investimentos da China ao Brasil e o aumento de contatos entre empresas brasileiras-chinesas era um dos elementos inovadores nesta meta. Mais especificamente, as áreas previstas para a cooperação eram: política, econômica-comercial, energia e mineração, econômico-financeira, agricultura, supervisão de qualidade, inspeção e quarentena, indústria e tecnologia da informação, cooperação espacial, ciência, tecnologia e inovação, cultural e educação. Trata-se, portanto, de uma agenda ambiciosa e ampla, visando metas de médio e longo prazo, que se estenderiam ao próximo governo, que tomaria posse em Janeiro de 2011. E, no

[6] Desde 2009, os BRICS reúnem-se, sem interrupção, em Cúpulas anuais de Chefes de Estado, entremeadas por intensas negociações diplomáticas e grupos de trabalho. Cronologicamente, até maio de 2024 foram realizadas as seguintes Cúpulas dos BRICS: Brasília (2010), Sanya (2011), Nova Délhi (2012), Durban (2013), Fortaleza (2014), Ufa (2015), Goa (2016), Xiamen (2017), Johanesburgo (2018) Brasília (2019), São Petersburgo (2020), Nova Delhi (2021), Beijing (2022) e Johannesburg (2023). Para 2024, a Cúpula está prevista para Kazan, na Rússia. Devido à pandemia do COVID-19, as reuniões de 2020, 2021 e 2022 foram virtuais.

[7] Para a versão completa do Plano ver Castro e Loureiro, 2024.

caso, um governo que seria de continuidade, devido à vitória de Rousseff nas eleições presidenciais.

Este período Lula (2003-2010) corresponde à expansão inicial da influência da China na América Latina, tendo dois marcos importantes: o citado ano de 2004 e o de 2008.Existe uma convergência tanto da política externa e da China e do Brasil no interesse em reforçar sua relação bilateral, como de uma maior projeção da China na América Latina.

Entre 2004 e 2008, a China realiza uma aproximação tentativa no hemisfério como um todo, enquanto aprofunda as relações com o Brasil. Esta dinâmica "tentativa" refere-se justamente a observar quais seriam as potenciais reações norte-americanas a sua presença e qual era a receptividade da região a suas ofensivas diplomáticas. Além disso, neste período, é um momento no qual existe maior predomínio do triângulo estratégico Estados Unidos-Brasil-Venezuela. Porém, dentro deste triângulo, Brasil e Venezuela mostram-se receptivos à China e os Estados Unidos não-reativos no curto prazo a estes novos arranjos bilaterais. Adicionalmente, prevalece, da parte de alguns países latino-americanos, maior prioridade aos Estados Unidos (Chile, Colômbia na América do Sul, e as nações da América Central).

Mesmo nos países mais próximos aos Estados Unidos, a recepção à China na América Latina acaba se revelando bastante positiva. Em 2004, isso pode ser percebido com a receptividade ao líder chinês Hu Jintao na região, quando da realização de um abrangente *tour* diplomático. Por meio de uma Diplomacia de Cúpulas na América do Sul e na América Central, e reforço de laços bilaterais, a China estabelece importantes acordos comerciais e aproximações políticas com países locais. Sem chamar a atenção dos Estados Unidos por sua tática, mas também em um contexto de vácuo de poder norte-americano, o crescimento da presença da China é cuidadoso e não confrontacionista. E, rapidamente, o que era uma ação gradual, torna-se uma projeção rápida e densa, principalmente no campo econômico (Zhu, 2013).

Em 2008, esta trajetória resulta em um documento estratégico inédito da China para a região um *White Paper* intitulado "China´s Policy Paper on Latin America and the Caribbean" (China Daily, 2008).[8] Neste texto, a China reafirma seu compromisso com políticas não-hegemônicas e de desenvolvimento, baseadas no DPH, agora aplicadas à América Latina e ao Caribe. Em 2016,[9] uma segunda edição deste documento foi divulgada, não somente reafirmando as diretrizes do anterior no que se refere à cooperação, ao desenvolvimento, ao ganho-ganho e o respeito mútuo à soberania, como dando destaque às novas estruturas de relacionamento existentes. Já na etapa correspondente ao governo Dilma Rousseff, em 2014 foi estabelecido o Fórum China-Celac.

Neste meio termo, em 2013, a China teria mais uma alteração em seu governo com a posse Xi Jinping como líder do país e o lançamento da Iniciativa do Cinturão e da Rota (BRI) no mesmo ano (também conhecida como Nova

---

[8] China Daily, "Full text: China's Policy Paper on Latin America and the Caribbean (Xinhua)". Disponível em: https://www.chinadaily.com.cn/china/2008-11/06/content_7179488_2.htm. Acesso em 20 de maio de 2024.

[9] The State Council. The People´s Republic of China. Full text: China's Policy Paper on Latin America and the Caribbean (Xinhua). Disponível em: https://english.www.gov.cn/archive/white_paper/2016/11/24/content_281475499069158.htm#:~:text=In%202008%2C%20the%20Chinese%20government,Latin%20American%20and%20Caribbean%20countries. Acesso em 20 de maio de 2024.

Rota da Seda). A entrada da BRI na América Latina será mais forte no pós-2016, como será analisado no Capítulo 5. Pode-se indicar que tanto para o mundo, como para a América Latina, a chegada de Xi ao poder representou mais um salto qualitativo na política externa da China, consolidando sua condição de potência no século XXI.

Analisando este salto, observa-se o estabelecimento de um novo paradigma, sustentado em assertividade e ativismo, denominado de "busca de conquistas". Em inglês, esse paradigma encontra-se representado pelo acrônimo SFA — *Striving For Achievements* — e traz a quebra definitiva do KLP. O SFA baseia-se nos princípios acumulados das relações internacionais da China, de Coexistência Pacífica, Desenvolvimento e Cooperação Sul-Sul, acrescentando uma ação mais decisiva da China na defesa de seus interesses e na afirmação de seu lugar de direito no mundo.

Embora muitos analistas (Alisson, 2020; Mearsheimer, 2019) definam o SFA, e as novas ações chinesas, como uma quebra da ascensão pacífica, a China mantém a sua postura como nação não-hegemônica e não-confrontacionista. A visão global da China prioriza a construção de um sistema internacional multipolar, que reconhece as transformações existentes no equilíbrio de poder que apontam a sua desconcentração e dispersão mundial. Na avaliação da China, o eixo Norte-Ocidente deve compreender esta transformação, reconhecendo a ascensão do eixo Sul-Oriente no sistema internacional como relevante.

Esta postura é uma das mais relevantes na visão do governo Xi, baseada na "diplomacia de grande potência com características chinesas" (Poh and Li, 2017). O objetivo é o estabelecimento de um relacionamento de coexistência entre as potências, valorizando, uma cooperação baseada em respeito mútuo, desenvolvimento e ganhos relativos, parcerias e novas estruturas de poder bi e multilaterais, assim como uma nova visão e arquitetura de segurança. A busca da coexistência, contudo, é acompanhada de um claro sentido de consolidação do poder nacional, interna e externamente, deixando claro que a China não buscará o confronto. Pendente as ações dos outros Estados, a China também não cederá às pressões ou abrirá mão de seus interesses, preservando sua identidade soberana e autônoma.

Destes componentes, derivam como pilares do SFA o rejuvenescimento nacional, associado ao fortalecimento estratégico da China no campo militar, estabelecendo um sistema de defesa sólido, a reafirmação do orgulho e do sonho chinês da prosperidade e do desenvolvimento, com foco na criação de uma Comunidade de Destino Comum (CDC) na Ásia. Um dos princípios que passa a ser bastante trabalhado é o de Tianxia, a ideia de que toda a humanidade vive sob um mesmo céu, e compartilha valores universais de paz e compreensão entre os povos (Poh and Li, 2017). A agenda do rejuvenescimento nacional em termos de modernização militar será atualizada ao longo da década de 2020 devido ao agravamento da situação geopolítica mundial, estabelecendo-se um plano de elevação do poder estratégico até 2027.

Para dar conta destas metas, e estabelecendo um caminho de planejamento estatal a ser seguido, a China estabelece também os objetivos de um novo salto qualitativo em sua economia e sociedade. No âmbito deste planejamento, destaca-se o Plano Quinquenal 2025, visando a capacitação da China, e sua autossuficiência, em todos os setores da indústria conhecido como China 2025 ou *Made in China* (2025). A China buscava tornar-se a "fábrica do mundo", dominando a produção de todos os setores industriais de baixo, médio e alto valor agregado. Ao se tornar um hub produtivo, o país estaria à frente das cadeias globais de valor.

Atrelando ao 2025, no campo da alta tecnologia, encontram-se as metas do China 2035 (14° Plano Quinquenal 2021-2025) focados nos setores de ciência, inovação e meio ambiente. Neste sentido, o avanço da China na ciência, tecnologia e inovação fazem parte da Economia do Novo Projetamento (Jabbour e Moreira, 2024), na qual o desenvolvimento das tecnologias de ponta, associado à agenda político-estratégica consolidaria o Estado chinês nos campos das agendas relativas à Inteligência Artificial, 5G, dentre outras. Um aspecto também relevante a ser destacado é a combinação de esforços de empresas chinesas privadas com as empresas chinesas pertencentes ao Estado (*Chinese State-Owned Enterprises*) nestes esforços. Estas características fortalecem o caráter desenvolvimentista do Estado chinês para dentro e para fora, como um empreendimento conjunto de seu Estado, empresas e sociedade.

Uma das metas mais significativas é, até 2049, centenário da Revolução, levar a China ao patamar mais elevado de desenvolvimento social e econômico. Esta meta relaciona-se à realização plena do Sonho Chinês em torno de uma sociedade próspera, autossuficiente, soberana e íntegra. Ressalta-se neste campo as ideias da harmonia, da paz e da coexistência como componentes que tem sempre estado presentes na lógica das políticas chinesas, interna e externa.

Embora não se esteja aprofundando cada um destes planos em detalhamento nestas páginas, o objetivo maior é justamente contrastar a opção da China à brasileira neste momento. Mesmo que os governos Lula e Dilma tenham, mesmo que de forma incipiente, tentado retomar políticas de ciência, tecnologia, inovação e industrialização, não houve uma recuperação destes setores e a economia manteve seu caminho de reprimarização. Ou seja, opõem-se a "fábrica do mundo" da China ao "celeiro do mundo" no Brasil. Sobre o papel do Brasil como "celeiro do mundo", uma discussão que ganha cada vez mais densidade, é a do país como pivô da segurança alimentar chinesa, a ser analisada no Capítulo 5.

Independente da China possuir uma política de desenvolvimento conjugado e ganhos relativos, cabe aos países receptores de ajuda e/ou parceiros bilaterais, também possuírem agendas domésticas que permitam buscar ganhos e criar condições para usufruir dos potenciais benefícios oferecidos pela China ou, eventualmente, pelos Estados Unidos. A questão, e esse debate estará mais presente no Capítulo 5, é se a retomada da barganha ou a efetiva triangulação estratégica é possível e/ou viável dentro do sistema internacional e as condições geopolíticas e geoeconômicas do Brasil em tal contexto. Uma das discussões mais sensíveis sobre este processo envolverá, inclusive, a BRI. Mas, efetivamente, o que é a BRI?

Em linhas gerais, a BRI é um projeto de interconectividade terrestre e marítimo (os dois cinturões) baseado na Ásia, Europa e África, tendo a China como pivô do desenvolvimento eurasiano. O foco não era apenas comércio, mas sim a consolidação de projetos conjuntos bi e multilaterais de infraestrutura, logística de transporte, tecnologia e exploração de recursos estratégicos. Aponta-se que a BRI era uma externalização do desenvolvimento chinês, visando matizar as dificuldades internas geradas pela superprodução de bens e saturação de setores como a construção civil. A ideia era "exportar" desenvolvimento para manter a economia crescendo, devido ao "excesso de capacidade" (*overcapacity*) doméstica.

Na prática, a BRI é uma somatória de todas estas visões que compõe um tripé geopolítico e geoeconômico de interconectividade baseado na modernização e inovação. De um ponto de vista mais geral, o tripé sustenta-se em torno de três grandes temas (e seus desdobramentos mais específicos): desenvolvimento, comércio e infraestrutura. Para a sua consolidação, a BRI foi pensada em dois cinturões, compostos de cinco rotas. As rotas em terra e mar, que surgem como sobrepostas são: na terra, China, Europa, Ásia Central, Rússia, Oriente Médio, Sudeste Asiático, Ásia Meridional e OceanoÍndico e, no mar, Mar do Sul da China, Oceano Índico e Pacífico, além do acesso aos portos europeus.

Para isso, estão em andamento seis corredores: Nova Ponte Terrestre Eurasiana, China-Mongólia-Rússia, China-Ásia Central-Ásia Ocidental, China-Península da Indochina, China-Paquistão e Bangadlesh-China-Mianmar. Iniciado em 2013, o projeto é financiado pelo Banco Asiático de Investimento em Infraestrutura (BAII) e tem na Agência de Cooperação Internacional para o Desenvolvimento da China (CIDCA) um ponto de apoio desta e outras iniciativas globais chinesas. A CIDCA, no caso, será criada em 2018, como uma agência guarda-chuva para a atuação chinesa no setor de ajuda externa e investimentos.

Bastante extensa, e que não será aqui detalhada, a literatura sobre a BRI varia desde uma crítica aberta a seus propósitos, na linha do "novo imperialismo chinês" e da "armadilha da dívida" (Singh, 2020), até uma análise que aponta sua relevância para políticas de desenvolvimento Sul-Sul (Carmody and Rebotedo, 2022). No campo das críticas, principalmente dos Estados Unidos (tendo em vista a participação de diversos países europeus como Itália, Holanda, Alemanha, na BRI), indica-se que a China "troca" as condicionalidades políticas por econômicas. Entretanto, o que estas críticas obscurecem na maioria das vezes, em particular nesta fase inicial do projeto, é que a China ocupa um vácuo de políticas de ajuda e promoção do desenvolvimento em países do Sul, deixado tanto pelos Estados Unidos quanto pela Europa.

Outro ponto chave, é que as práticas de atrelar desenvolvimento-parceria-comércio-finanças para gerar interdependência e relações preferenciais não é uma inovação chinesa, mas possui precedentes no próprio Ocidente. Tais práticas foram aplicadas, em certa medida, pelos Estados Unidos no pós-Segunda Guerra Mundial, na reconstrução dos países aliados, em particular na Europa Ocidental (Plano Marshall, 1947) e na Ásia (Japão, Taiwan, Coreia do Sul). Essa tática permitiu aos Estados Unidos reforçar seu sistema de alianças político-estratégicas, assim como a estabilidade e prosperidade econômica do bloco ocidental.

Havia uma espécie de divisão de trabalho: enquanto os Estados Unidos dedicavam-se a prover segurança aos aliados, os mesmos desenvolviam-se e modernizavam-se, gerando uma frente dupla de enfrentamento e estrangulamento à União Soviética na Guerra Fria. Guardadas as proporções, a própria China beneficiou-se desta lógica da bipolaridade nos anos 1970. Ao retomar os laços com os Estados Unidos e ao lançar seu processo de modernização inseriu-se nesta "divisão de trabalho', beneficiando-se geoeconomicamente. Embora não pertencesse ao bloco ocidental stricto sensu à medida que não abria mão de seu sistema político, beneficiava-se dos recursos e do mercado norte-americano para seu crescimento.

A China busca táticas e estratégias similares já utilizadas pelo Ocidente, mas as atualiza e traz uma nova lógica de CSS a elas atrelada. Desta forma, não cresce por meio da confrontação nem nos primeiros estágios do DPH e nem na BRI, mas sim na ausência de ações das nações desenvolvidas na promoção destas políticas. E esta ausência é resultado de duas dimensões interdependentes: da perda de relevância deste tipo de política como meio de projeção externa dos interesses do eixo Estados Unidos-União Europeia, devido a mudanças táticas e de interesse no pós-Guerra Fria e da mudança do seu modelo político-econômico-social doméstico que deslocou para a iniciativa privada as ações neste campo, diminuindo o papel do Estado na lógica neoliberal.

No caso da América Latina, a BRI terá a mesma dinâmica do processo do *going-out*: como indicado, o projeto chegará mais tardiamente, acelerando a partir de 2016-2018. Entretanto, de 2003 a 2016 como se procura indicar neste item, o Brasil e outros países do hemisfério já trabalham em agendas bilaterais com a China nas áreas previstas da BRI e do comércio. No Capítulo 5, estes e outros temas associados à BRI e às contrarreações globais e regionais dos Estados Unidos a ela serão abordadas, assim como os impactos das mudanças políticas na América Latina com o esvaziamento do ciclo progressista.

Porém, diferente dos países ocidentais, principalmente dos Estados Unidos, que possuem agendas de promoção da democracia, mudança de regimes e condicionalidades político-estratégicas, a China foca na prática da cooperação para o desenvolvimento (que, como indicado, é por vezes criticada como forma de esconder condicionalidades econômicas). Mudanças de regime político em parceiros pode desacelerar ou criar dificuldades, mas não necessariamente levam a rompimentos de agendas.

As diretrizes desta prática, associam-se aos princípios da não-intervenção e não-ingerência, a partir de um prisma de nações do Sul e periféricas em busca de autonomia e soberania. A identidade compartilhada é a da modernização e da preservação da liberdade e da integridade política, sem a apresentação de condicionantes ou demandas por um determinado tipo de governança. O termo utilizado para se referir a esta dinâmica é o de *no strings attached*, i.e., sem obrigações atreladas. Portanto, independente do regime político, a política externa da China guia-se por interesses.

Caso exista a convergência ideológica, mais positivo pode ser o relacionamento e encontrar mais facilidade de expansão ou aprofundamento multidimensionalmente. Porém, se não existir esta convergência não é nem obrigatório, nem necessário ou inevitável o rompimento: afinal, sé uma interação bilateral pode ser instrumental para um país obter ganhos econômicos da China, ela também pode ser instrumental para que a China garanta seus benefícios. Esta tendência se torna presente na América Latina com o declínio da Onda Rosa, e a ascensão de governos de centro e extrema-direita na região (no qual se inclui o caso brasileiro). Muitas vezes revela as contradições destes governos que criticam a China, mas ao mesmo tempo, dependem de seus recursos financeiros. Entretanto, a unidimensionalidade econômica pós-2016 não se configurou impedimento para a crescente presença da China na América Latina, ou barrou seus avanços.

Entre 2004-2008, o avanço chinês no Brasil e na América Latina é bastante rápido e significativo, tanto pela convergência político-estratégica, quanto pela necessidade econômica regional. De relacionamentos até incipientes em termos econômicos com a maioria dos países locais no século XX, a China se torna a primeira, segunda ou terceira maior parceria da maioria (Gallagher and Porcezanski, 2010). Mesmo países com tratados de livre comércio existentes ou em negociações com os Estados Unidos como Chile, Peru, Colômbia, os membros do CAFTA-DR aproximam-se da China. Em 2006, 2010 e 2011, Chile, Peru, Costa Rica assinam tratados bilaterais de livre comércio com a China. Por sua vez, no Brasil, a China, como citado, assumia o posto de principal parceira comercial.

Diante deste quadro, puderam ser observadas as reações iniciais dos Estados Unidos a estas movimentações e as do Brasil. Como abordado no Capítulo 3, esta contrarreação hegemônica concentra-se no campo securitário. Em termos práticos, isso pouco afeta a China nos setores prioritários de sua presença regional: *commodities* e infraestrutura. As primeiras políticas norte-americanas neste campo seriam apresentadas no mandato de Donald Trump a partir de 2017.

A passagem do governo Lula a Dilma e o início da segunda fase das relações bilaterais 2011-2016, parecia começar sob um signo positivo por conta desta maior intensidade da China na América Latina e dos avanços do intercâmbio como o Plano de 2010. Desta forma, pareciam existir caminhos para a continuidade do padrão multidimensional. Entretanto, os ajustes promovidos pela gestão Dilma na política externa e seu relativo baixo perfil acabaram trazendo um teor instrumental à parceria em alguns momentos do ciclo 2011-2013.

À primeira vista esta pode ser uma afirmativa questionável, pois um breve exame das iniciativas e contatos bilaterais, assim como o crescimento dos indicadores econômicos mostraria apenas o aprofundamento da agenda. Neste âmbito, para comprovar o equívoco desta afirmação poderiam ser citados ao longo do período intensa agenda de vistas bilaterais: a visita da Presidente Dilma Rousseff à China em 2011, a vinda do Primeiro-Ministro Wen Jiabao ao Brasil em 2012, a visita de Estado de Xi Jinping em 2014 e em 2015 do Primeiro-Ministro Li Keqiang ao Brasil. Além disso, ocorreu intensa atividade do BASIC (Brasil, África do Sul, Índia e China) para as negociações ambientais em termos multilaterais e, em 2012, a elevação do Diálogo Estratégico Global para o status de Parceria Estratégica Global e a assinatura do Plano Decenal de Cooperação Entre o Governo da República Federativa do Brasil e o Governo da República Popular da China (2012-2021).

Com relação ao Plano Decenal 2012-2021, o texto visa definir, a partir do Plano de Ação Conjunta com previsão de término inicial em 2014, áreas prioritárias de cooperação. A ideia era criar pontos focais para os esforços bilaterais, dentro das seguintes linhas: "Ciência, Tecnologia, Inovação e Cooperação Espacial; Minas, Energia, Infraestrutura e Transportes; Investimentos e Cooperação Industrial e Financeira; Cooperação Econômica e Comercial; Cooperação Cultural, Educacional e Intercâmbio entre os povos" (Castro e Loureiro, 2024, p. 450).

Além disso, seguiu-se em 2013 a assinatura do Plano Decenal de Cooperação Espacial (2013-2022), com especial atenção ao projeto CBERS. Deve-se destacar, como aponta Dantas (2024), que além do CBERS, este é um período profícuo do estabelecimento de parcerias em outros setores de desenvolvimento tecnológico com destaque ao: "Centro China-Brasil de Mudança Climática e Tecnologias Inovadoras para Energia, o Centro Brasil-China de Pesquisa e Inovação em Nanotecnologia (CBCIN) e o Laboratório Virtual da Embrapa no Exterior (Labex)" (Dantas, 2024, p. 198).

Uma outra agenda pouco conhecida, é o da colaboração científica Brasil-China na Antártica. Como visto anteriormente, o Brasil é um dos países participantes do STA, assim como a China, na categoria de membro consultivo. Em 2012, um dos pilares da pesquisa Antártica brasileira, a Estação de Pesquisa Comandante Ferraz pegou fogo. A sua reconstrução, e reinauguração em 2020, ocorreu em cooperação com a China e ambos os países realizam esforços multilaterais no sentido de revisão do STA em um cenário de mudanças de poder e crises ambientais (Gei, Giannattasio, Peiqing, 2023).

Apesar de todos estes esforços para sinalização e formalização do aprofundamento das relações bilaterais, as crises domésticas do governo Dilma acentuadas em 2013 começam a colocar em xeque a multidimensionalidade do intercâmbio conforme concebido na gestão Lula. Apesar da manutenção da retórica da CSS, há um esvaziamento desde 2011, como visto, de pautas mais demandantes de reforma da ordem internacional. Desta forma, embora o ciclo Dilma Rousseff seja um período de dinamização dos contatos econômicos Brasil-China, há um distanciamento e relativa instrumentalização da parceria. No contexto da política externa do biênio 2011-2013 encontra-se ausente uma maior disposição do Brasil em tornar-se mais visível.

Esta situação somente se altera no eixo Sul, e perante a China, no segundo semestre de 2013 devido às crises enfrentadas por Dilma no país, e com os Estados Unidos, quando as relações internacionais voltam a ser percebidas como âncoras de sustentação e visibilidade. O ano de 2014 leva a uma maior cooperação no âmbito do Fórum China-CELAC e nos BRICS, entre os meses de Junho e Julho. Com isso, prevalecia uma visão de adensamento do multilateralismo em nível regional e global, simultâneo aos esforços bilaterais Brasil-China.

Em termos regionais, o Fórum China-CELAC institucionalizava uma estrutura de cooperação entre as partes sino-latino-americanas, trazendo atrelada uma carteira de investimentos e projetos de assistência para a região. A partir da institucionalização, o objetivo era replicar dinâmicas similares as do Fórum China-África, com reuniões trienais e planos de desenvolvimento. Em 2014, foi lançado um Plano de Cooperação 2015-2019, sustentado nos seguintes pilares: comércio e investimentos, projetos de infraestrutura, energia e recursos naturais, indústria, ciência e tecnologia, educação e capacitação de recursos humanos (Abrão, 2023). No campo do comércio e investimentos, estabeleceu-se o Fundo de Cooperação China-América Latina-Caribe, com o objetivo de financiar projetos de cooperação nos pilares mencionados.

Desde o início da década de 2010, o montante de investimentos chineses na América Latina crescera, compondo cerca de 15% do destino destes recursos. No caso do Brasil, os investimentos chineses diretos concentravam-se no setor de exploração de recursos naturais, seguido pelo setor de manufatura e serviços. De acordo com Kalout e Costa (2022), o crescimento dos investimentos é bastante significativo para o Brasil e a região na primeira década do século XXI, ainda que fique distante dos esforços empreendidos pela China na Eurásia.

No âmbito global, a Cúpula dos BRICS realizada em Fortaleza 2014, paralela à Copa do Mundo no Brasil, trouxe importantes conquistas para esta aliança em sua pauta de reforma do sistema de Bretton Woods. Nesta Cúpula, foi estabelecido o Novo Banco do Desenvolvimento (NBD), também conhecido como Banco dos BRICS, voltado à Cooperação Sul-Sul. Trata-se de uma quebra importante no monopólio FMI-Banco Mundial e em suas práticas. O NBD era uma iniciativa de nações do Sul, voltado a nações do Sul que visava:

> I. Financiar projetos sustentáveis de infraestrutura, públicos ou privados, nos países BRICS e outras economias emergentes e em países em desenvolvimento, através da provisão de empréstimos, garantias, participação no capital e outros instrumentos financeiros; II. Cooperar com organizações internacionais e entidades nacionais públicas ou privadas, sobretudo instituições financeiras internacionais e bancos de desenvolvimento nacionais; III. Proporcionar assistência técnica para a preparação e implementação de projetos sustentáveis de infraestrutura a serem apoiados pelo NDB; IV. Apoiar projetos sustentáveis de infraestrutura envolvendo mais de um país; V. Estabelecer Fundos Especiais para atender a seus propósitos (BAUMMAN, 2017, p. 292).

Outro ganho foi o estabelecimento do Arranjo Contingente de Reserva (ACR), mecanismo para o gerenciamento de crises externas. O ACR é um fundo de reservas financeiras, que poderia ser acessado pelos países em dificuldades, composto por contribuições dos BRICS. Esta dinâmica, assim como o NBD, permitiriam aos Estados focar em pautas de desenvolvimento e crescimento, sem a imposição de condicionalidades ou medidas restritivas no campo social-econômico.

Após esta intensificação de esforços em 2015 foi lançado o Plano de Ação Conjunta Brasil-China (2015-2021),[10] que reafirma o caráter estratégico global da parceria e procura "Estabelecer metas precisas e objetivas, baseadas em iniciativas específicas, para cada uma das áreas de cooperação" (Castro e Loureiro, 2024, p. 488). Comparativamente com os planos anteriores, a agenda 2015-2021 de fato surge como mais concreta em termos políticos, reafirmando o caráter global da parceria por meio de articulações nos BRICS, ONU, OMC, e mecanismos como o BASIC. No campo regional, a importância política da convergência de metas estratégicas é apontada na importância de que Brasil e China trabalhem juntos para a consolidação das estruturas do Fórum China-CELAC e para a interação ampliada entre a Ásia e a América Latina por meio do Fórum de Cooperação América Latina-Ásia do Leste (FOCALAL). Em matéria estratégica, deve-se ainda mencionar a cooperação militar entre os dois países.

O Plano entra em temas bastante concretos das demais áreas de cooperação conforme originalmente estabelecidas nos planos de 2010-2012, definindo

[10] Os documentos integrais dos Planos podem ser encontrados em Castro e Loureiro, 2024.

setores de ação preferencial: transporte ferroviário, agricultura, desenvolvimento sustentável com especial atenção à transição energética verde, e as áreas tradicionais de parceria comercial, financeira e cultural, além a inovação em ciência e tecnologia.

Pode-se interpretar o Plano de 2015 de duas maneiras: uma prova de que o relacionamento bilateral continua em uma crescente por um lado e, por outro, uma reafirmação, da parte do governo Dilma do projetos sino-brasileiros, visando a instrumentalização da política externa para a sustentação da política interna em um momento de crescente crise interna. Ambas as interpretações são verdadeiras e revelam a continuidade da presença da China no país e o seu aumento na infraestrutura e nos investimentos diretos. Um dos grandes símbolos destes projetos era a construção da ferrovia bioceânica que permitiria, por meio da cooperação sino-brasileira, no âmbito da América Latina, e em acordo com outras nações locais como o Peru, consolidar a saída marítima para o Pacífico. No caso, até 2024, este projeto continua caminhando.

Conforme destacam Søndergaard, Barros-Platiau e Park (2022), o ano de 2015 representa uma tendência de alta dos investimentos chineses no Brasil, contemplando tanto interesses mútuos quanto o dilema do "excesso de capacidade". Identificado como um dos motores da BRI este dilema também era acompanhando pelas demais demandas do interesse chinês no Brasil, associadas à contínua busca de mercados consumidores e insumos. No caso brasileiro, os principais setores de atuação da China no país são, especificamente: infraestrutura, construção e energia.

Além da questão da externalização do desenvolvimento chinês como forma de sustentar a economia doméstica chinesa ser relevante neste processo de expansão, ele não é o único motivador para as relações bilaterais nestes campos de infraestrutura, construção e energia. Se a China possuía a "overcapacity", o Brasil possui "undercapacity": baixa capacidade de investimentos em setores estratégicos e pontos de estrangulamento que dificultam duplamente sua capacidade cotidiana de prover serviços de qualidade a sua população em energia, transportes, telecomunicações (i.e. o núcleo da infraestrutura), como de inserir-se de forma efetiva nas cadeias de valor globais. A perda de capacidade do Estado em investir no desenvolvimento, a ausência de políticas públicas de planejamento, a privatização e a desregulamentação de setores estratégicos, somadas às claras limitações do setor privado (e mesmo de interesse) em investir em demandas de infraestrutura criam um vácuo e necessidades nos quais a China pode crescer.

Como apontam Søndergaard, Barros-Platiau e Park (2022), a expansão dos investimentos chineses coincide com o agravamento da crise política interna por conta do desmonte da atuação das "campeãs nacionais" e o ataque sistemático às políticas empreendidas nos mandatos Lula-Dilma. Esse fator também gera impactos na capacidade brasileira de agir nos setores-chave, gerando, assim como os movimentos anteriores dos anos 1990, um espaço de margem de manobra chinesa. Os autores apontam que o setor de energia foi um dos prioritários deste movimento de entrada de capitais e empresas chinesas, assim como o de infraestrutura.

Entretanto, não foi só a crise que mudou este perfil de investimentos. Desde 2010 já se percebia um acréscimo de investimentos chineses diretos no

Brasil. Conforme dados trazidos por Cariello (2023), a primeira década do século XXI foi essencial na consolidação desta parceria, que já demonstrava seu potencial. Entre 2003-2007, o país já ocupava o segundo lugar no ranking dos países latino-americanos que mais recebiam investimentos da China (o primeiro era o Equador), e assumiria o posto de principal destino de investimentos em 2008, situação na qual permaneceu até 2017.

Um ponto muito relevante apontado por Cariello (2023) é que o ciclo 2008-2017 apresenta um incremento na correlação entre investimentos previstos e efetivados no país. Em termos concretos isso significa que existiu uma dinâmica real de entrada de aportes de investimentos da China no Brasil. Esta elevação responde a críticas de que os investimentos externos seriam apenas promessas não realizadas, observando-se a sua concretização. Somente para ilustrar, com base nos dados apresentados por Cariello (2023), de forma comparada, em 2010, efetivaram-se cerca de 36% dos valores prometidos em investimentos, em cerca de 57% dos projetos, enquanto em 2016 os números sobrem para 67% de recursos e 75% dos projetos.

Ao mesmo tempo, há um aumento de recursos e projetos neste ciclo, que seguirá uma tendência reversa entre 2017-2020 e, depois, de lenta recuperação entre 2021-2023. Isto se reflete no fato de que na fase 2018-2023, o país caiu apenas para a quarta posição de receptor de investimentos chineses na América Latina, por uma combinação de fatores político-estratégicos associados às mudanças de vetores externos da agenda brasileira (e as instabilidades domésticas decorrentes das crises econômica, social e política destes anos, a pandemia do covid-19 (2020-21) e a realocação das prioridades chinesas dentro da América Latina, do setor de energia para a mineração e tecnologia, como aponta Cariello (2023). Os dados trazidos pelo autor apontam que Chile, Peru e México tornaram-se os principais receptores de investimentos do período.

Politicamente, a gestão Dilma pouco conseguia colher os frutos político-estratégicos deste movimento, sendo os picos de investimentos e consecução de projetos alcançados entre 2013-2014. A despeito de sua reeleição em 2014, em um cenário já polarizado, de um ponto de vista realista, o biênio 2015-2016 apresenta-se de forma dual: um incremento da presença chinesa em todos os setores no país em termos econômicos e o esvaziamento da agenda político-estratégica do governo Dilma, já em seus últimos momentos no poder, favorecendo os aspectos instrumentais da parceria.

Existe uma inércia do lado brasileiro, que tende a acentuar relações de dependência dentro da parceria e que se amplia para outras agendas de política externa. Assim, ainda que haja uma opção por reativar uma pauta de alta perfil, até para fortalecer o governo, esse processo não é passível de consolidação devido aos constrangimentos políticos domésticos. Porém, independente do momento sensível da gestão do PT, as relações Brasil-China continuaram crescendo do ponto de vista econômico, com o legado de um novo perfil destas relações e da política externa no período depois do impeachment, tema do Capítulo 5. Neste sentido, o ano de 2016 traz uma mudança de perfil das relações internacionais do Brasil.

Até 2016, pode-se indicar a existência de um triângulo estratégico regional Estados Unidos-China-Brasil, mas o Brasil como um destes vértices apresenta uma trajetória menos linear e mais frágil. O *impeachment* em 2016 e a facilidade da desconstrução da política externa são tanto sintomas quanto resultados das fragmentações e oscilações nacionais. Assim como no caso dos Estados Unidos, seja no governo Lula ou no de Dilma, há diante da China um descolamento estratégico entre a percepção do que a relação pode oferecer ao Brasil positivamente e de seus riscos e custos.

Tal descolamento relaciona-se à superestimação realizada pelo Brasil de seu peso para a China (Pecequilo, 2019a). Outro elemento que pode ser acrescentado ao descolamento estratégico é a superestimação do Brasil de sua capacidade de competir com os projetos deste país no âmbito Sul-Sul (subestimando seus riscos e custos principalmente na América do Sul). Outro ponto a ser considerado, que é o tema deste livro, é a subestimação, por parte dos governos do PT, da oposição à política externa de prioridade ao eixo Sul-Sul de setores da sociedade brasileira, devido à divisão tradicional "entre os mundos". Embora essa subestimação tenha sido mais acentuada em Lula, até porque a sua gestão tinha nas relações internacionais um pilar importante de seu projeto de nação, o que foi colocado em segundo plano no governo Dilma, o processo de contrarreação interna é parte do ciclo de disputas que culmina no impeachment.

Predomina, como aponta Biato Jr (2010), uma visão de curto prazo instrumental da parte do Brasil, de esperar resultados imediatos das parcerias econômicas. A expectativa de que a China possa se tornar uma via rápida de ganhos imediatos ou uma parceira incondicional do país associa-se a esta superestimação. O outro lado do espelho da "superestimação" do Brasil é a não percepção das assimetrias diante da China. Se estas assimetrias eram poucas nos anos 1970, no século XXI elas se tornaram consideráveis e, a despeito do discurso Sul-Sul da China como base de cooperação, não é possível ignorar que as esferas de atuação se tornaram muito diferentes em escala global: em termos de poder relativo, a China é cada vez mais próxima dos Estados Unidos do que do Brasil.

No que se refere à segunda dimensão do descolamento estratégico, i.e., a superestimação do Brasil de competir com a China na Cooperação Sul-Sul refere-se ao montante de recursos financeiros, estratégicos e políticos disponíveis ao país. No campo financeiro, comércio e investimentos, a disparidade entre a capacidade de ação brasileira e a chinesa é considerável, podendo ser percebida com um breve exame do PIB.

Em termos estratégico-políticos, sobrepõem-se diversas camadas: a orientação dos modelos brasileiros de ação internacional, a crença brasileira na eficiência de sua capacidade negociadora e de liderança e, por fim, a avaliação positiva da integridade dos projetos propostos pelo Brasil como metas de longo prazo para os demais parceiros. O conjunto destes elementos fazem com que os compromissos brasileiros oscilem frente a seus parceiros ao longo do tempo, que gera menos engajamento e confiabilidade, assim como uma tendência inercial em apostar na continuidade dos projetos e de que as convergências prevalecem.

O exemplo mais claro deste descolamento encontra-se na América do Sul, e nos impactos que a presença da China gerou na região e, consequentemente, nos projetos de integração liderados pelo Brasil. Ao invés de optar por se tornar uma cabeça de ponte na região entre a China e a América do Sul, fazendo uso de estruturas preexistentes como o Mercosul ou a UNASUL, e de projetos que poderiam gerar convergência como a IIRSA, o Brasil optou pelos ganhos de curto prazo no âmbito bilateral. No Plano de Ação Conjunta de 2015 chama a atenção a afirmação de que era preciso aprofundar a cooperação bilateral no sentido de reforçar a parceria Brasil-China nestes âmbitos e em novos fóruns. Entretanto, esta é uma meta que, principalmente com a mudança de governo, esvazia-se.

Esta não foi uma posição exclusivamente brasileira, deve-se indicar, mas sim uma aposta de toda a região, com efeitos parecidos de consolidação do setor primário como o mais essencial das economias menos avançadas e, nas mais sólidas, como o Brasil, a desindustrialização e a reprimarização. Para a integração regional, isso gerou perda de foco político-estratégico em projetos autônomos, desvios de comércio e a criação de uma dependência da China, diminuindo os fluxos intrarregionais e reduzindo as complementaridades econômicas.

Para a política externa brasileira que tinha, principalmente na gestão Lula, os projetos de integração sul-americana e de solidificação da plataforma regional como forma de projeção externa em fóruns mundiais, isso representou um esvaziamento de seus projetos, já afetados também pelas decisões do governo Dilma. Para alguns autores como Malamud (2011), na prática, esta liderança nunca chegara a existir até pelas próprias resistências brasileiras em assumir os custos políticos da integração e suas limitações no aspecto econômico.

Entretanto, é necessário matizar esta análise. Não se pode ignorar que tais arranjos foram bem-sucedidos durante um certo tempo no provimento de estabilidade e desenvolvimento regional quando se pensa o ciclo 2000-2011, que engloba de FHC ao início do período Dilma, no eixo IIRSA, Mercosul, Unasul (COSIPLAN e CDS, principalmente) e CELAC. Adicionalmente, a China buscou, por meio da Celac, a institucionalização de uma cooperação multilateral, somada aos esforços bilaterais já existentes a partir de 2014. Da mesma forma, foram consideradas negociações birregionais China-Mercosul que pouco progrediram pela dificuldade de concertação dos membros do Mercosul e de políticas específicas de seus países em relação à China (vide o caso do Paraguai que permanece reconhecendo Taiwan como Estado).

Além disso, como se verá no Capítulo 5, o desmonte destes arranjos como a Unasul e Celac, e a fragilização de seus aspectos político-estratégicos como o caso do Mercosul, foi um processo mais interno, de escolhas políticas domésticas, do que efetivado por ações externas. Isso não significa dizer que o cenário externo, em particular os Estados Unidos, não tiveram um peso nas escolhas políticas domésticas, mas sim apontar que o Brasil e demais Estados latino-americanos estabeleceram projetos de Estado diferentes, dependendo dos governos no poder. E, como se tem discutido, projetos de Estado que são produtos de suas disputas e fragmentações de grupos de interesse domésticos. Sintetizando estes dilemas e os impactos da China sobre o país Hiratuka e Sarti (2016, p. 97) sustentam que:

> O crescimento acelerado da China e sua dupla inserção como grande demandante de *commodities* e grande produtora de produtos manufaturados tem provocado intensos efeitos sobre a economia mundial. O Brasil tem sido um dos países que mais tem sentido

> este duplo impacto da economia chinesa. No entanto, no caso brasileiro, a situação é mais complexa pelo fato de que o crescimento dos últimos anos tem sido viabilizado essencialmente pelo crescimento do mercado interno. As exportações de *commodities* tiveram um papel fundamental para viabilizar o acúmulo de reservas e reduzir a restrição macroeconômica (...) a concorrência chinesa tem, de fato, causado preocupações pela velocidade de deslocamento da produção nacional em alguns setores. Este fato torna mais premente a adoção de políticas que reforcem a competitividade estrutural da indústria brasileira, e que a tornem capaz de resistir à pressão competitiva. No entanto, o enfrentamento desse desafio é imenso.

Complementando estas análises, destacando a dinâmica comercial, Pereira (2024, p. 37) destaca que:

> A assimetria do comércio bilateral revela o histórico das vantagens comparativas dinâmicas entre os países em função das suas estruturas produtivas. O Brasil ganhou vantagens nos setores de *commodities* intensivas em recursos naturais, e a China, inicialmente, em manufaturas intensivas em trabalho e, depois, em produtos intensivos em média e alta tecnologia. A segunda se refere ao impacto da China como fator de perda de exportações brasileiras no comércio mundial.

Em um balanço geral do período, 1989-2016 sobre as relações Brasil-China, o que estes desenvolvimentos e estes últimos dilemas-constatações sobre o descolamento estratégico indicam é uma relativa perda de oportunidades de barganha e convergência com a China. As dinâmicas brasileiras de continuidade e ruptura, produtos de suas instabilidades e choques de modelos, trazem uma menor capacidade de projetar poder e sustentar projetos de longo prazo. A crise institucional de 2016 é sintoma de uma contínua disputa entre diferentes concepções sobre o Brasil, sua sociedade e o mundo.

Entre Estados Unidos e China, e após o *impeachment* de Dilma Rousseff, surgem inúmeras interrogações: qual paradigma as relações internacionais do Brasil assumiriam? Haveria a retomada dos alinhamentos com os Estados Unidos? Diante da China voltaria a distância ou permaneceria a multidimensionalidade? Como o país reagiria a projetos como o da Nova Rota da Seda e a sua eventual extensão à América Latina? Em um cenário no qual Estados Unidos-China consolidavam suas disputas como protagonistas do equilíbrio de poder global, como posicionar-se diante destes dois mundos?

# Capítulo 5

# A Barganha dos Dois Mundos (2016-2024)

Brasil, Estados Unidos e China chegam ao ano de 2016 em condições bastante distintas. O Brasil, em meio a mais uma crise institucional que resulta no *impeachment* de Dilma Rousseff e a posse de seu Vice-Presidente Michel Temer para o restante do mandato de Agosto de 2016 a Dezembro de 2018. Nos Estados Unidos, a eleição presidencial para a sucessão do democrata Barack Obama parecia encaminhada de forma tranquila, com a indicação da Senadora, ex-Primeira-Dama e ex-Secretária de Estado Hillary Clinton do governo Obama como candidata no pleito. Na China, uma situação de maior estabilidade nos primeiros anos da gestão de Xi Jinping, com crescimento econômico e projeção internacional.

Neste pós-2016 todas as tendências se revelam mais complexas, principalmente a partir da década de 2020. No Brasil, os ajustes dos modelos de política interna e externa mais uma vez levam a oscilações nos paradigmas de inserção global e a reformas econômicas neoliberais. As transições eleitorais de Temer a Jair Bolsonaro (2019-2022) e de Bolsonaro a Lula (2023-2024) trazem, a cada etapa, pontos de ruptura e continuidade que afetam o país de forma abrangente. Consequentemente, impactam os relacionamentos bilaterais com os Estados Unidos e a China.

Ao mesmo tempo, os democratas com Hillary Clinton perdem a eleição para o republicano Donald J. Trump (2017-2020), cuja pauta doméstica e internacional traz alterações táticas na política externa e doméstica. Na China, uma das nações mais afetadas por estas alterações das prioridades norte-americanas, os caminhos escolhidos permanecem os da soberania e do desenvolvimento, em crescente afirmação. Pairando sobre estes cenários entre 2020-2021 uma pandemia de proporções globais, a do novo coronavírus, covid-19, que expôs as novas realidades e dificuldades dos equilíbrios de poder políticos e econômicos. Na saída da pandemia, mais uma eclosão de conflitos, baseados na geopolítica: a Guerra Rússia-Ucrânia em 2022, Israel-Hamas em 2023, sem mencionar as outras inúmeras tensões em andamento.

Em meio a esta aceleração do pós-Guerra Fria na segunda década do século XXI, o Brasil vive um de seus momentos mais sensíveis, dividido entre estes dois Mundos. Para pensar este período, é interessante caminhar do geral ao específico: compreender o sistema internacional e seus protagonistas, na Coexistência Competitiva Estados Unidos e China, e a potencial triangulação estratégica Brasil-Estados Unidos-China.

## 5.1 A Coexistência Competitiva Estados Unidos e China

Um dos debates mais intensos no sistema internacional refere-se à natureza do relacionamento entre os Estados Unidos e a China no pós-Guerra Fria. Ao longo do tempo, como pode ser percebido ao longo do livro, estes debates e as hipóteses sobre a reconfiguração da nova ordem global foram se alterando, pois os recursos de poder e agendas destes protagonistas sofreram mudanças. Estas mudanças se tornaram mais aparentes no século XXI, em particular no pós-2008 com a crise econômica global nos Estados Unidos-União Europeia, e a chegada de Xi Jinping ao poder na China em 2013.

Paralelamente, as parcerias do Sul Geopolítico apresentaram novos redesenhos e dinâmicas, indicando tendências concretas de desconcentração de poder que poderiam criar um cenário multipolar. Pela primeira vez desde 1945, além da demanda por reformas do multilateralismo, surgiram novas estruturas de poder e coalizões de geometria variável com sustentabilidade como o BRICS e mecanismos como o NBD. Iniciativas como a BRI trouxeram inovações na Cooperação Sul-Sul em torno do desenvolvimento e da infraestrutura, que responderam a vácuos de poder existentes gerados por agendas políticas e modelos econômicos neoliberais.

Somados, todos estes fenômenos são sintomas de uma transição hegemônica em andamento, a da *Pax Americana*. Entretanto, se já existe esta mudança em curso, prevalece a contrarreação de um dos eixos de poder dominantes, a do Norte, liderado pelos Estados Unidos, cujos subprodutos diretos e indiretos são guerras, instabilidades e polarizações. Este processo de transição hegemônica possui características inéditas, derivadas das origens, recursos de poder e relações bilaterais de seus protagonistas: Estados Unidos e China. Para o Brasil, é essencial compreender estas dinâmicas para se posicionar diante de seus principais parceiros no cenário internacional.

Uma das primeiras observações que se pode apresentar sobre este cenário em formação é que embora sejam muito presentes hipóteses de desconcentração de poder e multipolaridade como um futuro possível da ordem internacional, as discussões continuam convergindo em torno da ideia de "Pax" e "Hegemonia". Indica-se a existência de uma potencial contraposição entre a existente *Pax Americana* e uma possível *Pax Sinica*, com os eixos de poder, deslocando-se do Ocidente ao Oriente, do Norte ao Sul.

Apesar de termos como multipolaridade e desconcentração de poder estarem presentes nos debates políticos e acadêmicos, e em alguns documentos estratégicos dos Estados Unidos, em nenhum momento há uma sinalização de que o compartilhamento de poder da parte ocorreria sem que os Estados Unidos estivessem à frente dos processos. A despeito dos discursos de engajamento das potências em acensão, mecanismos de contenção e críticas às agendas Sul-Sul prevalecem.

A China caminha no sentido oposto, o promovendo a redistribuição de poder, como um de seus principais motores. Ao priorizar a convivência e não o conflito como base do que define como a "diplomacia das grandes potências", a China mantém os princípios clássicos da Coexistência Pacífica, somando-se a sua evolução via KLP, DPH e SFH. Como visto no Capítulo 4, esta postura, e mais especificamente a diplomacia das grandes potências, pressupõem uma pauta de acomodação entre os poderes mais relevantes, dentre os quais, Estados Unidos e China, em aderência à reestruturação do equilíbrio de forças internacional. Além destes protagonistas, as nações emergentes e as novas potências regionais encontram-se inseridas neste processo.

Na visão chinesa, isso implica uma aceitação da ascensão pacífica dos novos eixos de poder pelas potências até então dominantes. A consolidação deste novo modelo de práticas e valores passa pela superação da "mentalidade da Guerra Fria" (2022)[1] como presente em diversos discursos oficiais da China, e o respeito mútuo entre potências. Entretanto, da parte dos Estados Unidos, a ideia da contenção suplanta a do engajamento, trazendo as interpretações sobre a "Guerra Fria 2.0".

Na verdade, em uma leitura crítica, pode-se indicar que na verdade o que autores como Buzan (2024) enxergam como este cenário de nova bipolaridade é mais ligado a premissa da Coexistência Competitiva aqui defendida do que o modelo bipolar anterior. Isso se aplica também às visões de Ikenberry (2024) e Friedberg (2023) que retomam a ideia da competição entre blocos e da ordem "multiplex" de Acharya (2023) em suas camadas multidimensionais.

O primeiro passo nessa trajetória de acirramento das disputas sino-americanas, como visto, ocorre na gestão Obama, com os Estados Unidos assumindo uma postura mais ofensiva. Isto se deu por meio de ações concretas como o Pivô Asiático e pressões sobre outras nações emergentes. A chegada de Trump ao poder em Janeiro de 2017, após uma campanha cujo foco foram as críticas à globalização e às relações bilaterais Estados Unidos-China, com teor nacionalista e xenofóbico somente acelerou o tensionamento entre estas duas potências. Em 2017, a avaliação da ameaça chinesa aos interesses norte-americanos havia mudado de patamar.

Ao assumir que a China se convertia em perigo "real e imediato", os Estados Unidos reconheciam algumas premissas básicas da mudança de *Pax*: a existência de uma trajetória de declínio, ascensão, sobreposição e ultrapassagem entre potências, que teriam a capacidade de ditar os fluxos políticos-sociais-econômicos-estratégicos globais. O declínio, relativo, corresponderia às dificuldades ocidentais-estadunidenses, em responder à consolidação estratégica chinesa, e a sobreposição já estaria ocorrendo devido ao crescimento econômico da China e seu predomínio nas cadeias globais de valor. Diante

[1] As expressões "mentalidade da Guerra Fria", multipolaridade, respeito mútuo e coexistência são frequentes dos discursos do Presidente Xi Jinping, autoridades chinesas e porta-vozes há cerca de uma década. Assim, poderiam ser citados inúmeros discursos nos quais surgem. A referência presente no texto é o discurso de Xi Jinping na reunião do G-20 em Bali em Novembro de 2022, "Working Together to Meet the Challenges of Our Times and Build a Better Future". A escolha reside por ser tanto um ano pós-pandêmico de retomada de atividades como pela eclosão da Guerra da Ucrânia, representando os contrastes das agendas propostas pela China — de desenvolvimento e segurança sanitária — e as pressões das crises geopolíticas na Eurásia. Theory China. "Full text of Xi's remarks at Session I of G20 summit in Bali." Disponível em: https://en.theorychina.org.cn/c/2022-11-16/1454372.shtml. Acesso em 01 de setembro de 2024

deste cenário, e do ciclo ascendente da China, a ultrapassagem poderia ser o próximo passo, em setores nos quais os Estados Unidos ainda possuíam um domínio inquestionável: moeda, tecnologia e inovação.

Para a China, esta mudança no nível de percepção de ameaça que os Estados Unidos detém sobre seu crescimento traz problemas novos. Pragmaticamente, independente da interdependência sino-americana, os Estados Unidos sempre foram considerados pelos líderes chineses como um risco a seu reposicionamento internacional. Questões relativas à Taiwan (e outras regiões como Tibet e Xinjigan), à *One China Policy* (OCP), ao Mar do Sul da China, e aos direitos humanos, mantém-se como tópicos sensíveis. Nos Estados Unidos são temas instrumentalizados pelo Executivo, Legislativo e grupos de interesse, com impactos nas tratativas diplomáticas.

Por conta dos laços econômicos, que se configuram em dimensões estruturais do relacionamento, os conflitos existentes eram administráveis do ponto de vista chinês. Por sua vez, os Estados Unidos não percebiam a China como uma competidora em nível global, mesmo que reconhecessem seu peso geopolítico na Eurásia. Peso político que, desde a Guerra Fria, e mesmo no imediato pós-Guerra Fria era percebido como uma ferramenta para contrabalançar outras nações na Eurásia como a União Soviética (atual Rússia), o Japão, a China e a Índia.

Esta situação somente se altera no século XXI, quando o status de poder da China mudou em definitivo. A relação sino-americana naturalmente atingiu uma nova etapa, na qual os choques de interesse e disputas por espaço se tornaram mais frequentes. Se Obama iniciou estas práticas, foi com Trump que elas ganharam uma formatação mais complexa entre 2017-2020, ampliada pela gestão Biden (2021-2024).

No campo geoeconômico, Trump iniciou a guerra comercial com a China, sobretaxando importações vindas deste país para sua entrada no mercado norte-americano. Embora conhecida como "Guerra Comercial", a imposição de sobretaxas à entrada dos produtos chineses nos Estados Unidos, visando coibir o que Trump definia como uma competição injusta e predatória que destruía os empregos norte-americanos, revelava apenas uma dimensão do choque geoeconômico contemporâneo e não necessariamente a mais sensível.

Cabe lembrar que os resultados desta "Guerra" em termos de déficit da balança comercial não foram positivos, à medida que o déficit com a China não foi eliminado em Trump e nem em Biden. Não houveram variações significativas entre 2017 e 2020 (primeiro ano da pandemia): em 2017, o déficit comercial geral dos Estados Unidos era de US$ -795,68 bilhões, sendo US$ -375,57 com a China e, em 2020, US$ -904,95, sendo US$ -310,80 com a China.

A dependência da economia norte-americana de importações permaneceu alta com a China e demais parceiros, que é uma característica estrutural do país desde os anos 1970. Parte da estratégia da Guerra Fria norte-americana era prover segurança aos aliados, enquanto incentivava seu desenvolvimento econômico na Europa Ocidental e Ásia. Em um cenário de trocas comerciais e globalização, isso gerou o crescimento econômico dos aliados, que se tornaram competidores na esfera comercial. Enquanto isso, a economia estadunidense perdia vigor na produção de bens de consumo, focando-se no setor bélico e de alta tecnologia.

Este cenário não se altera com o pós-Guerra Fria, sendo, na verdade, acentuado pelo crescimento econômico dos competidores e as políticas neoliberais norte-americanas. O modelo se estende à política externa, à medida que estas pautas tornaram-se um instrumento de projeção de influência no pós-Guerra Fria, como visto no Capítulo 2 referente às condicionalidades associadas às agendas econômicas do Consenso de Washington e a às políticas liberais. Em contraposição, as políticas de desenvolvimento chinesas baseadas no ganho-ganho, tornam-se a base da expansão de suas relações internacionais, reforçando a CSS.

Os competidores acabam voltados cada vez mais ao eixo Sul, representados pela China e emergentes, do que ao Norte, pois, à exceção de nações como a Alemanha, a maioria dos países ocidentais passou por uma mudança de seus modelos em direção ao neoliberalismo e à redução do papel do Estado e investimentos. Reproduz-se a divisão apresentada por Visentini (2023b) entre os eixos de poder militar rentista aglo-saxão e industrial desenvolvido de um lado e, do outro, o industrial heterodoxo emergente e o agrário-mineral e demográfico. Tais eixos podem ser associados às divisões Norte-Sul.

O que Trump inicia é, justamente, uma competição nos campos que os Estados Unidos haviam abandonado: o desenvolvimento econômico e a infraestrutura. Como já abordado, mas vale a pena retomar, não se pode desconectar a consolidação do poder chinês da interdependência com os Estados Unidos. O que o governo republicano de certa forma busca, por suas políticas, é tanto a contenção da China (que, como indicado começa com Obama), mas também a repactuação do relacionamento bilateral.

A repactuação confunde-se e sobrepõem-se às premissas do unilateralismo, uma vez que o objetivo de Trump era assegurar uma maior margem de manobra dos Estados Unidos frente seus aliados e organismos internacionais. Isto é, a síntese do *Make America Great Again* (MAGA). Fazer a América Grande de Novo implicava, como indica Mearsheimer (2019), reescrever as regras que não mais favoreciam os Estados Unidos.

Dentre os organismos, os principais a serem atingidos eram as Nações Unidas, a Organização do Tratado do Atlântico Norte e a Organização Mundial de Comércio. Em cada uma delas, as pressões variavam desde o foco na maior divisão de custos financeiros (OTAN), à inviabilização do funcionamento pela não participação dentro das regras (OMC e ONU). A lista de Trump estende-se à Organização Mundial de Saúde, nas disputas pelas patentes de vacinas na pandemia. E além dos já mencionados China e México, a repactuação trouxe uma certa acomodação com a Rússia, pressões à Alemanha (na época liderada pela Primeira Ministra Angela Merkel), e a valorização dos chamados *like-minded States* nos quais o Brasil de Jair Bolsonaro estaria incluído.

Este conceito falava na valorização de alianças com nações contra a globalização e conservadoras no campo dos costumes, adeptas da "guerra cultural" contra os chamados excessos liberais. Somado a este discurso ideológico, a aproximação nestas alianças incluía pressões para que estes países se distanciassem da China em parcerias econômicas e estratégicas.

Cabe, então, adentrar mais nesta repactuação que excede a guerra comercial. Afinal, no caso da China, as políticas de atração do capital externo e suas vantagens comparativas como baixo custo de mão-de-obra, facilitação às exportações e acesso ao mercado, leis de remessa de lucro, padrões ambientais menos rígidos e vantagens tributárias também serviram como atrativo para o deslocamento de empresas estrangeiras ao país, principalmente as estadunidenses. Tais empresas, dentre elas grandes companhias como a Apple, foram pressionadas pela gestão republicana a retomar sua produção em solo norte-americano. Estas pressões pouco alteraram o padrão de comportamento das empresas, que mantiveram suas atuações transnacionais, seguindo a lógica da maior lucratividade. Porém, as repactuações não se limitavam apenas à China.

Outro país que foi atingido pelas pressões de Trump na área comercial, e com acusações similares de "roubo de empresas e empregos" foi o México por conta do NAFTA. Em seu mandato, Trump reformou o acordo, que passou a ser chamar USMCA (United States, Mexico, Canada). Durante a renegociação, tanto México quanto Canadá aceitaram realizar concessões aos Estados Unidos. No caso do Canadá o foco de abertura foi no setor agrário e pecuário, com o Canadá abrindo mão do protecionismo nestes setores. No que se refere ao México, as pressões ocorreram no setor de mercado de trabalho, estabelecendo-se um patamar salarial mínimo para os trabalhadores mexicanos e novas regras para o regime automotivo.

Somado a estas perspectivas emergem outras demandas de ajuste nas relações Estados Unidos-China. As novas esferas de competição sino-americanas, que podem ser consideradas inovadoras na relação bilateral Estados Unidos-China, e setores que impactam aos intercâmbios de ambos com o Brasil são a infraestrutura e a tecnologia. Estratégicos, estes dois setores representam o desafio chinês aos Estados Unidos em escala global, tendo como ponto de apoio a BRI e as parcerias bilaterais da China dentro dos moldes da CSS. Estas parcerias bilaterais podem ser com nações que já se encontram na BRI, compondo uma dinâmica de contatos bilaterais-multilaterais, ou países que não se encontram formalmente integrados à BRI. Somente exemplificando, a Rússia é uma nação que se encontra na primeira categoria de parcerias bilaterais com a China e de participação na BRI como um de seus mais importantes pivôs estratégicos, enquanto o Brasil representa a segunda categoria: países com profícuo relacionamento bilateral com a China, mas que não pertencem à BRI ou assinaram memorandos de entendimento

Em termos de infraestrutura, como citado, a BRI visa a interconectividade entre as massas terrestres e os corredores marítimos que englobam a Eurásia e o Indo-Pacífico. Mais do que um projeto econômico, a BRI representa aos seus países membros uma chance de desenvolvimento como tem se procurado destacar, que cobre um vácuo da diplomacia dos Estados Unidos e da União Europeia, por seus recursos e práticas. Práticas que não implicam condicionalidades e ingerências, e recursos que chegam aos países em forma de investimentos, empréstimos ou atuação direta. Tendo completado uma década em 2023, de fato a BRI é um movimento inovador e que amplia a influência da China.

A BRI chega à América Latina em 2018 por meio do Fórum China-CELAC, e a assinatura de um novo Plano de Ação, visando o período 2019-2021. Segundo Abrão (2023, p.4-5), o Fórum é representado pela estrutura 1+3+6. Cada um deste números simboliza, respectivamente, o Plano de Ação (1), os motores da cooperação (3, finanças, infraestrutura e comércio), e as áreas prioritárias (energia e insumos, infraestrutura, construção civil, agricultura, indústria, ciência, tecnologia e inovação e as tecnologias da informação, 6).

A ampliação da BRI além da Eurásia trouxe um aspecto global à proposta, com uma abrangência que avançou à zona tradicional de influência dos Estados Unidos no hemisfério. Diversos países já assinaram memorandos de entendimento para entrar na BRI, ou já se encontram dentro dela, totalizando vinte e dois países com Memorandos de Entendimento e participação no arranjo.[2]

Existe uma ampla literatura sobre os efeitos da presença da China na América Latina e como afetam os interesses dos Estados Unidos. Esta literatura se estende a mais de uma década, encontra-se sempre em atualização e possui vertentes que avaliam esta disputa sino-americana do ponto de vista econômico, de seus efeitos na América Latina, e a agenda estratégica. Sistematizando os argumentos destas correntes, e com a sugestão de algumas leituras para ambas de forma não exaustiva, no campo econômico os textos tendem a se dividir em duas argumentações: primeiro, como citado, as consequências para os Estados Unidos e, segundo, os impactos para a América Latina.

Os impactos para a América Latina (e o Brasil) foram explorados no Capítulo 4 como reprimarização, desindustrialização, desvio de comércio e geração de novas dependências (Jilberto and Hogeboom, 2010; Fung and Herrero, 2012, Roett and Paz, 2008, Myers and Wise, 2017; Xing and Vadell, 2024). No caso, para os Estados Unidos, o que se indica é a perda de espaço de atuação e mercados consumidores, risco de dificultar o acesso a insumos e de oportunidades em setores da indústria e investimentos.

A estas consequências geoeconômicas agregam-se as geopolíticas. Para pensadores estratégicos norte-americanos como Ellis (2018;2022), a presença chinesa na região traz consequências geopolíticas e geoeconômicas graves para os Estados Unidos. Na visão do autor, além do vácuo gerado pelos Estados Unidos ao longo dos anos o que facilita esta projeção cada vez maior é a falta de mecanismos efetivos de contenção desta ação (sendo o USAFRICOM e a reforma do USSHOUTCOM consideradas insuficientes) e o que ele chama de "más decisões" principalmente as tomadas por Trump.

Dentre estas decisões elencadas pelo autor estão: o fim do TPP, a reformulação do NAFTA e a pouca atenção aos interesses econômicos da América Latina (vide a não negociação com a Aliança do Pacífico e outros potenciais acordos de livre comércio). Como resultado desta pouca atenção, diversos países são então atraídos para a BRI e para a Parceria Econômica Regional Abrangente (RCEP), criada em 2018, e que se sobrepõem e se somam à TPP. Como um adendo, o fim da política de aproximação com Cuba não estaria nesta lista de escolhas ruins na visão do autor.

Ellis (2018; 2022) analisa as relações sino-latino-americanas do ponto de vista do seu risco securitário e para a estabilidade dos regimes políticos, considerando a questão econômica a porta de entrada da China na região. Entretanto, o autor considera que independente da China parecer estar focando

[2] Conforme dados disponiveis no GFDC, os países latino-americanos envolvidos na BRI são: Antígua e Barbuda, Argentina, Bolívia, Chile, Costa Rica, Cuba, Dominica, Equador, El Salvador, Granada, Guiana, Honduras, Jamaica, Nicarágua, Panamá, Peru, República Domenicana, Suriname e Trinidad e Tobago. Disponível em: https://greenfdc.org/countries-of-the-belt-and-road-initiative-bri/. Acesso em 10 de setembro de 2024.

nas dimensões de poder brando e de cooptação mais associadas ao desenvolvimento, quanto mais sua presença crescer, principalmente na infraestrutura, maior será o risco para os Estados Unidos de uma competição multidimensional e não somente financeira ou comercial.

O autor aponta cinco pautas nas quais a China impacta a América Latina e que possuem riscos elevados para os Estados Unidos: a sustentação de regimes autocráticos na região por meio da manutenção de comércio e investimentos, sem condicionalidades políticas ou valorização da democracia; favorecimento indireto de redes transnacionais que operam de forma ilícita, podendo contribuir para atividades criminais; diminuição da capacidade de ação securitária na região dos Estados Unidos; elevação, por outro lado, da capacidade de ação securitária da China neste espaço estratégico; e por fim, a utilização da influência econômica para dificultar a construção de coalizões entre os Estados Unidos e o hemisfério em situações de crise. Derivadas destas questões, encontra-se a perda de capacidade logística e tecnológica regional, no âmbito das novas esferas de competição nos setores de inovação.

Nesta arena, insere-se a "Rota da Seda Digital", a competição tecnológica tem se acirrado entre o Estados Unidos na arena da Economia Digital,[3] e que pode ser incluída como a "rota cyber" da BRI. Este projeto foca no desenvolvimento de projetos e parcerias na dimensão tecnológica, amparada pelas demais áreas da infraestrutura. No senso comum, a disputa tecnológica tem aparecido como diversas "guerras": chips, tiktok, 5G-6G, por exemplo.

Tal disputa envolve desde políticas mais abrangentes ligando a competição digital a temas securitários, como o *Clean Network Program* de Trump, até a medidas mais específicas direcionadas a companhias chinesas como Huwaei, Xiaomi, e aplicativos como Tik Tok (Marzinotto e Pecequilo, 2023). O argumento securitário associa-se a temas como roubos de dados do governo e cidadãos, domínio das redes tecnológicas de um país, hackeamento e acesso a informações sigilosas, além de potencias interferências em processos econômicos e políticos. A sustentação deste argumento encontra-se na definição norte-americana de que o risco reside no fato de que as empresas chinesas atuam como parte do Estado chinês, não possuindo apenas interesses empresariais (The White House, 2020).

Mas quais são os setores mais específicos da "Economia Digital"? Conforme a definição da UNCTAD (2019, p.4-5), a "Economia Digital" é composta por três dimensões:

> *a) aspectos centrais,* que incluem inovações de base (semicondutores e processadores), tecnologias centrais (dispositivos e computadores) e infraestruturas (internet, redes de telecomunicações); *b) setores digitais* que dependem dos aspectos centrais, que produzem produtos ou serviços (plataformas, aplicativos móveis, serviços de pagamento, redes sociais etc.); *c) digitalização de setores tradicionais* (finanças, mídia, transporte).

Como subprodutos e pontos de conflito igualmente podem ser inseridos os setores automobilístico e da revolução energética, nos quais a China tem consolidado sua liderança (principalmente na eletrificação dos carros), e pelo controle de terras raras e minerais críticos. Apresentadas no Capítulo 4, estas

[3] Ver Marzinotto e Pecequilo, 2023 para alguns aspectos da competição sino-americana, a partir de uma perspectiva da "Economia Política Digital".

definições apontam para uma grande preocupação da China para o desenvolvimento socioeconômico e a autossuficiência, e trazem esferas de competição geopolítica com os Estados Unidos. À medida que tanto a economia da China quanto a estadunidense demandam estes recursos, é mais uma arena de potencial choque de interesses, e que envolve o Brasil (ver 5.2).

Em meio a estas competições geoeconômicas, um outro fator a ser considerado no período foi a pandemia do covid-19. Tendo a China como seu epicentro, a pandemia evidenciou a prevalência do país nas cadeias produtivas globais, em todos os setores de bens. O que a crise sanitária demonstrou foi que a China abastecia o sistema internacional com produtos que iam desde a vacina, até a máscara de proteção facial mais simples, o que já não ocorria em muitos países nem do Norte e nem do Sul. A Tabela 9 indica as diferentes tendências de crescimento de Estados Unidos, Brasil e China no período.

**Tabela 9 – Crescimento Comparado do PIB (%)**

| | 2017 | 2018 | 2019 | 2020 | 2021 | 2022 | 2023 |
|---|---|---|---|---|---|---|---|
| Brasil | 1,3 | 1,8 | 1,4 | -4,1 | 4,5 | 3,0 | 2,9 |
| China | 6,9 | 6,8 | 6,0 | 2,3 | 8,5 | 3,0 | 5,2 |
| EUA | 2,5 | 3,0 | 2,5 | -2,2 | 5,8 | 1,9 | 2,5 |

Fonte: Elaborada pela autora com dados do Banco Mundial

Para a competição sino-americana, o fechamento das empresas chinesas e a quebra destas cadeias produtivas trouxe novas camadas às agendas geoeconômica e geopolítica. Dentre estas camadas, podem ser apontadas as hipóteses sobre a desglobalização, o desacoplamento (*de-coupling*) e a diminuição de riscos (*de-risking*). O primeiro termo refere-se à quebra da transnacionalização e interdependência global gerada pela pandemia, que teria forçado os países a voltarem-se mais para si mesmos. Os segundos e terceiro termos correspondem à relação sino-americana, no que se refere à diminuição da interdependência entre os dois países que permitiria uma maior autonomia mútua e à redução de riscos de conflito entre ambos. À medida que a primeira e segunda hipóteses se demonstraram pouco viáveis, a tendência tem sido a de apostar na diminuição dos choques (mas que, na prática, não se demonstra viável pelo menos até a segunda metade da década de 2020).

Relacionados a estes temas emergiram as proposições de reorganização das cadeias produtivas em torno das premissas de *nearshoring*, *offshoring*, *friendlyshoring* e *trustshoring*. Em uma tradução livre, estes termos, respectivamente, significam a produção próxima-internalizada, à distância e baseada em relações de amizade. Em termos concretos, isso representaria produzir mais próximo e/ou incentivar as relações comerciais (cadeias produtivas e de suprimentos) em países mais próximos geograficamente (*near*), amigos (*friendly*) e confiáveis (*trust*).

Esses termos, que trazem táticas político-estratégicas e econômicas a eles associadas, de relações com terceiros países, atravessam as gestões de Trump a Biden. A despeito destas continuidades, que incluem a “Guerra Comercial”, Biden enfatizou a tese do “excesso de capacidade” da China e a dinâmica do choque político entre os modelos norte-americanos e chineses, com base na oposição entre democracias e autocracias. Segundo Buzan (2024), esta agenda é uma das que permite definir o período como o de uma Guerra Fria 2.0, à medida que deixa claro o elemento ideológico da disputa sino-americana.

Além das autocracias, outra categoria considerada como ameaça são as "democracias iliberais", nações democráticas governadas por líderes que desejam destruir o regime democrático por meio de reforma e com práticas de perda de direitos e liberdades. No debate político interno dos Estados Unidos, por exemplo, Trump seria um líder que praticou agendas "iliberais" e que coloca em risco a democracia. Entretanto, não cabe aqui entrar nesta discussão doméstica, mas apontar que, dentro desta estrutura de temas, os Estados Unidos percebem na China a sua maior ameaça, seguida da Rússia. Aparte também esta discussão de preceitos estratégicos, quais as medidas efetivas tomadas por Trump e depois Biden para confrontar estas ameaças?

Algumas das políticas de Trump já foram citadas, devendo-se ainda mencionar, com ênfase mais direta à América Latina, o projeto *Growth in the Americas* e a realização da Cúpula das Américas no Peru em 2018. A mais relevante iniciativa é deste projeto. Diferente das pautas dos anos 1990, sustentadas na integração regional, temas transnacionais compartilhados e segurança coletiva, e que tiveram sucesso, este projeto previa investimentos públicos e privados em infraestrutura na região. Apesar de sua inovação e potencial, por trazer ao debate uma nova forma de engajamento dos Estados Unidos no hemisfério em torno da promoção do desenvolvimento, setor de vantagem comparativa na China o projeto pouco ou nada avançou devido à falta de recursos, interesse e a derrota eleitoral de Trump em 2020.

A gestão democrata traria estes temas de investimento em infraestrutura e desenvolvimento em um primeiro plano entre 2021-2022, com duas propostas: a do *Build Back Better World* (B3W) e a da Parcerias para as Américas de Prosperidade Econômica (PAEP). O B3W possuí natureza global e foi lançado na reunião do G-7 em 2021 como uma política de enfrentamento da BRI. O objetivo era aproximar os países do G7 das nações do Sul, com base em investimentos em infraestrutura e ajuda externa. O financiamento seria de responsabilidade dos membros do G7, agora definidos como as democracias mais sólidas (à medida que perderam o posto de sete maiores economias mundiais).

A PAEP, por sua vez, seria uma agenda dedicada ao hemisfério americano, com os mesmos propósitos, que detinha pontos de estrangulamento sérios: a falta de investimentos e, principalmente, sua limitação em termos de membros. O Brasil, por exemplo, não faz parte da PAEP (Mickinley, 2023). Nas Américas, ainda, houve a convocação de uma nova Cúpula das Américas em 2022, realizada na cidade de Los Angeles. Na oportunidade, poucos foram também os avanços, em nada lembrando a intensidade dos debates do imediato pós-Guerra Fria.

Pode-se dizer que os temas que dominaram os anos 1990 entre Estados Unidos e o hemisfério esvaziaram-se de tal forma que no contexto do século XXI a perspectiva de um projeto mais abrangente na região seja político ou apenas comercial é baixa. Ao mesmo tempo, projetos de integração regional latino-americanos, com maior densidade político-estratégica, principalmente os liderados pelo Brasil, perdem espaço.

Embora os Estados Unidos identifiquem a elevação do risco ao seu poder na América Latina, as reações permanecem focadas no campo geopolítico do que no geoeconômico. E esta situação tende a se repetir em outros cenários de competição com a China, com o predomínio dos choques estratégicos.

Apesar das ofensivas de Obama a Trump, os níveis de maior tensão geopolítica com a China dos últimos anos, a despeito de sua interdependência, estão associados à presidência democrata de Joe Biden. Somado à definição da China como autocracia e a manutenção das políticas de contenção e militarização do Indo-Pacífico, com as tensões do Mar do Sul da China, os Estados Unidos reforçaram suas alianças militares na região. Dentre estas, a parceria já sólida com o Japão no Japan-US Security Treaty (JUST), a reativação do Quadrilateral Dialogue (QUAD-Estados Unidos, Japão, Índia e Austrália), a criação do AUKUS (acordo de segurança regional entre Austrália, Estados Unidos e Reino Unido) e os laços preferenciais com Taiwan.

A situação de Taiwan foi objeto de várias tensões, à medida que parlamentares estadunidenses visitaram oficialmente a ilha, sinalizando a quebra de compromissos de "Uma Só China". Ainda na agenda de pressões, os Estados Unidos têm sinalizado o interesse na criação de "OTAN Asiática". Existem conflitos no que se refere ao apoio dos Estados Unidos à Ucrânia e as ações contra a Rússia. A possibilidade de repetição de um cenário de apoio a Taiwan similar ao realizado à Ucrânia (como uma guerra por procuração na Ásia) ou de violação de compromissos políticos e sanções econômicas é uma ameaça considerada factível pela China. A questão de Xinjiang e os direitos das minorias e os protestos em Hong Kong também resultaram em desentendimentos diplomáticos. Além disso, o eixo sino-russo é uma das mais significativas agendas de parceria entre os emergentes (além dos BRICS e demais organismos como OCX) e exemplo do que a China considera como "Diplomacia das Grandes Potências".

Por fim, ainda no quadro da competição sino-americana e de contenção de desafiadores em geral que, apesar do discurso de retomada do multilateralismo, arranjos como a Organização Mundial do Comércio (cujo tratado de Marrakesh completa três décadas em 2024) continuam paralisados. Prevalecem discordâncias nas Nações Unidas por conta dos cenários de competição eurasiana e as posições norte-americanas no Oriente Médio, região de projeção da BRI. No que se refere aos temas transnacionais, são preservadas as cisões Norte-Sul, principalmente nas citadas concepções de democracias contra autocracias, demandas ambientais e tópicos de direitos humanos. Trata-se de um cenário de disputas de poder, com riscos e possibilidades de barganha.

## 5.2 A Triangulação Estratégica Brasil-Estados-China

Como abordado em 5.1, Estados Unidos e China são os protagonistas do processo de reconfiguração do poder em andamento, com implicações para a ordem internacional e os eixos Norte e Sul. Independente do nome que receba, Guerra Fria 2.0, ou Coexistência Competitiva como aqui definido, este processo é o de uma transição hegemônica que afeta todo os fluxos externos. Para o Brasil, que tem nestes dois países seus principais parceiros, o impacto é significativo. Como aponta Cohen (2023), este é um momento propício para a consolidação dos Estados geopolíticos pendulares (*geopolitical swing States*), a fim de reposicionar-se globalmente.

Entretanto se este parece ser um contexto ideal à barganha, a barganha só é possível quando, além dos polos a barganhar prevalece uma outra condição: a visão estratégica pró-negociação, que visa o adensamento do poder nacional, atrelada a um projeto nacional de autonomia e não de alinhamentos (e/ou escolhas excludentes entre os mundos). Porém, devido à quebra institucional de 2016, o Brasil adentrou em uma nova fase de oscilações e polarizações, em prejuízo a sua projeção.

Três fases, que correspondem aos três governos do período, Michel Temer (Agosto 2016-2018), Jair Bolsonaro (2019-2022) e Luis Inácio Lula da Silva (2023-2024) podem ser percebidas neste curto espaço de tempo. Cada fase possui características e dinâmicas internas e externas específicas, com diferentes respostas ao contexto da Coexistência Competitiva Estados Unidos-China. Embora exista uma certa unidade de modelo econômico-social entre Temer-Bolsonaro, ela não se estende à política externa. A gestão Lula 3 "quebra" estes padrões, mas não consegue reproduzir a dinâmica dos governos anteriores em condições nacionais, regionais e internacionais adversas. Ainda assim, é a gestão que mais se aproxima da tentativa de triangulação.

Examinando esta trajetória, a posse de Temer em Agosto de 2018 reintroduz uma postura de alinhamento. Ou seja, abre mão da opção da barganha como forma de reforçar a potencial triangulação estratégica mencionada e alcançar maior autonomia. Mesmo que possa ser definido como um alinhamento pragmático, ou para se usar o termo aplicado à Dilma, um alinhamento mediado (ou alinhamento incompleto), a política externa de Temer, reverteu os eixos da inserção internacional do Brasil: do Sul ao Norte, com foco nos Estados Unidos.

O governo do Vice-Presidente Michel Temer (2016-2018), coincidiu com o último ano da gestão Obama (2016) e os dois primeiros anos da administração Trump (2017-2019). Como sua antecessora, Temer não faria muitas viagens ao exterior e também não buscaria o exercício da Diplomacia Presidencial. À frente do Ministério das Relações Exteriores estiveram dois políticos vinculados ao PSDB: o Senador José Serra (2016-2017) e o Senador Aloysio Nunes Ferreira (2017-2018). A cessão do MRE a quadros políticos é rara no país (tendo sido o exemplo mais recente o de FHC na gestão Itamar antes de sua mudança para o Ministério da Fazenda), mas neste momento fez parte dos acordos políticos envolvidos na deposição de Dilma, e na prioridade de readequar a agenda externa aos interesses na nova coalizão no poder.

Para as relações internacionais, o objetivo era promover a despolitização estratégica, também chamada de "desideologização" da política externa. O ciclo do PT, e todos os termos a ele associados como anti-americano, confrontacionista, bolivariano, ideológico, comunista, seria encerrado, com o país reestabelecendo relações positivas com seus principais parceiros ao Norte Ocidental (i.e. Estados Unidos e União Europeia).

As interações Sul-Sul não seriam abandonadas, por razões pragmáticas e de amizade, mantendo-se dentro de um patamar positivo. Do ponto de vista crítico, este "patamar" pode ser definido como uma cooperação unidimensional e instrumental, focado em interesses econômicos, rompendo tratativas político-estratégicas de reposicionamento na ordem internacional. Inserem-se os processos de integração na América do Sul, as coalizões de geometria variável com os BRICS e o IBAS e as dinâmicas bilaterais com a China. As boas relações econômicas não seriam rompidas de nenhuma forma, até porque a China já se configurava como a maior parceira comercial brasileira e realizava investimentos em setores chave de infraestrutura.

Compromissos na agenda ambiental e de direitos humanos igualmente não foram revertidos, apesar do início de mudança de leis ambientais e de um menor engajamento em pautas sociais e de direitos. Portanto, há um realinhamento aos Estados Unidos, sem abrir mão nem da parceria com a China, das agendas Sul-Sul econômicas ou do multilateralismo. A política externa de Temer guarda importantes traços com a autonomia pela integração de FHC.

Foram retomados padrões conhecidos: a busca da credibilidade por meio da participação nos grandes fluxos políticos, sociais e econômicos da política internacional, baseada em realinhamentos ao Ocidente e aos organismos internacionais multilaterais, despolitizando a agenda de reformas da ordem mundial. Um caso que exemplifica esta nova dinâmica é o da ONU: valorizando o órgão, o Brasil faria um acordo com Honduras em 2018 para retomar sua presença no CSONU em 2022-2023 devido à não-candidatura em Dilma (o que trouxe ao país o risco de ficar ausente do assento de membro não-permanente até 2033-2034). O Brasil não se manifestaria de forma crítica, abandonando projetos como o do RwP e sendo menos incisivo no seu pleito por uma cadeira permanente neste mesmo CSONU.

Pautas como o ingresso do Brasil na Organização da Cooperação e Desenvolvimento Econômico (OCDE) foram priorizadas e tornadas símbolos de um país que deseja se modernizar e readequar sua economia a padrões de competitividade, transparência e eficiência. O tema da governança livre de corrupção ganhou mais peso após o *impeachment* de Dilma Rousseff e a ampliação das investigações da Lava Jato.

A candidatura à OCDE tornou-se um tema dominante na gestão Bolsonaro, como bandeira de sua equipe econômica liderada pelo Ministro da Fazenda Paulo Guedes. A ideia de fazer a "lição de casa" para poder ser membro da OCDE era propagada pelo governo como um imperativo (Mello, 2020). Outra prioridade de Temer a Bolsonaro foi aceleração das negociações do Acordo Mercosul-União Europeia como prova desta integração ao Primeiro Mundo. Em 2019, o Ministro das Relações Exteriores de Bolsonaro, Ernesto Araújo, chegaria a anunciar a conclusão do acordo. Até o fechamento da escrita deste livro em Setembro de 2024 não há previsão de finalização de negociações.

Os modelos sociais-econômicos-políticos funcionariam como função desta nova inserção, com o abandono da política dita "assistencialista" de Lula-Dilma para permitir que o Brasil atingisse um patamar de modernidade e credibilidade. Isso atrairia mais investimentos estrangeiros e empresas que veriam o Brasil como um ambiente de negócios favorável. Internamente, as reformas-chave, de cunho neoliberal, e ligadas às discussões sobre a "nova economia" menos regulamentada e mais empreendedora foram apresentadas como essenciais para retomar um curso de progresso e crescimento.

No campo da economia, foram rapidamente aprovadas as reformas trabalhista e da previdência. O sucesso do governo em aprovar estas medidas está ligado a três fatores: o pouco debate interno sobre o tema entre a população, a desorganização da oposição e, por fim, um elemento que tem se mostrado essencial à política brasileira, o balanço das forças políticas no Legislativo. A manutenção das maiorias na Câmara e no Senado com o "centrão" permite uma maior celeridade nestes processos de aprovação de políticas e uma atuação mais coesa em negociações com o Executivo.

Portanto, o Brasil acelerava a readequação do mercado de trabalho e formas de empregabilidade aos modelos de cunho desregulamentado e livre, associados ao termo "uberização". O termo se refere a ideia do trabalhador sem vínculo formal, prestador de serviço e vinculado a ideia de ser seu próprio patrão, ligado à economia de plataforma (i.e. prestador de serviço de app). O processo é acompanhado de uma precarização de direitos, mas que muitas vezes é obscurecida pela ideia já citada de empreendedorismo e liberdade.

Além da candidatura à OCDE, na intersecção do modelo política interna-externa, encontram-se as metas de retomada das privatizações de setores estratégicos que não haviam sido contemplados na década de 1990, como energia, logística e saneamento, venda de empresas com participação estatal, mudança no sistema de concessões e exploração de recursos naturais. São símbolos destas ações, a revisão do modelo de exploração do pré-sal, as negociações para a venda da EMBRAER à Boeing americana e a concessão da Base de Alcântara aos Estados Unidos.

No caso do pré-sal, a participação da Petrobras e da PPSA criada em 2013 na exploração e comercialização do petróleo e gás, foi modificada, assim como sistema de comercialização dos recursos. No caso da comercialização, dois modelos passaram a coexistir: um focado na atuação do Estado brasileiro (União), responsável pela venda direta, ou a venda por meio de um intermediário escolhido pela União.

No que se refere à exploração, consolidou-se a existência de três regimes, com impactos para a disponibilidade de recursos e receitas para o país da exploração de seus recursos naturais. Como a citação abaixo indica, apesar do Estado brasileiro preservar a capacidade de regular e atuar no processo de exploração de gás e petróleo, houve uma mudança ao longo do tempo para a diminuição deste papel. Também existiram mudanças na cadeia produtiva de gás e petróleo domésticos que colocaram, e ainda colocam, em xeque a autossuficiência do país no setor (e contribuem para a alta dos preços internos de combustíveis), a distribuição dos recursos e lucros do Pré-Sal e sua aplicação em políticas públicas não sendo mais obrigatória (saúde e educação) e o acesso à tecnologia de exploração desenvolvida pela Petrobras (Pré-Sal Petróleo, s/a).[4] Sobre o tema:

> O Brasil conta com três regimes jurídico-fiscais para a exploração e produção de petróleo e gás natural: o de concessão, o de partilha de produção e o de cessão onerosa. A partilha de produção passou a vigorar no país em 2013 e só é adotada nas operações realizadas no Polígono do Pré-Sal e em áreas estratégicas (...) No regime de cessão onerosa, a Petrobras adquiriu o direito de produzir até 5 bilhões de barris de óleo equivalente nessas áreas.

[4] Pré-Sal Petróleo, Regime Fiscal. Disponível em: https://www.presalpetroleo.gov.br/contratos-de-partilha-eproducao/o-regime-fiscal/. Acesso em 01 de setembro de 2024.

> Os regimes de concessão e partilha diferem no modelo e na participação do Estado. Na concessão, todo o petróleo e gás produzidos são adquiridos originariamente pelo concessionário; e o Estado não participa das atividades, limitando-se a regulá-las e fiscalizá-las (...) A remuneração do Estado se dá pela tributação e pelas participações governamentais (...) Na partilha de produção, o Estado participa, sem investir ou correr risco, da atividade de exploração e produção, além de regulá-la e fiscalizá-la (Pré-Sal Petróleo, s/p[5]).

Com relação à venda da Embraer à Boeing norte-americana, sob a justificativa de que a empresa necessitava de maiores aportes financeiros que não poderiam ser fornecidos pelo Estado e lhe faltava competitividade o processo foi bastante controverso. Uma das primeiras questões que chama a atenção era o fato de a Embraer ser definida como uma empresa estatal, à medida que este status já havia sido modificado desde 1994. A partir de 1994, como parte dos ajustes iniciados pela gestão Collor, a Embraer havia se tornado uma empresa com participação pública e privada.

O segundo tópico sensível referia-se à suposta baixa capacidade de projeção da empresa no mercado de aviação, à medida que ela se mantinha competindo por contratos relevantes na aviação comercial. Porém, a Embraer nunca havia deixado de ser uma empresa competitiva. São bastante conhecidos os embates neste setor com a própria Boeing, a europeia Airbus e a canadense Bombardier que chegaram, inclusive, à OMC.[6]

Terceiro, a Embraer detinha ainda grande capacidade de inovação em ciência e tecnologia e permanecia bastante competitiva no setor aeronáutico. Domesticamente, também era uma das poucas empresas nacionais que havia mantido sua relevância em pesquisa e desenvolvimento com aportes públicos e privados em um setor essencial para a soberania nacional (Thomaz, Vigevani, Ferreira, 2021).

Todos estes três pontos, soberania tecnológica, acesso a mercados e reciprocidade estiveram presentes nas críticas internas sobre a venda da empresa, mas que não conseguiram impedir o rápido andamento do processo. As tratativas para a venda foram iniciadas em 2017, e havia a previsão de sua conclusão logo no início do governo Bolsonaro entre 2019-2020. Segundo Thomaz, Vigevani e Ferreira (2021), esta agenda possuía aderência com a readequação do modelo econômico ao neoliberalismo e da reformatação das relações Brasil-Estados Unidos, visando o seu maior realinhamento.

Esta motivação foi dominante durante as gestões Bolsonaro-Trump. Mostrando uma linha de continuidade entre as pautas Temer-Bolsonaro, o processo permaneceu em andamento. Entre 2017-2020, durante a fusão, diversos prejuízos foram impostos a Embraer: perda de empregos, acesso e transferência de tecnologias à Boeing (sem reciprocidade) e dificuldade em participação de concorrências no exterior.

Entretanto, o processo de aquisição, do qual resultaria uma *joint-venture* Embraer-Boeing, com prevalência da empresa norte-americana, foi cancelada em 2020. A decisão foi justificada pela mudança no ambiente de negócios da aviação devido à pandemia do covid-19. Além de fatores econômicos, não se

---

[5] Pré-Sal Petróleo, Regime Fiscal. Disponível em: https://www.presalpetroleo.gov.br/contratos-de-partilha-e-producao/o-regime-fiscal/

[6] Moraes, 2017 oferece uma interessante análise sobre a trajetória da Embraer.

pode descartar que, parcialmente, os objetivos da Boeing diante da Embraer já haviam sido alcançados: acesso a tecnologias e desmonte da capacidade autônoma da companhia competir no exterior. A expressão fusão assimétrica, aplicada por Thomaz, Vigevani e Ferreira (2021) em sua análise sobre o tema revela estes dilemas.

Após o cancelamento da venda, a Embraer iniciou um processo de reestruturação e retomou ativa participação no mercado internacional de aeronaves, com bastante sucesso. Em 2024, foi anunciada a condenação da Boeing, em um processo de indenização solicitado pela Embraer que envolvia desde tópicos associados ao acesso indevido a tecnologias durante o processo de aquisição e os prejuízos financeiros decorrentes do cancelamento da compra. Como decisão da arbitragem, a Boeing deverá devolver US$ 150 milhões a Embraer (G1, 2024).[7]

Ainda no campo da ciência, tecnologia e inovação, com impactos sobre a soberania brasileira foi retomado, com tratativas aceleradas, e assinado, o acordo de concessão da exploração da Base de Alcântara pelos Estados Unidos. Este era um tópico pendente da relação Brasil-Estados Unidos desde a rejeição do Acordo de Salvaguardas Tecnológicas (AST), ainda na gestão FHC, examinada no Capítulo 2. Quase duas décadas após esta rejeição, o tema voltava à pauta, com a mudança de governo e de concepções sobre a soberania nacional e modelos econômicos.

O debate sobre o CLA-AST se assemelha ao da venda da EMBRAER, por estar envolto no discurso da modernidade, das boas relações entre grandes potências e da necessidade de abertura para maior eficiência e investimentos em um setor sensível. O tema se estendeu da gestão Temer ao governo Bolsonaro, mas com um desfecho diferente e com a aprovação do Legislativo. Aqui, como no caso da reforma trabalhista, o governo se torna bem-sucedido pelo domínio da maioria legislativa na Câmara e Senado. O acordo foi assinado, ratificado e promulgado de Novembro de 2019 a Fevereiro de 2020, estando vigente.

Outros fatores que favorecem a aprovação e tramitação do acordo de forma tão acelerada e menos controversa são as citadas alterações no modelo interno e externo do país, e algumas alterações no texto. De 2000 a 2019, o AST foi modificado visando garantir maior transparência nas ações dos Estados Unidos no uso do CLA, aumentando a possibilidade de controle brasileiro. Neste ponto, prevalece a controvérsia: segundo os críticos, o Acordo permitia, ainda, aos Estados Unidos, manter áreas restritas e sem acesso ao governo brasileiro, com o controle dos espaços sendo de uso exclusivo para os norte-americanos e sem contrapartidas tecnológicas (Bojikian, Mariano, Thomaz, 2022).

O que havia sido alterado era a possibilidade de que o governo brasileiro, se considerasse necessário, solicitasse acesso às áreas restritas e controladas pelos Estados Unidos. Áreas restritas referem-se a áreas nas quais os norte-americanos atuariam, no CLA, sem a presença do Brasil, estando o acesso a elas sob sua responsabilidade. Além disso, representantes brasileiros poderiam

[7] G1. "Embraer vai receber US$ 150 milhões da Boeing em acordo para encerrar processo de arbitragem". Disponível em: https://g1.globo.com/sp/vale-do-paraiba-regiao/noticia/2024/09/16/boeing-vai-pagar-usd-150-milhoes-para-embraer-em-acordo-para-encerrar-processo-de-arbitragem.ghtml. Acesso em 17 de setembro de 2024.

estar presentes a inspeções e a exame do espaço com acesso e fotografias de zonas específicas.

Embora na época estas medidas tenham sido apontadas como suficientes para justificar a aprovação do AST, pode-se perceber que a autonomia e soberania dos Estados Unidos nas áreas definidas como restritas e controladas se mostrava bastante protegida. A partir do momento que este acesso ou outros monitoramentos poderiam ser feitos pelo Brasil mediante solicitação do governo brasileiro ao norte-americano e com a presença conjunta de representantes dos dois países, Brasil-Estados Unidos, nota-se a existência de restrições à ação do Brasil.[8]

Um traço comum com relação à situação da EMBRAER e de Alcântara que não pode deixar de ser mencionado é a sua correlação com a soberania brasileira no campo da segurança e defesa. As questões associadas à retomada dos investimentos em ciência, pesquisa e desenvolvimento, tecnologia e inovação, não estavam no centro das preocupações da gestão Temer, o que se estendeu ao tema da revitalização da Base Industrial de Defesa. Embora o governo tenha mantido compromissos na área, como o PROSUB e a continuidade dos investimentos na área nuclear e para os caças GRIPEN, houve uma redução de verbas para estes projetos, assim como novos atrasos em sua conclusão. O governo Temer ficava no "meio termo" entre as políticas dos anos 1990, de desestruturação com Collor e a lenta recuperação de investimentos e parcerias de 2000-10. Também não foram abandonados processos de revisão dos documentos estratégicos nacionais como o LBDN.

O foco do governo Temer foi, como visto, a retomada de certos padrões de alinhamento aos Estados Unidos e a despolitização de uma política externa Sul-Sul reformista, mantendo uma ação instrumental em parcerias com as grandes potências emergentes. De um ponto de vista pragmático, a China encarou este processo como mais uma etapa de idas e vindas do relacionamento bilateral com o Brasil. Como o país já se encontrava envolvido em outros cenários prioritários com relação à BRI, projeção global e na América Latina, a mudança na política brasileira foi observada com cautela.

Como analisado em 5.1, a partir de 2018, a BRI chega à América Latina, em um contexto no qual o Brasil se encontra menos envolvido em mecanismos como a CELAC. Desta maneira, se mantiveram, do ponto de vista chinês, investimentos e agendas de comércio bilateral, importantes para a China, com uma desaceleração de planos de caráter mais estratégicos na geoeconomia. Isto é, uma relação bilateral sem rompimentos, com acomodação, mas sem avançar em potenciais saltos qualitativos via BRI ou no intercâmbio em particular. Segundo os dados apontados por Cariello (2023), o período de 2017 a 2022 traz uma queda de investimentos chineses no país, como resultante da situação de instabilidade política nacional e pela pandemia do covid-19.

De 2019 a 2022, o governo de Jair Bolsonaro trouxe novos contornos a esta realidade e às relações internacionais do Brasil, com impactos nos intercâmbios sino-brasileiro e sino-americano. Sob diversos aspectos, a eleição de Bolsonaro pelo Partido Social Liberal (PSL) pode ser vista como uma

[8] Recomenda-se a leitura do texto supracitado de Bojikian, Mariano e Thomaz, 2022, para o detalhamento deste processo e estudo comparativo do AST de 2000 e 2019.

continuidade da agenda social-econômica defendida pelos grupos de interesse que, desde o final do governo Lula em 2010, pressionavam por ajustes na política interna e externa. Pouco após a eleição, Bolsonaro sairia do PSL, indo para o Partido Liberal (PL). O PL, à frente do centrão, forneceu sustentação à gestão Bolsonaro durante todo o seu mandato.

Temas como a redução do papel do Estado na economia, eficiência, empreendedorismo, a moralidade e a justiça, o combate à corrupção, a boa governança e a eficiência, a "descomunização" e a desideologização das relações internacionais, a retomada de uma pauta pró-ocidente, estadunidense e primeiro mundista não eram inéditas na política interna. Tais pautas vinham ganhando terreno como produto de fenômenos que não atingiam só o Brasil: o desencanto das classes médias diante da crise econômica, a sensação de perda de lugar no mundo, o fundamentalismo e nacionalismo religiosos (as chamadas guerras culturais e de costumes), a xenofobia e a "despolitização-desideologização" da política, representada por lideranças anti-sistema e sem carreira política. Neste âmbito inserem-se a saída do Reino Unido da União Europeia (BREXIT) e a eleição de Trump em 2016 nos Estados Unidos que são o resultado, e não a causa, da crise da ordem internacional.

A coalizão que leva Bolsonaro ao poder é resumida por Casarões (2019) em 5 "Bs": bala, boi, bíblia, bancos e bolsolavismo. Respectivamente, bala corresponde à bancada da segurança pública e das Forças Armadas, agronegócio e *commodities* em geral, grupos religiosos (evangélicos majoritariamente), setor financeiro e os movimentos anti-globalização baseados na retórica e ideologias propagadas por Olavo de Carvalho. Dentre estes grupos de interesse, os quatro primeiros representam a continuidade citada, à medida que são setores muito presentes no debate político e nas disputas políticas nacionais. O quinto "B" representaria uma descontinuidade, pois se encontrava associado a uma figura de pouca relevância, mas que ganhou espaço. É de fato uma descontinuidade ou uma cortina de fumaça?

Como a evolução do governo Bolsonaro demonstrou, assim como a evolução dos estudos, a figura de Carvalho funcionava mais como uma cortina de fumaça para uma retórica pró-Ocidente e pró-Estados Unidos, envolta no mito do globalismo e da guerra cultural-costumes do que era efetivamente uma descontinuidade. As visões nacionalistas e xenofóbicas mostravam-se como um instrumento, somado à religião, para desviar o debate de modelos econômicos existentes e das agendas de exclusão. Dois pontos podem ser mencionados como descontinuidade: a excessiva personalização do alinhamento aos Estados Unidos promovido pelo governo brasileiro durante a sobreposição das gestões Trump-Bolsonaro e a quebra com as visões clássicas da política externa brasileira sobre cooperação e multilateralismo.

No primeiro ponto destacam-se a ideia do "Trump tropical" aplicada à figura de Bolsonaro e à atração que a figura carismática de Trump possuía em certos segmentos no Brasil (e que ia além dos alinhamentos tradicionais vistos ao longo do livro). Contudo, havia uma diferença básica entre Trump-Bolsonaro muitas vezes ignorada em nome de apontar suas semelhanças: enquanto Trump era um *outsider* real da política, Bolsonaro já possuía uma trajetória de muitas décadas no Legislativo, com pouca visibilidade fora do Rio de Janeiro (estado no qual construiu sua carreira).

Para chegar à presidência norte-americana, Trump concorreu por um partido tradicional nos Estados Unidos, o Partido Republicano, contando com o apoio de correntes radicais em ascensão, que buscavam uma liderança contra nomes conhecidos como a família Bush, Cheney e alas mais moderadas. Por sua vez, Bolsonaro vinha de passagens pouco relevantes na Câmara Federal, destacando-se por suas polêmicas contra minorias e proximidade com temas de forças armadas e da segurança pública. A dimensão religiosa viria com mais densidade em 2018, e se tornaria uma das mais fortes bases de sua gestão e de seus apoiadores. A sustentação partidária viria, como desde os anos 1990 no Brasil, do centrão, por meio de coalizões e concessões.

Independente destas diferenças, que pouco são apontadas, prevalecia uma convergência Brasil-Estados Unidos. Premissas como a do MAGA eram valorizadas e nacionalizadas internamente, na forma de discursos soberanistas anti-bolivarianos, anti-comunismo e anti-China, respaldados pelo pró-americanismo e a ideia de que Brasil e Estados Unidos eram iguais. Como visto em 5.1, o conceito de *like-minded* States era utilizado pelo governo Trump para o Brasil e outros países que estariam retomando o caminho da direita conservadora, como Hungria, Polônia, Israel, Arábia Saudita, em torno desses temas citados acima e, além disso, pró-valores familiares. Havia, portanto, uma junção de tendências conservadoras conhecidas, sob novos slogans, mas que se resumiam em Deus, pátria e família (Caballero e Crescentino, 2020).

Outra convergência com Trump era o negacionismo ambiental e científico. Destes, o primeiro possuía forte ligação com os grupos de interesse internos, sustentação do governo, visando a desregulamentação e desmonte do arcabouço ambiental. A lógica da exploração econômica descolada do desenvolvimento sustentável prevalecia, ganhando aspectos predatórios.

Neste campo, precisam ser mencionados os textos e manifestações públicas do Chanceler Ernesto Araújo à frente do Ministério das Relações Exteriores (2017) apoiando a imagem de Trump como uma espécie de salvador do ocidente na luta contra o chamado globalismo (que, na verdade, era um movimento anti-globalização). Em menor escala, Ocidente englobaria ainda partes da União Europeia não dominadas pelo que esta agenda definia como "esquerda" e organismos de Primeiro Mundo, justificando tanto as negociações Mercosul-União Europeia, como a entrada na OCDE. Spektor (2020;2021) define este movimento como de alinhamento em duas vias: uma mais nacionalista-religiosa focada em Trump, e uma mais pragmática, ligada ao Primeiro-Mundismo, em defesa do neoliberalismo econômico.

O segundo ponto refere-se à perda de certos valores intrínsecos à diplomacia nacional, na valorização da ordem internacional do pós-1945. O Brasil passaria a defender uma pauta unilateral e o multilateralismo era tratado como algo negativo. O país abria mão de instrumentos como a OMC para defender seus interesses, e de regimes da ONU de meio ambiente e direitos humanos, considerados restritivos e invasivos. Os discursos de Bolsonaro na ONU se tornaram exemplos da baixa valorização do multilateralismo pelo governo, assim como do uso deste espaço como mobilizador da opinião pública interna em momentos de perda de popularidade da gestão.

Considerando estas primeiras características, o governo Bolsonaro possuiu duas fases de política externa, que correspondem às mudanças internas e externas geradas pela pandemia do covid-19 e a derrota eleitoral de Trump: 2019-2020 e 2021-2022.

A primeira fase é o auge do pró-americanismo trumpista Norte-Sul entre 2019-2020, que tem como marco inicial a viagem de Bolsonaro aos Estados Unidos em março, e o reforço das alianças com grupos de extrema-direita norte-americanos (que até hoje permanecem em um movimento conservador transnacional). Nesta viagem, o governo realiza uma longa lista de concessões aos Estados Unidos, que envolvem os citados casos da EMBRAER e de Alcântara, e outras medidas como a abolição dos vistos de entrada no país sem reciprocidade (aplicada aos Estados Unidos, Japão, Canadá, Austrália), a promessa de transferir a Embaixada do Brasil em Israel para Jerusalém (não realizada), críticas conjuntas à Venezuela e à China. O país abriu mão de seu status de nação em desenvolvimento e seu mercado de trigo aos norte-americanos. Como promessas foram apresentadas pelo governo norte-americano a possibilidade também de abolir vistos e tornar o Brasil aliado especial na OTAN (nenhuma das duas medidas foi implementada).

Como subprodutos, desmontaram-se os projetos de integração regional como a Unasul. Em seu lugar foi estabelecida a Prosul (2019), fórum de presidentes de direita, para uma relação não bolivariana. Antes da Prosul, o Grupo de Lima (2017) já colocava como objetivos a desideologização dos processos políticos regionais, com foco na situação da Venezuela. Ambos, de natureza política eram simbólicos da reversão da Onda Rosa e a ascensão dos governos conservadores na América Latina. Segundo Mariano, Bressan e Theodoro (2021), Prosul e Grupo de Lima podem ser enquadrados na categoria de "Regionalismo Líquido" por conta de seus objetivos mais reduzidos. Nesta categoria, pelo lado econômico, são lembrados também a Aliança do Pacífico (2012), por sua visão comercialista e o NAFTA pós-reforma, renomeado USMCA (2018).

Outro organismo afetado pelas mudanças políticas na região foi a CELAC que, como visto em 5.1, havia se convertido em 2018 na porta de entrada da América Latina na BRI. O Brasil formalmente se retira da CELAC em 2020, e o organismo passa por um significativo esvaziamento. A partir de 2021, há um processo de reativação, sob a liderança do México, com o lançamento de um novo Plano de Ação para o período 2022-2024. O Brasil, no caso, retornou à CELAC em 2023 com a posse da nova gestão Lula. A UNASUL, contudo, não foi reativada até Setembro de 2024.

O Brasil se afastou politicamente da África e do Oriente Médio, e das coalizões Sul-Sul como os BRICS. É um período de alinhamento automático do Brasil aos Estados Unidos, tanto do ponto de vista ideológico quanto econômico-estratégico (Hirst e Pereira, 2022). Com relação à China, além das críticas ao seu regime e práticas, podia ser percebida uma crescente xenofobia nacionalista da parte do Brasil, visando a mobilização de bases internas para sustentação do governo. Em comparação com países do Primeiro Mundo, estando aí incluídos os Estados Unidos, cabe destacar que o movimento retórico anti-China, no caso brasileiro, foca-se mais em dimensões sociopolítico-ideológicas do que nas econômicas. Acusações de que a China estaria "roubando" empresas, empregos e tecnologia como parte deste discurso, presentes de forma clara nas falas trumpistas, não são espelhadas neste teor no Brasil.

Embora Altemani (2016) indique que alguns grupos locais ligados ao setor industrial poderiam fazer uso deste argumento, os fenômenos de desindustrialização nacional não tendem a ser associados somente a este parceiro. Segundo o autor, a ideia da competição predatória, que poderia levar ao que define de "demonização" deste país, é contrabalançada pelo risco do "endeusamento" da parceria econômica. Na verdade, menos do que um "endeusamento" pode-se falar em uma percepção de que as relações comerciais com a China representam ganhos fáceis e válvulas de escape para o Brasil.

Este quadro se agravou com a pandemia do covid-19, quando membros do governo (e da família Bolsonaro) se referiam à China pejorativamente, culpando-a pela pandemia. Antes da pandemia, contudo, em 2019, tanto o Presidente Bolsonaro quanto seu vice estiveram na China, como parte da consolidação do Diálogo Estratégico Global e a celebração dos quarenta e cinco anos das relações diplomáticas. As tratativas com a China eram majoritariamente feitas pelo setor empresarial, e o Vice-Presidente Hamilton Mourão. Em Outubro de 2019 foram anunciadas a "Declaração Conjunta Entre a República Federativa do Brasil e a República Popular da China" e o "Memorando de Entendimento Entre o Ministério das Relações Exteriores do Brasil e o Ministério de Negócios Estrangeiros da China".

No ano de 2022 foram lançados os "Plano Estratégico 2022-2031 entre o Governo da República Federativa do Brasil e o Governo da República Popular da China" e o "Plano Executivo Para as Relações entre o Governo da República Federativa do Brasil e o Governo da República Popular da China". O primeiro Plano reproduz as declarações de intenções dos anteriores focando nas seguintes áreas: política, econômica, de investimentos, comércio e cooperação e ciência, tecnologia e inovação. O segundo traz visões similares, assim como ressalta a importância da cooperação. Deve-se entender esta agenda como de reafirmação da parceria em um cenário de condições muitas vezes adversas, por conta de algumas ações pontuais do governo e a pandemia do covid-19.

Portanto, havia um sentido de instrumentalização nas relações bilaterais. Segundo Ramos, Leite e Mendonça (2024), prevalecia uma desconexão entre as práticas brasileiras de buscar as relações econômicas com a China, somadas às críticas retóricas. Alguns dos episódios mais sensíveis envolveram também governos estaduais, quando João Doria saiu à frente do Executivo no governo de São Paulo, fazendo acordos com a China para a disponibilização de vacinas contra a covid-19. O acordo com a chinesa SINOVAC permitiu acesso à CORONAVAC, a primeira vacina que se tornou disponível no país.

Na oportunidade, o governo federal criticou a vacina, a China, questionando seus efeitos e eficácia, dentro de uma estratégia negacionista e anticiência (Casarões e Magalhões, 2021). Aparte estas questões mais abrangentes, a postura brasileira era contrária à quebra de patentes e discussões sobre vacinas e acesso à saúde na ONU, rompendo uma tradição de defesa do acesso universal à saúde e a medicamentos. Como indicam Ventura e Bueno (2021), a questão se referia à COVID e a todo um processo de desmonte da estrutura da saúde pública do SUS (Sistema Único de Saúde).

A China, por meio de representantes diplomáticos, respondia a estas críticas dentro de parâmetros respeitosos, mas prevalecia grande desconforto. O desconforto não era só da China, mas de elevada parcela da coalizão que dava sustentação ao governo, principalmente o agronegócio. Esse desconforto se aplicava à postura do governo em suas relações com o Oriente Médio. China e Oriente Médio eram parceiros comerciais do Brasil relevantes. Mostrava-se permanente a tensão entre o que era falado-feito internamente para se mobilizar bases e alinhar-se a Trump, e a instrumentalização econômica destas parcerias.

Esta situação persistiria até Janeiro de 2021, sendo agravada durante o período eleitoral nos Estados Unidos quando o governo Bolsonaro apoiava a reeleição de Trump abertamente. Os Estados Unidos, por sua vez, respondiam com medidas protecionistas, visando manter o voto do eleitor de classe média, e acenos que retomavam, no Brasil, as esperanças de um acordo comércio bilateral com o país. Em 2020, Araujo anunciaria que Brasil e Estados Unidos se encontravam próximos de um tratado de livre comércio, o ATEC (Brasil, Ministério das Relações Exteriores, 2020). Não houve nenhum avanço com relação à ATEC.

Não havia nenhuma intenção de Trump de firmar uma zona de livre comércio com o Brasil, e as propostas do *Growth in the Americas* pouco avançavam. As pressões no campo do 5G, para o Brasil não abrir o mercado à China eram mais sólidas. O Brasil aderiu na oportunidade ao "Clean Network Program" de Trump, que associava a competição chinesa no campo das telecomunicações e demais dimensões da Economia Digital a questões de segurança nacional (Amorim e Ferreira-Pereira, 2021). No caso da OCDE e do Acordo Mercosul-UE, o que se observava era a paralisia das negociações, e a preocupação da comunidade internacional com o desmonte das políticas ambientais do Brasil, as queimadas amazônicas e o desrespeito aos direitos humanos.

O fim do pleito eleitoral nos Estados Unidos e a derrota de Trump trouxe mais um episódio sensível nas relações bilaterais: a demora no reconhecimento da vitória do democrata Joe Biden e o questionamento da legitimidade do pleito eleitoral norte-americano, reproduzindo o discurso de Trump. Em 06 de Janeiro de 2021, o Brasil também não condenaria a tentativa de invasão do Capitólio, no dia da confirmação da vitória eleitoral de Biden. Da parte dos Estados Unidos, Biden trouxe um olhar pragmático, buscando não criar incidentes nas relações bilaterais.

Em um quadro geopolítico e geoeconômico complexo na região, com a crescente presença da China, não interessava aos Estados Unidos alienar o Brasil. Esta acomodação frustrou as expectativas de alguns grupos progressistas no Brasil, que esperavam uma postura mais firme do governo Biden frente a Bolsonaro por conta de pautas ambientais e de direitos humanos. A tática norte-americana era de acomodação, buscando, como mencionado, não distanciar os dois países (a despeito do mal-estar por conta das eleições e do alinhamento a Trump). Em Abril de 2021, o Embaixador Carlos França assumiria o cargo de Ministro de Relações Exteriores, e ao longo do ano diversas autoridades norte-americanas viriam ao país (Folha de S Paulo, 2021; G1, 2021): William Burns (CIA) e Jake Sullivan (Conselho de Segurança Nacional). O Brasil também foi convidado a partir de diversas reuniões multilaterais com a presença dos Estados Unidos como parte deste processo (Cúpula Ambiental e Cúpula das Américas).

Pode-se aplicar o termo "engajar para conter" a esta tática, que buscava tanto limitar a presença da China no país, quanto o avanço de forças de ruptura interna no Brasil. Com relação à China, este segundo período de política externa da gestão Bolsonaro trouxe um ajuste. Este ajuste era baseado na diminuição das manifestações antiChina, como forma de maximizar oportunidades econômicas. A mudança de governo nos Estados Unidos, o caráter mais pragmático da gestão França no MRE, em contraste ao pró-ocidentalismo de Araújo, somado à crise econômica interna faziam com que este relacionamento Sul-Sul, assim como outros fossem repensados.

Além da acomodação instrumental com a China, movimentações similares puderam ser observadas em direção à Rússia, à Índia, e a alianças como os BRICS. Um dos momentos mais controversos de 2022 foi a viagem do Presidente Bolsonaro à Rússia, já programada antes da eclosão da Guerra da Ucrânia e que foi mantida. A Rússia, assim como a China, é um dos principais parceiros do agronegócio brasileiro, somado a acordos militares, na ciência e tecnologia. Na oportunidade, o Brasil foi muito criticado, à medida que a viagem poderia sinalizar um apoio à Putin, mas desde 2022, o país manteve sua postura de neutralidade.

A política externa brasileira adentrava o ano eleitoral em posição defensiva e de baixo prestígio. Para os Estados Unidos este era, como citado, um quadro de especial preocupação. Ao longo de 2022, além das visitas de mais autoridades norte-americanas ao Brasil, do alto escalão do Departamento de Estado como Victoria Nulland, foram diversas as manifestações a favor da democracia brasileira e de sua solidez. A futura Embaixadora dos Estados Unidos no Brasil Elizabeth Bagley reiterou em audiências públicas para a confirmação da sua indicação ao cargo a solidez da democracia brasileira e a confiança dos Estados Unidos em sua continuidade. Sinalizações para grupos de interesse internos também foram realizadas, indicando que nenhuma ruptura institucional do regime democrático seria aceita.

Não só os Estados Unidos, mas diversos parceiros externos do Brasil, manifestavam-se a favor do reconhecimento da legitimidade do processo eleitoral e seu resultado devido às movimentações internas que eram percebidas no exterior como embrionárias de uma quebra democrática. Estas movimentações eram motivadas pela anulação das condenações de Lula que o haviam impedido de concorrer em 2018, o esvaziamento da Lava Jato e o questionamento da credibilidade das urnas eletrônicas (que seriam passíveis de fraude e não auditáveis).

Apesar destas tensões e do agravamento da crise econômica, Lula foi eleito em segundo turno, com pequena margem à frente do então Presidente Jair Bolsonaro, como representantes de uma frente ampla de forças progressistas. Como companheiro de chapa, seu ex-adversário em eleições e ex-governador de São Paulo, Geraldo Alckmin, que migrara para o PSB. O nível de polarização eleitoral, assim como um mapa eleitoral dividido claramente entre Sul-Sudeste-Centro Oeste, pró-Bolsonaro, Norte, polarizado, e Nordeste, pró-Lula, traziam já as primeiras pistas de que o terceiro mandato de Lula seria marcado por dificuldades. Tais dificuldades seriam agravadas pelo domínio dos Partidos de extrema e centro-direita no Legislativo, mantendo o poder do "centrão" (Rodrigues, 2024).

Antes e depois de assumir, Lula teria sua vitória contestada em duas oportunidades dentro do país, a despeito do rápido e inequívoco reconhecimento de sua vitória pelos Estados Unidos e outros parceiros globais como a União Europeia, a China e na América do Sul. O primeiro episódio ocorreu logo após a eleição, com bloqueios em estradas e acampamentos em locais públicos (especialmente os associados às Forças Armadas). O segundo episódio, mais grave, ocorreu em 08/01, uma semana após a posse. Estes eventos reproduziram o enredo de 06/01 nos Estados Unidos com a invasão do Capitólio, com destruição de prédios e patrimônios públicos em Brasília.

Nas relações internacionais, o período de Fevereiro 2023 até Dezembro deste mesmo ano foi de recuperação da imagem do Brasil no sistema internacional e a retomada do paradigma multilateral-global com ênfase no eixo Sul. Entretanto, o Brasil de 2023, não era o mesmo de 2003 quando Lula assumiu pela primeira vez e nem o mundo. Ainda que esta seja uma constatação óbvia, é preciso fazê-la até para ajuste de expectativas diante dos recursos de poder disponíveis para o Brasil, e dos limites estruturais internos e externos que se colocam a sua projeção internacional e retomada social-econômica doméstica. A avaliação destes recursos e limites delimita a capacidade (ou não) de estabelecer uma barganha triangular efetiva com Estados Unidos e China.

Considerando todas estas condicionantes, o Brasil de 2023 encontrava-se em uma situação de vulnerabilidade econômica e social, produto da continuidade de um modelo econômico focado na abertura da economia e no setor primário. Tal vulnerabilidade foi aprofundada pela pandemia do covid-19, associada a uma agenda de cortes de gastos em programas sociais da saúde, educação e bem-estar. Isso levou à queda do IDH, com o retorno do país ao mapa da fome e a manutenção de baixos índices de escolarização, o retorno de doenças erradicadas e epidemias de problemas conhecidos como dengue.

Com a chegada de Lula ao poder, houve uma renovação e ampliação de pautas prévias como Bolsa Família, Fome Zero, Minha Casa, Minha Vida e a promessa de melhorias em investimentos em educação, saúde, ciência e tecnologia. Estas pautas, que demandam aumento de gastos, e ampliação de políticas sociais, industriais e de inovação, tem caminhado de forma desproporcional no primeiro biênio de governo. Ao mesmo tempo em que se podem perceber melhorias, o governo se mantém pressionado para a manutenção de políticas de contenção de gastos, altos juros e déficit zero. No campo da política externa prevalecem cisões, produzindo constantes ruídos sobre as decisões governamentais e sua agenda nas relações internacionais, sob o lema "O Brasil voltou".

Avaliando a premissa do "Brasil voltou", esta prioridade implicou, ao longo de 2023, em uma série de viagens presidenciais de Lula ao exterior e um forte exercício de Diplomacia Presidencial. O termo não se refere apenas a uma retomada de paradigma global-multilateral e Sul-Sul, mas à necessidade de recuperar a credibilidade do país diante de parceiros e nas instituições multilaterais.

Para dar conta desta agenda, Lula indicou Mauro Vieira como Ministro das Relações Exteriores e o Embaixador Celso Amorim como Assessor Especial da Presidência para assuntos internacionais. Esta ofensiva no campo externo, retomando, mas também atualizando as pautas da primeira passagem de Lula na presidência, era vista como essencial neste ano inicial de mandato de Lula, até por conta dos apoios político-econômicos que poderiam vir do exterior. O discurso de posse de Vieira (2023) refletiu estas tendências como aponta Belém Lopes (2024), trabalhando com agendas de continuidade, mas também de renovação com as agendas prévias da diplomacia de 2003 a 2010. Neste sentido, o termo aplicado por Belém Lopes à pauta de Lula 3, em comparação ao período anterior, é recalibragem.

Como apontam Hirst (2023) e Lima (2023), os resultados, no geral, foram positivos dentro das circunstâncias. Em uma visão distinta, Burges (2024) retoma a avaliação de Malamud (2011) de que o Brasil continua um líder sem seguidores, devido à ausência de um plano estratégico claro. Desta ausência derivam questões de falta de poder duro e a pouca efetividade no campo brando. Porém, somadas todas estas avaliações, e a visão deste texto, somente no médio e no longo prazo será possível avaliar se Lula 3 trará uma nova fase de autonomia, dentro dos parâmetros de aumento de capacidades e mudança de posição relativa no equilíbrio de poder.

Para isso, o governo atuou (e continua atuando) em cinco frentes: primeiro, a revalidação dos traços fundamentais da política externa de não-ingerência, neutralidade e defesa da lei internacional, segundo a reafirmação dos compromissos multilaterais, terceiro, a retomada da pauta Sul de reforma e inovação no multilateralismo, quarto a reconstrução da América do Sul e, quinto, a reformatação dos relacionamentos bilaterais.

A primeira surge como um "guarda-chuva" à medida que atrela princípios clássicos a este paradigma à política externa. Como trabalhado, no governo Bolsonaro, a descontinuidade maior não era a visão pró-Estados Unidos, mas sim o descolamento do Brasil, de suas tradições diplomáticas com relação à lei internacional, à valorização do multilateralismo e não-ingerência e não-intervenção.

Associadas ao multilateralismo, estas frentes enfatizam a relevância das instituições e regimes internacionais para o Brasil, no sentido de valorização dos espaços de debate e da normatização das relações internacionais. A reafirmação dos compromissos com organismos tradicionais como a ONU, o FMI e o Banco Mundial, a tentativa de retomada da OMC, somadas à defesa da atualização destes espaços e ampliação de fóruns como o G-20 financeiro são percebidos com essenciais para o país e sua reinserção internacional. Na presidência do fórum G-20, o Brasil receberá o encontro previsto para Novembro de 2024. O país voltou a ser convidado para reuniões do G-7.

Dois temas, que foram alguns dos que mais atingiram negativamente a credibilidade brasileira devido às políticas anteriores, meio ambiente e direitos humanos ganham um novo impulso. No meio ambiente, o Brasil retoma compromissos de preservação ambiental e de combate à mudança climática, tornando-se sede da COP-30 em Belém (prevista para 2025). Na agenda de direitos humanos, regimes que haviam sido abandonados como o Pacto de Migração e a defesa de direitos de gênero são recuperados. Na política interna e externa, os ODS-Agenda 2030 voltam ao foco, enquanto pautas como a entrada do Brasil na OCDE perdem relevância.

No âmbito das coalizões de geometria variável observa-se empenho e a busca de avanços, como no BRICS. No caso do BRICS, sua importância renovada e as maiores responsabilidades do Brasil (e o apoio de seus pares), reflete-se na indicação e posse de Dilma Rousseff para a presidência do NBD. Destaca-se a ampliação da aliança a partir de 2024, na forma do BRICS Plus (ou BRICS+) com o ingresso da Arábia Saudita, Egito, Emirados Árabes Unidos, Etiópia e Irã (Visentini, 2023a). Havia também o convite à Argentina, que declinou por conta da eleição de Milei, e novos candidatos a membros do grupo são Turquia e Indonésia, somente para citar alguns. A conclusão deste processo inicial de expansão e o exame de novas candidaturas se encontra previsto para ocorrer na Cúpula de Kazan, na Rússia, em Outubro 2024.

Com relação à América do Sul, é a frente na qual a premissa de Burges (2024) já indicada sobre as dificuldades da liderança aplica-se com mais aderência. Além do Brasil possuir menos capacidade de projeção em 2023 do que em 2003-2010, até no que se refere às demandas financeiras dos projetos integracionistas, a região se apresenta mais instável. Não são poucas as situações de quebra política institucional na América do Sul (Peru, Equador, Bolívia) e eleições polarizadas têm sido uma constante.

A Venezuela continua um ponto sensível, à medida que sua crise político-econômica persiste sob o governo Maduro e com forte instabilidade institucional. Em 2023, a disputa territorial Venezuela-Guiana pela região rica em petróleo de Essequibo, pertencente à Guiana, gerou mais um foco de tensão. O Brasil, cujo papel de mediação frente à Venezuela foi bastante ativo nas gestões FHC-Lula, tem procurado retomar esta influência, Porém com baixa eficácia. Outro tema de distância são as questões sobre Cuba, que permanece sob embargo estadunidense, e sem nenhuma sinalização de que o reatamento das relações diplomáticas pode ser retomado como na era Obama.

O cenário sul-americano é de embate estratégico entre Estados Unidos-China, como visto em 5.1, sem que seja possível indicar a existência de uma triangulação real com o Brasil. Para que esta triangulação pudesse se reestabelecer como na década anterior, seria necessário que mecanismos de integração sólidos com a presença brasileira na liderança, pudessem se reestabelecer. Em outras palavras, uma "refundação" da Unasul, que parece pouco provável pela falta de dinamismo e interesse da região em retomar o processo. Outros fatores de dificuldade são as pressões internas no Brasil à medida que estes arranjos permanecem questionados.

Somente o Mercosul, que possui cada vez mais um caráter econômico, vem se mantendo. Com relação ao Acordo Mercosul-União Europeia, são muitos os entraves, que derivam tanto de regras dos blocos, como da política interna de seus Estados-membros, à medida que o eventual acordo afeta grupos de interesse bastante poderosos, como o agronegócio. Dentre estes, mencionem-se as barreiras tarifárias e não tarifárias no setor agrícola, assim como os subsídios ao setor, a pressão por maior abertura comercial no Mercosul sem reciprocidade e a legislação ambiental europeia.

Esta legislação, conhecida como "Pacto Ecológico Europeu"[9] que é objeto de debate dentro do próprio bloco, possui metas ambiciosas para zerar as emissões de carbono até 2050, a substituição da matriz energética para ener-

[9] Sobre o tema ver: European Commission. "The European Green Deal". Disponível em: https://commission.europa.eu/strategy-and-policy/priorities-2019-2024/european-green-deal_en. Acesso em 01 de agosto de 2024

gia limpa, desenvolvimento sustentável e o incentivo à economia circular. O setor agrícola e pecuário é um dos afetados por conta da questão das vegetações nativas, formas de cultivo, uso da água e maquinários, dentre outras questões. Assim, é uma das dimensões mais sensíveis do acordo que, como indicado, continua em aberto.

A quinta e última frente de atuação, a reformatação dos relacionamentos bilaterais, envolve diversas parcerias estratégicas do Brasil no mundo. Tais relacionamentos se sobrepõem as coalizões de geometria variável e se correlacionam às demais dimensões de valores e práticas analisadas. Como isso afeta as relações Brasil-Estados Unidos e Brasil-China?

No caso dos Estados Unidos, a sobreposição Lula-Biden entre 2022-2024 indica uma série de convergências nos temas sociais-transnacionais, mas muitos espaços de divergências nas convergências (Pecequilo, 2024). A tríade democracia-meio ambiente-direitos humanos representa a mais significativa agenda comum entre as duas diplomacias em termos discursivos.

Estes temas mereceram destaque na viagem de Lula aos Estados Unidos logo depois de sua posse em Fevereiro de 2023, quando os dois países se comprometeram a avançar pautas de proteção ao regime democrático diante do avanço da extrema direita. O pano de fundo do compromisso pela democracia pretende evitar episódios similares ao 06 de Janeiro de 2021 e 08 de Janeiro de 2023, nos Estados Unidos e no Brasil, respectivamente. Ressaltou-se, do lado brasileiro, a importância da posição norte-americana diante destes acontecimentos em apoio à estabilidade nacional.

Uma iniciativa nova foi a defesa do trabalho digno, que resultou na "Parceira pelos direitos dos trabalhadores e trabalhadoras" firmada naquele mesmo ano (também conhecida como Iniciativa para o Trabalho Decente). O objetivo desta iniciativa é combater a precarização das relações de trabalho diante do avanço das plataformas digitais e da desregulamentação de legislação. Em 2024, este foi um dos focos da participação do Brasil na reunião da OIT (Organização Internacional do Trabalho) e do G7. Em ambos os fóruns, outros temas foram introduzidos por Lula, mais polêmicos como a regulação da Inteligência Artificial e a reforma dos organismos internacionais, que se incluem na agenda de potenciais divergências Norte-Sul.

Ainda no campo dos direitos e temas sociais, o Brasil abandonou a aliança conservadora que orientou as posições do país em negociações multilaterais, com a retomada da participação em regimes e busca de garantia de direitos de gênero e reprodutivos, e de refugiados. Todavia, há um tensionamento permanente entre esta tentativa de buscar pautas progressistas nestes campos pelo Executivo e a posição do Legislativo que preserva o teor conservador. Periodicamente o país têm enfrentado disputas entre estes setores, devido à influência dos grupos de interesse religiosos.

No meio ambiente existe uma grande convergência em torno de temas de princípio como o combate à mudança climática, a transição energética, o controle de emissões de CO2 e a preservação dos biomas brasileiros. Apesar do significativo potencial de cooperação, o aprofundamento de uma ação conjunta no campo de biocombustíveis e energias renováveis possui dificuldades em se consolidar, como visto na prática nos primeiros acordos Lula-W. Bush, focados no etanol. Dentre as dificuldades envolvidas encontram-se o protecionismo dos mercados norte-americanos, obstáculos de transferência de tecnologia, investimentos e infraestrutura. A partir destes obstáculos, estes são setores que em Lula 3 tem incrementado sua cooperação com a China.

No que se refere à preservação dos biomas, a Amazônia (na figura do Fundo Amazônia), acaba recebendo maior destaque diante dos demais, devido ao impacto das florestas e a intersecção com temas de maior visibilidade como garimpo, queimadas, extração de madeiras e direitos dos povos originários. Diferenças de posição no tradicional debate desenvolvimento sustentável versus preservacionismo, financiamento e proteção, são constantes.

Além disso, os demais biomas brasileiros, como a Caatinga, o Cerrado, a Mata Atlântica, o Pampa e o Pantanal, sofreram (e sofrem) devastações, resultantes de políticas de desregulamentação e flexibilização de padrões ambientais. Como resultado, o país tem sido atingido por diversos eventos climáticos extremos como chuvas, seca, calor e incêndios. Os Estados Unidos e o mundo, igualmente, não se encontram imunes a esta situação de emergência climática. Assim como no campo dos direitos, prevalece uma disputa entre setores do Executivo e Legislativo, com choques no campo ambiental. Ao mesmo tempo em que o Brasil realizará em 2025 a COP-30 em Belém e o governo busca colocar-se como um líder ambiental, grupos de interesse domésticos mantém pressões para menores controles.

A retomada de uma visão mais Sul-Sul pelo Brasil gerou espaços de divergências nas convergências, com predomínio de questões geopolíticas e geoeconômicas. Embora na retórica temas como democracia sejam sempre presentes, a visão tática aplicada a ela e às relações do Brasil com o mundo e demais parceiros, é divergente. Esta é uma realidade derivada do reconhecimento do Brasil como nação do Sul, mas principalmente, pela natureza de não ingerência e não confrontação do país e de valorização da lei internacional e do multilateralismo como fórum de solução de conflitos.

Muitos dos principais parceiros do Sul do Brasil são definidos, como indicado em 5.1, como autocracias e/ou democracias iliberais, o que contrasta com a postura brasileira de manter seus intercâmbios com todas as nações. Mais diretamente, essa visão afeta as relações do Brasil com a China, a Rússia e a Venezuela. Entretanto, no caso da China, há uma postura cada vez mais pragmática dos Estados Unidos, de compreender a dependência econômica atual do Brasil perante este parceiro.

A Venezuela, em particular, mantém-se como uma crise quase permanente na América do Sul devido à continuidade do governo Maduro. Entre 2023-2024, além da crise com a Guiana, mais uma crise relativa às eleições presidenciais permanece em andamento, com a declaração de vitória por parte de Maduro, a não aceitação por parte da oposição dos resultados e o reconhecimento no exterior. O Acordo de Barbados, de Outubro de 2023, que teve o Brasil como um de seus mediadores, segundo o qual Maduro comprometia-se em aceitar os resultados da eleição de 2024, foi quebrado pelo regime venezuelano (Brasil, 2023).[10]

[10] Brasil. Ministério das Relações Exteriores. "NOTA À IMPRENSA Nº 480 - Acordos de Barbados sobre o diálogo político na Venezuela". Disponível em: https://www.gov.br/mre/pt-br/canais_atendimento/imprensa/notas-a-imprensa/acordos-de-barbados-sobre-o-dialogo-politico-na-venezuela. Acesso em 10 de setembro de 2024.

O que se encontra em xeque são temáticas geopolíticas e geoeconômicas, de disputas por espaços e de posições nos principais conflitos em andamento na Eurásia e Oriente Médio, O governo Lula adotou, e adota, posições pragmáticas, em consonância com sua agenda e tradições da política externa, que não representam nem alinhamento e nem a busca da confrontação com os Estados Unidos. Duas dimensões podem ser identificadas no binômio geopolítica-geoeconomia: a estrutural e a conjuntural.

A estrutural refere-se à existência de uma coexistência competitiva Estados Unidos-China, como parte do processo de transição hegemônica em andamento. Isso permite tanto a barganha entre ambos, como o tensionamento das relações bilaterais e triangulares. Embora a chegada da BRI à América Latina tenha trazido novas dimensões a esta disputa no hemisfério americano, com impactos sobre o Brasil, o foco de ambos, China e Estados Unidos, permanece na Eurásia.

Além da disponibilidade de recursos, e sua alocação, ser diferente entre Estados Unidos e China, em sua projeção internacional por regiões e setores, há também uma diferença entre os mecanismos de cooptação e competição na região. Para os Estados Unidos, por enquanto, parece não ter se alterado a percepção estratégica de que é preciso evitar o crescimento de ameaças intrarregionais e não só extrarregionais no hemisfério. Com isso, no cálculo estratégico norte-americano, um ganho de poder muito significativo do Brasil poderia tornar-se um risco. Portanto, não há alteração na percepção geopolítica tradicional dos Estados Unidos sobre a América Latina e o Brasil.

Também não se alteram as dinâmicas de polarização interna no Brasil sobre as orientações de política externa. Prevalece a ausência de um projeto interno de desenvolvimento coeso e relações internacionais que visam a autonomia. O peso estrutural dos Estados Unidos se mantém, assim como as percepções sobre a projeção do Brasil ter que ser mais voltada ao eixo Norte-Sul. Do outro lado da moeda, isso significa a preservação apenas instrumental e unidimensional das parcerias Sul-Sul, para sustentação econômica. Permanecem os choques de paradigmas entre os Mundos.

Em termos conjunturais, estas questões associadas ao padrão da relação bilateral Brasil-Estados Unidos e as polarizações domésticas afetam a política do país nos dois conflitos mais "quentes" do ciclo 2022-2024 ao longo do governo Lula: a Guerra da Ucrânia e as posições de Israel diante de seus vizinhos e os grupos terroristas Hamas e Hezbollah. As posições brasileiras na Guerra da Ucrânia em busca de uma mediação entre os beligerantes e neutralidade, tem sido objeto de diversas críticas, internas e externas. A ausência de fornecimento de ajuda militar à Ucrânia (munições), a não imposição de sanções à Rússia e sua condenação aberta, e a defesa de que o país participe das negociações de paz são os principais pontos de divergência. As ações de Israel e a escalada do Oriente Médio é motivo de desencontro diplomático, seja pelas críticas abertas de Lula à Israel, como à posição do país em fóruns internacionais como na ONU.

Entre 2022-2023 em seu retorno ao CSONU como membro não permanente (Albuquerque e Sénéchal, 2024), o Brasil, à frente da presidência do Conselho, realizou tentativas de negociar a aprovar resoluções sobre o conflito Israel-Hamas. Este tema, adicionalmente, possui implicações para a política interna, pois reforça posicionamentos da oposição mais ligada aos setores evangélicos de que o Brasil é "contra" Israel. Como resultado, o Brasil retirou o seu Embaixador de Israel em 2024. Enquanto isso, o conflito continua em andamento na Faixa de Gaza, revelando uma tragédia humanitária.

Ainda assim, prevalecem parcerias como se indicado, e novos caminhos de cooperação no campo estratégico. Além da parceria em Defesa, tem-se discutido a possibilidade de que Brasil e Estados Unidos aprofundem laços no que se refere à compra de equipamentos para as Forças Armadas. Em 2024, voltou a ser debatida a compra de aeronaves norte-americanas (F-16 usados), ao mesmo tempo que se anunciou a produção nacional dos GRIPEN (G1b, 2024,[11] Saab, 2024[12]).

Esta dimensão revela a contínua dificuldade nacional em reinvestir na BID nacional e a competição pelas vendas no setor de defesa entre potências como Estados Unidos, Rússia e França. No campo nuclear, o Brasil manteve suas posições sem alteração com relação ao Protocolo Adicional do TNP. A China, buscando ampliar sua participação neste mercado, pode ter um papel neste setor no Brasil, devido às tratativas para a venda da AVIBRAS. Inicialmente encaminhadas para a empresa australiana DefednTex, esta venda foi suspensa, com a chinesa Norinco (G1c, 2024[13]), demonstrando interesse na aquisição. Esta questão foi considerada sensível pelos Estados Unidos, com o processo ainda em andamento em Setembro de 2024.

Os temas securitários transnacionais, relacionados à segurança compartilhada, bastante presentes nos anos 1990 permanecem, com ênfase no narcotráfico e migração. A estas questões, são somadas as preocupações relativas à entrada da China no mercado de telecomunicações brasileiro que, como discutido em 5.1, é vista como nova pauta de ameaça. Apesar destas divergências movimentos de cooperação securitária inédita tem se desenvolvido, como os treinamentos militares conjuntos Brasil-Estados Unidos-China no país (G1d, 2024).[14]

Em 2024, um tema sensível, contudo, permanece sendo o não apoio dos Estados Unidos à candidatura do Brasil ao assento de membro permanente no CSONU, ou a suas propostas de uma reforma abrangente do Conselho e da própria ONU (posição na qual os Estados Unidos convergem mais com a China do que com o Brasil[15]). Há uma mudança na posição norte-americana nos

---

[11] G1b. "FAB inicia estudos para avaliar compra de caças americanos F-16 usados". Disponível em: https://g1.globo.com/politica/noticia/2024/06/16/fab-inicia-estudos-para-avaliar-compra-de-cacas-americanos-f-16-usados.ghtml. Acesso em 01 de agosto de 2024.

[12] Saab. "Primeiro F-39 Gripen produzido no Brasil avança para a montagem final." Disponível em: https://www.saab.com/pt-br/markets/brasil/noticias/2024/primeiro-f-39-gripen-produzido-no-brasil-avanca-para-a-montagem-final#:~:text=O%20primeiro%20Gripen%20E%20produzido,iniciar%C3%A1%20a%20produ%C3%A7%C3%A3o%20em%20julho. Acesso em 01 de agosto de 2024.

[13] G1c. "Avibras recebe nova proposta para venda de empresa após empresa australiana desistir da compra diz Ministro da Defesa." Disponível em: https://g1.globo.com/sp/vale-do-paraiba-regiao/noticia/2024/06/17/avibras-recebe-nova-proposta-para-venda-da-empresa-apos-companhia-australiana-desistir-da-compra-diz-ministro-da-defesa.ghtml. Acesso em 01 de agosto de 2024.

[14] G1d. "Brasil faz exercício militar em Goiás com tropas da China pela primeira vez."
Disponível em: htp://g1.globo.com/politica/noticia/2024/09/07/brasil-faz-exercicio-militar-em-goias-com-tropas-da-china-pela-primeira-vez.ghtml. Acesso em 15 de setembro de. 024.

[15] Chade, Jamil. "Embaixadora dos EUA não garante Brasil no Conselho de Segurança". Disponível em: https://noticias.uol.com.br/colunas/jamil-chade/2024/09/12/embaixadora-dos-eua-nao-garante-brasil-no-conselho-de-seguranca.htm. Acesso em 20 de setembro de 2024

apoios para entrada no CSONU: antes limitado à Japão e Índia, este apoio foi estendido à Alemanha pela gestão Biden.

Se estas divergências nas convergências trarão momentos sensíveis como as experimentadas na gestão da crise do Acordo Tripartite Brasil, Irã, Turquia (2010) ou da espionagem da NSA (2013) fica em aberto. Apresenta-se o desafio da continuidade de políticas de Estado em meio a mudanças de governo. As eleições presidenciais de 2024 nos Estados Unidos podem manter este padrão em caso de vitória de Biden ou o retorno de Trump para um segundo mandato. Entretanto, como bem destacou o Chanceler Mauro Vieira (Amado, 2023), independente do governo, partido ou grupos de interesse no poder, as relações bilaterais permanecem como estruturais no pensamento diplomático nacional. Independente desta afirmação, existem diferenças de tom e agenda, em ambas as nações que afetam o relacionamento e isso se aplica igualmente à China.

A volta de Lula ao poder representa a retomada do caráter multidimensional e não apenas instrumental do intercâmbio sino-brasileiro, valorizando a dimensão político-estratégica Sul-Sul. Apesar das assimetrias de poder deterem impacto nas percepções e práticas da política externa da China em alianças como os BRICS e agendas bilaterais, o relacionamento se demonstra profícuo e com aprofundamento de parcerias econômicas. Como já discutido, a frente multilateral e as alianças de geometria variável são fundamentais para a Cooperação Sul-Sul e as relações bilaterais com a China. No que se refere ao BRICS, o período é marcado pela sua ampliação como citado e pela presidência brasileira no NBD com a ex-Presidente Dilma Rousseff.

Intensificaram-se as atividades da COSBAN novamente e visitas de autoridades de Estado e missões sociais, culturais e empresariais. Em Março de 2023, Lula esteve na China, fechando uma série de acordos para atração de investimentos e de obras de infraestrutura, instalação de novas empresas chinesas no Brasil e reforço das parcerias pré-existentes. As intenções e metas do aprofundamento da cooperação, em nível da Parceria Estratégica Global foram formalizados na "Declaração Conjunta entre a República Federativa do Brasil e a República Popular da China sobre o Aprofundamento da Parceria Estratégica Global" e a "Declaração Conjunta Brasil-China sobre o Combate às Mudanças Climáticas".

Em termos comerciais, as relações bilaterais Brasil-China, comparativamente às Brasil-Estados Unidos permaneceram mais vantajosas no que se refere ao saldo da balança comercial brasileira. A tabela 10 indica a manutenção desta tendência:

**Tabela 10 – Saldo da Balança Comercial US$ FOB**

| Ano[16] | Brasil-Estados Unidos | Brasil-China |
|---|---|---|
| 2018 | - 4.134.199.868 | 28.772.326.313 |
| 2022 | -13.866.573.188 | 28.683.796.408 |
| 2023 | -1.043.437.235 | 51.149.054.657 |

Fonte: Elaborada pela autora com dados do MDIC- Comexstat

[16] Datas correspondem aos finais de mandato de Michel Temer (2018) e Jair Bolsonaro (2022), e o primeiro ano do governo Lula (2023).

Além disso, a participação da China na economia brasileira mantém um viés de alta, como pode ser percebido na Tabela 11.

**Tabela 11 – Participação Comparada Estados Unidos e China**

| Ano[17] | Exportações Brasil-Estados Unidos | Exportações Brasil-China | Importações Brasil-Estados Unidos | Importações Brasil-China |
|---|---|---|---|---|
| 2018 | 12,00 | 26,80 | 16,00 | 19,20 |
| 2022 | 11,20 | 27,20 | 18,80 | 22,60 |
| 2023 | 10,90 | 30,70 | 15,80 | 22,10 |

Fonte: Elaborada pela autora com dados do MDIC- Comexstat

Com a visita de Lula, abriram-se novas perspectivas de cooperação em setores como o automobilístico, sendo um dos movimentos mais simbólicos do período a instalação da fábrica da chinesa BYD na Bahia, nas antigas instalações da Ford norte-americana. A BYD, que é reconhecida como a maior fabricante de carros elétricos do mundo comprometeu-se a produzir seus veículos no Brasil, incluindo uma gradual transferência de tecnologia.

Esta questão é relevante à medida que muitas críticas foram feitas ao acordo BYD-Brasil por conta da inicial importação de veículos ao país e pelo risco de que os carros apenas fossem ser montados no país a partir da importação de componentes externos. A prática é conhecida e utilizada pelas chamadas "maquiladoras", muito comuns no NAFTA, nas quais a empresa apenas "monta" os carros no país estrangeiro, sem investimentos reais na geração de cadeias produtivas e conteúdo nacional. Entretanto, o compromisso de BYD é não reproduzir esta dinâmica e promover adaptações dos veículos ao mercado brasileiro (G1e, 2024).[18]

O aporte financeiro prometido pela BYD e a ampliação da presença da China no país, por meio do incremento da presença em setores produtivos com tecnologia agregada com mais empresas, consolida a tendência de maior efetivação de investimentos locais, como apontada por Cariello (2023). O ano de 2023, conforme o estudo apresentado pelo autor, aponta um crescimento de 27% para 88% desta efetivação de aportes financeiros. Outro dado relevante é o do aumento de consecução de projetos, para mais de 90%. O autor lembra, porém, que em termos brutos, os níveis de investimento em termos de valores ainda são menores do que os do biênio 2009-2010. Porém, a tendência é positiva e de retomada do crescimento.

Ainda sobre o perfil dos investimentos da China no Brasil, e na América Latina como um todo, estudo do Inter-American Dialogue (Myers, Melguizo and Wang, 2024) apontou uma mudança. Comparativamente à última década, na qual os investimentos chineses estiveram mais direcionados ao setor de infraestrutura física (transportes, comunicações e energia), a tendência

[17] Datas correspondem aos finais de mandato de Michel Temer (2018) e Jair Bolsonaro (2022), e o primeiro ano do governo Lula (2023).

[18] G1e. "BYD oficializa início das obras de complexo fabril na Bahia; investimento na instalação da fábrica foi de R$ 3 bilhões". Disponível em: https://g1.globo.com/ba/bahia/noticia/2024/03/05/byd-oficializa-inicio-das-obras-de-complexo-fabril-na-bahia.ghtml. Acesso em 28 de agosto de 2024.

observada na segunda metade da década de 2020 é a de redirecionamento para os setores da Tecnologia da Informação e Comunicação (TICs), energia renovável e outras atividades ligadas à Economia Digital. Como apontado em 5.1, este é um setor de significativa competição entre Estados Unidos e China.

Sendo esta área de crescente relevância no choque sino-americano, pode-se indicar que este seria um dos espaços de maior potencial de barganha e triangulação estratégica a ser explorado pelo Brasil. Além de ser um mercado potencial em disputa para os setores da Economia Digital, o país, com maiores investimentos em ciência, tecnologia e inovação, detém a capacidade de buscar um reposicionamento nestes setores. Como apontam Rolf e Schindler (2022), a disputa entre os Estados Unidos e a China para a ampliação de sua atuação em terceiros países nos setores digitais traz riscos e oportunidades para todas as nações no campo da transferência de tecnologia, acesso a dados e mercados, aplicativos, dentre outros temas da Economia Digital.

Somado a isso, no campo de bicombustíveis e energia renovável, o Brasil possui uma expertise que lhe traz vantagens comparativas. Pendente da natureza da parceria bilateral, o Brasil poderia reposicionar-se nas cadeias produtivas globais, dentro dos preceitos de *nearshoring* ou *friendlyshoring* e *trustshoring*. Outro elemento de barganha que o Brasil poderia colocar na mesa para este reposicionamento é o de suas vantagens comparativas para as novas revoluções produtivas da Economia Digital e da Energia Renovável, quais sejam: as terras raras e os minerais críticos.

Nos dois setores, Economia Digital e Energia Renovável, a China tem atuado nos setores de infraestrutura no Brasil para maior acesso e desenvolvendo participação ativa nos setores produtivos por meio de *joint-ventures* e investimentos.

O mesmo acontece com os Estados Unidos que, em 2024, conforme indicado pela Embaixadora dos Estados Unidos no Brasil, Elizabeth Bagley, em entrevista à Folha de S Paulo (Mello, 2024), pretendem promover maior integração do Brasil na cadeia de suprimentos dos minerais críticos e terras raras (Bagley, contudo, indica que o país não seria foco de investimentos em setores como semicondutores e tecnologias avançadas).

Há a possibilidade tanto do Brasil tornar-se um mero fornecedor de insumos para o exterior, com foco nos Estados Unidos e na China no campo dos minerais críticos e terras raras, como buscar uma agenda de inserção autônoma por meio da barganha com estes países. A escolha do caminho depende menos dos parceiros que do Brasil, na definição de sua postura nas negociações bilaterais, por conta de seu planejamento estratégico.

Um outro ponto ressaltado nesta entrevista, e em outras oportunidades pela Embaixadora Bagley, é a importância dos investimentos norte-americanos, que ainda superam o montante dos investimentos, chineses. Outra agenda é a convergência Lula-Biden no campo da cooperação em defesa da democracia. No caso, esta questão do regime político, como se tem debatido, não é uma condicionante nas relações Brasil-China, e nem tema frequente das tratativas. Além da dinâmica de regimes políticos, há um outro tema no qual os padrões sino-brasileiros diferem dos sino-americanos: o da exportação de insumos agrícolas e pecuários. Brasil e Estados Unidos competem pelo acesso ao mercado chinês, com vantagem ao Brasil no momento devido às disputas comerciais sino-americanas (o Brasil responde por 25% das importações chinesas, enquanto os Estados Unidos por 14% neste setor, como indicado por Galvão e Leme, 2024, p. 6).

Como aponta Leme (2024), o Brasil é um país essencial à garantia da segurança alimentar chinesa, aspecto igualmente abordado por Garcia, Wilkinson, Escher e Rodriguez (2024), que destacam a importância da parceria energética. Se por um lado essa dinâmica garante ao Brasil acesso ao mercado chinês, pode incrementar a dependência externa nacional, de um só mercado como afetar a produção agrícola e pecuária destinada ao país internamente. Galvão e Leme (2024, p. 6) destacam:

> No mercado chinês, somos o fornecedor número um de soja, carne bovina, milho, açúcar, carne de frango e carne suína. Isso sem contar outros produtos agrícolas que, embora não alimentares, são cruciais para a economia chinesa, como polpa de celulose (em que também somos o primeiro fornecedor) e algodão. Não é exagero afirmar que o Brasil alimenta a China; tampouco dizer que a demanda chinesa ajudou a impulsionar a revolução empreendida pelo nosso agronegócio.

Repete-se o dilema dos insumos terras raras e minerais críticos: os benefícios que podem ser advindos da relação comercial dependem menos dos parceiros do que do Brasil, na definição de sua postura nas negociações bilaterais, por conta de seu planejamento estratégico. Independentemente de serem relações assimétricas para o Brasil, nas quais o Brasil é o parceiro com menos poder relativo, como o país pode reposicionar-se buscando mais benefícios e reduzindo os riscos internos e externos?

Dificilmente esta pergunta, que perpassa a escolha (ou não) entre os mundos será respondida em 2024 ou em qualquer período histórico. As triangulações Brasil-Estados Unidos-China tendem a permanecer, devendo ser observadas suas movimentações bilaterais e triangulares. Em Junho de 2024, o Vice-Presidente Geraldo Alckmin, Ministro do Desenvolvimento, Indústria, Comércio e serviços esteve na China. Na oportunidade, conforme nota oficial do MDIC, foram anunciadas concessões de créditos de R$ 24,6 bilhões para o Brasil, com a participação do AIIB, do Banco de Desenvolvimento da China (CDB), do Eximbank chinês e em termos multilaterais do NBD.

Além da reconstrução do Rio Grande do Sul, estes créditos visam setores de infraestrutura no país, assim como cooperação na área de saúde (Sinovac-Fiocruz). Um dos maiores símbolos da agenda bilateral, o CBERS, manteve-se relevante, com a continuidade do programa na forma do CBERS-5 e previsão do CBERS-6.[19] A visita do Vice-Presidente Alckmin, igualmente teve um papel preparatório para a participação do Presidente Xi Jinping na reunião do G-20 no Brasil em Novembro de 2024. As possibilidades de cooperação Mercosul-China continuam sendo debatidas, conforme indicado por estudo recente do CEBC, IPEA e Confederação Nacional da Agricultura (CEBC/CNA/IPEA, 2024).

Cabe ainda destacar estas dimensões a partir da publicação do CEBC "Parcerias que moldam o futuro - 50 anos de relações diplomáticas" indica

[19] Para uma lista mais detalhada dos acordos assinados ver: IBRACHINA. "Conheça as novas parcerias Brasil-China, assinadas pelo vice-presidente Alckmin em visita a Beijing." Disponível em: https://ibrachina.com.br/conheca-as-novas-parcerias-brasil-china-assinadas-pelo-vice-presidente-alckmin-em-visita-a-beijing/. Acesso em 07 de agosto de 2024.

Brasil-China possuem grandes oportunidades de intercâmbio e novas oportunidades a serem exploradas (Neves, 2024; Paiva, 2024). Dividida em duas partes, Estado e Sociedade e Academia, a publicação sintetiza os aspectos aqui abordados que compõem a parceria Brasil-China e as possibilidades de futuro.

Conforme a avaliação de Galvão e Leme (2024), Embaixador do Brasil na China e Conselheiro da Embaixada Brasil em Pequim, prevalece a tendência da estabilidade e da ampliação de possibilidades de cooperação entre os dois países. O termo utilizado por ambos em seu texto-depoimento para a publicação é Convergência Pragmática, baseado em diversas áreas de complementaridade: comercial, investimentos, ambiental e tecnológica. Estes aspectos, além das premissas do "benefício mútuo e desenvolvimento conjunto" são apresentados no texto-depoimento do Embaixador da China no Brasil Zhu Qingqiao. Estas dinâmicas, como políticas de Estado, somam-se as potencialidades de cooperação social, política, estratégica, empresarial e econômica.

Por fim, desde 2018, com a expansão da BRI na América Latina, uma nova e grande questão permanece: o Brasil assinará um Memorando de Entendimento para participação na BRI[20] ou manterá seu relacionamento com a China baseado na dimensão bilateral e nas coalizões de geometria variável como os BRICS? Do ponto de vista da barganha e das interações político-estratégicas bilaterais e triangulares envolvendo os Estados Unidos, a tendência é pela preservação do intercâmbio nos moldes contemporâneos: agenda bilateral e coalizões de geometria variável, o que permite a junção de interesses político-econômicos.

Em um cenário de Coexistência Competitiva Sino-Americana, essa opção surge como a ideal, pois une os dois Mundos. Mas permitirá o futuro que o Brasil possa apostar na preservação de seus Mundos Sul-Sul e Norte-Sul em equilíbrio? Ou as pressões internas e externas tornarão essa solução inviável? Se para o presente esta escolha parece sustentável, o médio e o longo prazo surgem como mais instáveis em meio a um cenário de permanente transição e de pressões internas e externas sobre o Brasil.

---

[20] Recomenda-se a coletânea organizada por Carvalho, Veras e Steenhagen, 2023, para o debate sobre o tema e os setores de parceria Brasil-China.

# Considerações Finais

Ao longo deste livro foram examinadas as relações bilaterais Brasil-Estados Unidos e Brasil-China paralelamente e comparativamente a partir da Guerra Fria e do ponto de vista da política externa brasileira. Procurou-se também oferecer um panorama das linhas gerais das relações internacionais deste dois parceiros, como forma de situar suas prioridades no mundo e na sua interação com o Brasil. Compreender o outro, histórica, cultural, social, economicamente e estrategicamente, assim como as dinâmicas geopolíticas, geoeconômicas e geoculturais do sistema internacional, sua evolução e fluxos, é um componente essencial de qualquer projeção global.

Para que se possa olhar para fora, é necessário, primeiro, olhar para dentro. A maneira como o país se percebe e se autodefine, a forma como estabelece suas agendas e prioridades domésticas, estabelece seus recursos de poder para a ação internacional. Não existe política externa ou ação internacional, de qualquer nação, que possa ser desconectada de sua sociedade político-econômica e cultural, produto da história e da interação entre diversos grupos de interesse. Quem define como, e de que perspectiva escolhe se posicionar, é o país em seus modelos de Estado e desenvolvimento.

O desafio de construir uma nação a partir de contradições, estabelecer prioridades e agendas domésticas e internas não é exclusivo do Brasil, e sim de todos os países. Como se tentou demonstrar nestas páginas, Brasil, Estados Unidos e China, oscilam em suas trajetórias, realizam escolhas, convergindo em alguns de seus desafios e escolhas. Isso não significa que não existem condicionantes e elementos estruturais que dificultam algumas agendas, principalmente para os países do Sul. Contudo, é preciso compreender que nem todas as opções ou escolhas precisam ser pré-determinadas ou excludentes.

São as múltiplas camadas da geopolítica, da geoeconomia e da geocultura que compõem estas disputas sobre identidades e agendas, e levam às diferentes posições do Brasil em seus paradigmas externos, diante de seus principais parceiros internacionais do século XXI: os Estados Unidos, como um dado geopolítico e histórico no hemisfério americano, e a China, parceria construída no Sul Geopolítico.

Perpassando ambas as relações, a assimetria de poder contemporânea, pela qual os Estados Unidos e a China, encontram-se em uma Coexistência

Competitiva e o Brasil, mais vulnerável, busca o seu reposicionamento entre os Dois Mundos. Dois Mundos que representam não só Estados em si, mas sim mais do que isso: uma ordem internacional em transformação, entre os eixos Norte e Sul, e concepções de sociedade, desenvolvimento e cultura. Lembrando ainda que os Mundos não se limitam a estes dois parceiros, mas a todo o conjunto de relações internacionais do país: das Américas à África, passando pelo Oriente Médio, a Europa e a Ásia.

Não são poucas as escolhas e possibilidades, e desde o pós-Guerra Fria parece que as contradições e fragmentações internas do Brasil trazem para a política de Estado, oscilações típicas das políticas de governo. Momentos de transição acentuam as dificuldades, as chances de triangulação e barganha. Nenhum parceiro, em nenhum eixo de poder, é a resposta ou salvação, e nenhuma dependência produz soberania.

Afinal, entre os Estados Unidos e a China, cabe ao Brasil aplicar a diminuição de riscos, associada a ganhos de oportunidades. E, fazê-lo, depende mais de si do que dos outros. Diante desta constatação, lendo estas páginas, espera-se que cada leitor possa, dentro destes dilemas e com os acontecimentos e contradições expostos, refletir sobre o Brasil e o sistema internacional, os Estados Unidos e a China, as interações bilaterais e as triangulações estratégicas possíveis em um contexto de pressões e de velocidades aceleradas. Mais do que se perguntar sobre qual Mundo escolher, o Brasil deve se questionar, primeiro, qual caminho, como nação, deseja seguir.

# Referências Bibliográficas


Abrão, Rafael A. "The Belt and Road Initiative and Latin America-China Relations". *Mural Internacional*, Rio de Janeiro, Vol.14, e74301, 2023. DOI: 10.12957/rmi.2023.74301

Acharya, et al. "Multipolar or multiplex? Interaction capacity, global cooperation and world order". Disponível em: *International Affairs* 99: 6 (2023) 2339–2365; DOI: 10.1093/ia/iiad242

Albuquerque, Marianna & Gustavo Sénéchal. 2024. "Brasil no Conselho de Segurança das Nações Unidas (2022-2023)". *CEBRI-Revista* Ano 3, Número 9 (Jan-Mar): 144-163.

Allison, Graham. *A caminho da guerra: Os Estados Unidos e a China conseguirão escapar da armadilha de Tucídides?* Rio de Janeiro: Ed. Record. 2020.

Amado, Guilherme. "Relação Brasil-EUA não muda se Trump vencer". Disponível em: https://www.metropoles.com/colunas/guilherme-amado/relacao-brasil-eua-nao-muda-se-trump-vencer-diz-chanceler-de-lula. Acesso em 27 de dezembro de 2023.

Amorim, Celso. *Teerã, Ramalá e Doha- memórias da política externa ativa e altiva.* Rio de Janeiro: Benvirá, 2015.

Amorim SC, Ferreira-Pereira LC. Brazil's quest for autonomy in Asia: the role of strategic partnerships with China and Japan. *Rev bras polít int [Internet].* 2021;64(2):e003. Disponível em: https://doi.org/10.1590/0034-7329202100203. Acesso em 10 de setembro de 2024.

Andrade, Israel de O et al. "O Centro de Lançamento de Alcântara: Abertura para o Mercado Internacional de Satélites e Salvaguardas para a Soberania Nacional". IPEA- Texto Para Discussão. 2423. Disponível em: https://portalantigo.ipea.gov.br/agencia/index.php?option=com_content&view=article&id=34473&Itemid=433. Acesso em 28 de setembro de 2024.

Antigo MMA. "Conferência das Partes". Disponível em: https://antigo.mma.gov.br/clima/convencao-das-nacoes-unidas/conferencia-das-partes.html. Acesso em 13 de maio de 2024.

Araujo, Ernesto. "Trump e o Ocidente". *Cadernos de Política Exterior / Instituto de Pesquisa de Relações Internacionais.* – v. 3, nº6 (dez. 2017). [Brasília] p. 323-358.

Bandeira, Luiz Alberto Moniz. *As relações perigosas: Brasil-Estados Unidos (de Collor a Lula, 1990-2004).* Rio de Janeiro: Ed. Civilização Brasileira, 2004.

Bandeira, Luiz Alberto Moniz. *Presença dos Estados Unidos no Brasil.* Rio de Janeiro: Civilização Brasileira, 2007. 4ª edição.

Barral, Welber (org). *O Brasil e a OMC.* Curitiba: Ed. Juruá, 2ª Ed. revista e atualizada, 2007.

Bastos, Paulo Z., and. Hiratuka, Celso. "The foreign economic policy of Dilma Rousseff 's government and the limits of dependency." *Latin American Perspectives*, 47, nº2 (2020): 25-46. DOI: https://doi.org/10.1177/0094582X19894590

Batista, Paulo Nogueira. "O Ocidente e o Terceiro Mundo: aspectos políticos" in Batista Jr., Paulo Nogueira. *Paulo Nogueira Batista: Pensando o Brasil - Ensaios e Palestras.* Brasília: FUNAG, 2009. p. 281-292.

Batista, Paulo Nogueira. "A política externa de Collor: modernização ou retrocesso?" (1993). in Batista Jr., Paulo Nogueira. *Paulo Nogueira Batista: Pensando o Brasil - Ensaios e Palestras.* Brasília: FUNAG, 2009. p. 193-226

Batista Jr. PN. O Plano Real à luz da experiência mexicana e argentina. Estud av [Internet]. 1996. Sep;10(28):127–97. Disponível em: https://doi.org/10.1590/S0103-40141996000300007

Baumann, Renato. "Os novos bancos de desenvolvimento: independência conflitiva ou parcerias estratégicas." *Revista de Economia Política*, vol. 37, nº2 (147), pp. 287-303, abril-junho/2017.

Becard, Danielle. S. R. O que esperar das relações Brasil-China? *Rev. Sociol. Polit.* [online], v. 19, suppl. 1, p. 31-44, 2011. Disponível em: http://www.scielo.br/scielo.php?script=sci_arttext&pid= S0104-44782011000400004&lng=en&nrm=iso. Acesso em 11 de agosto de 2024.

Becard, Danielle. S. R. *O Brasil e a República Popular da China*: política externa comparada e relações bilaterais (1974-2004). Brasília: FUNAG, 2008.

Bernardes, Julio. "Valiosas e versáteis: pesquisas com terras raras mostram caminhos para criar cadeia produtiva no Brasil". Disponível em: https://jornal.usp.br/ciencias/valiosas-e-versateis-pesquisas-com-terras-raras-mostram-caminho-para-criar-cadeia-produtiva-no-brasil/. Acesso em 01 de setembro de 2024.

Biato Junior, O. *A parceria estratégica sino-brasileira*: origens, evolução e perspectivas (1993-2006). Brasília: FUNAG, 2010.

Belém Lopes, Dawisson. "Foreign Policy in the Inaugural Year of the Third Lula Administration." *CEBRI-Journal* Year 3, No. 9 (Jan-Mar): 80-102. 2024.

Blackwill, Robert D. and Harris, Jennifer M. *War by other means-geoeconomics and statecraft*. Bleknap Press: Cambridge, Massachussetts, London. 2016.

Bijian, Zheng, "China's "Peaceful Rise" to Great-Power Status". *Foreign Affairs*, vol. 84, no. 5 (Sep.-Oct., 2005), pp. 18-24.

Bojikian, Neusa M., Mariano, Karina L. P, Thomaz, Lais F. "O Acordo de Alcântara e o Desenvolvimentismo Oculto dos Estados Unidos". Caderno CRH, vol. 35. p. 1-23. Disponível em: http://dx.doi.org/10.9771/ccrh.v35i0.47382. Acesso em 29 de setembro de 2024.

Brasil. Biblioteca da Presidência da República. Discurso de Posse de Luis Inácio Lula da Silva. 2003. Disponível em: https://www.biblioteca.presidencia.gov.br/presidencia/ex-presidentes/luiz-inacio-lula-da-silva/discursos/discursos-de-posse/discurso-de-posse-1o-mandato/view. Acesso em 20 de setembro de 2024.

Brasil. FUNAG. CHDD. Ministros de Relações Exteriores. Disponível em: https://www.gov.br/funag/pt-br/chdd/historia-diplomatica/ministros-de-estado-das-relacoes-exteriores. Acesso em 24 de março de 2024.

Brasil. Ministério das Relações Exteriores. Cronologia China. Disponível em: https://www.gov.br/mre/pt-br/assuntos/relacoes-bilaterais/todos-os-paises/republica-popular-da-china#:~:text=Em%201993%2C%20Brasil%20e%20China,de%20%22Parceria%20Estrat%C3%A9gica%20Global%22. Acesso em 23 de maio de 2024.

Brasil. Ministério das Relações Exteriores. Cronologia Estados Unidos. Disponível em: https://www.gov.br/mre/pt-br/assuntos/relacoes-bilaterais/todos-os-paises/estados-unidos-da-america. Acesso em 23 de maio de 2024.

Brasil. Ministério das Relações Exteriores. Histórico do Brasil no CSNU. Disponível em: https://www.gov.br/mre/pt-br/sites-antigos-retirados-do-ar/Brasil-CSNU/o-brasil-no-csnu-1/historico-brasil-csnu. Acesso em 20 de maio de 2024.

Brasil. Ministério das Relações Exteriores. Disponível em: https://www.gov.br/mre/pt-br/canais_atendimento/imprensa/notas-a-imprensa/encerramento-do-contencioso-entre-brasil-e-estados-unidos-sobre-o-algodao-na-omc-ds267. Acesso em 16 de maio de 2024.

Brasil. Ministério das Relações Exteriores. Histórico do Brasil no CSNU. Disponível em: https://www.gov.br/mre/pt-br/sites-antigos-retirados-do-ar/Brasil-CSNU/o-brasil-no-csnu-1/historico-brasil-csnu. Acesso em 20 de maio de 2024.

Brasil. Ministério das Relações Exteriores. "NOTA À IMPRENSA Nº 480 - Acordos de Barbados sobre o diálogo político na Venezuela." Disponível em: https://www.gov.br/mre/pt-br/canais_atendimento/imprensa/notas-a-imprensa/acordos-de-barbados-sobre-o-dialogo-politico-na-venezuela. Acesso em 10 de setembro de 2024.

Brasil. Presidência da República. Constituição 1988. Disponível em: https://www.planalto.gov.br/ccivil_03/constituicao/constituicao.htm. Acesso em 29 de setembro de 2024.

Bresser-Pereira, Luiz Carlos. *Em busca do desenvolvimento perdido - um projeto neo-desenvolvimentista para o Brasil*. Rio de Janeiro: FGV Editora. 2018.

Brzezinski, Zbigniew. *O grande desafio EUA-URSS*. Rio de Janeiro: Nórdica. 1986;

Brzezinski, Zbigniew. *Strategic Vision - America and the crisis of global power*. New York: Basic Books. 2012.

Bugiato, Caio. "A política de financiamento do BNDES e a burguesia brasileira." *Cadernos do Desenvolvimento*, Rio de Janeiro, vol. 9, nº14. Jan-Jun de 2014. p. 83-103.

Burges, S. W. "Brazil as bridge between old and new powers?" *International Affairs* 89, nº3 (2013): 577-94.

Burges, Sean. “Como se manter um líder sem seguidores: a política externa do Brasil sob Lula III”. *CEBRI-Revista* Ano 3, Número 9 (Jan-Mar): 38-57. 2024.

Buzan, Barry. “A new cold war?: The case for a general concept”. *International Politics* (2024) 61:239–257. 2024. Disponível em: https://doi.org/10.1057/s41311-024-00559-8. Acesso em 10 de julho de 2024.

Caballero, S., and D. Crescentino. “From the quest for autonomy to the dualbreak: structural and agential changes in Brazil’s foreign policy during the 21st Century.” *Revista Brasileira de Política Internacional* 63, no. 1 (2020): 1-20. DOI: https://doi.org/10.1590/0034-7329202000111

Cabral, Severino. Encontro entre Brasil e China: cooperação para o século XXI. Rev bras polít int [Internet]. Jan; 43(1):24–42. 2000. Disponível em: https://doi.org/10.1590/S0034-73292000000100002

Cariello, Tulio. Investimentos Chineses no Brasil - novas tendências em energias verdes e parcerias sustentáveis. CEBC. 2023. Disponível em: https://www.cebc.org.br/2024/09/03/investimentos-chineses-crescem-33-no-brasil-em-2023-com-foco-em-energias-verdes-e-carros-eletricos/. Acesso em 30 de setembro de 2024.

Carmody, P., Zajontz, T. and Reboredo, R. (2022) From ‘debt diplomacy’ to donorship? China’s changing role in global development, *Global Political Economy*, 1(2): 198–217, DOI: 10.1332/UZHW7185

Carmody, P., & Wainwright, Joel (2022) Contradiction and restructuring in the Belt and Road Initiative: reflections on China’s pause in the ‘Go world’, Third World Quarterly, 43:12, 2830-2851, DOI: 10.1080/01436597.2022.2110058

Carvalho Neto, Paulino Franco de. “Notas sobre as relações Brasil-Estados Unidos” in Cadernos de Política Exterior / Instituto de Pesquisa de Relações Internacionais. – v. 1, n. 2 (outubro de 2015). - [Brasília] : FUNAG, 2015

Carvalho, E., Daniel Veras, Pedro Steenhagen (org). *A China e a Iniciativa do Cinturão e Rota - percepções do Brasil*. Rio de Janeiro: Ed. FGV. 2023

Carta Brasil-China. CEBC. Parcerias que moldam o futuro. 50 Anos de Relações Diplomáticas Brasil-China. Disponível em: https://www.cebc.org.br/2024/08/15/edicao-especial-50-anos-de-relacoes-brasil-china/. Acesso em 20 de setembro de 2024.

Casarões, Guilherme. “Eleições, política externa e os desafios do novo governo brasileiro”. *Pensamiento Proprio*, 49-50. 2019. p. 231-254.

Casarões, Guilherme and Magalhães, David. “The hydroxychloroquine alliance: how far-right leaders and alt-science preachers came together to promote a miracle drug.” *BRAZILIAN JOURNAL OF PUBLIC ADMINISTRATION*, 55 (1), Jan-Fev 2021. P. 197-214.

Castro, Ana C., Loureiro, Marcia (orgs). *Brasil e China 50 anos: trajetória e perspectivas*. Brasília: FUNAG, 2024.

Castro, Fernando F de, Peiter, Carlos Cesar e Góes, Geraldo S. “Minerais estratégicos e críticos: uma visão internacional da política mineral brasileira.” IPEA - Texto Para Discussão 2768. Disponível em: https://portalantigo.ipea.gov.br/agencia/images/stories/PDFs/TDs/220526_217116_td_2768_web.pdf. Acesso em 29 de setembro de 2024.

CEPAL. Perspectivas económicas de América Latina-Hacia uma nueva associácion com China. 2016. Disponível em: https://www.cepal.org/es/publicaciones/39535-perspectivas-economicas-america-latina-2016-nueva-associacion-china-la-ding-mei. Acesso em 29 de setembro de 2024.

CEBC/CNA/IPEA. “Investimentos, cadeias de valor e competitividade: refilexões sobre um eventual acordo de livre comércio Mercosul-China”. Disponível em: https://www.cebc.org.br/2024/09/11/reflexoes-sobre-um-eventual-acordo-de-livre-comercio-mercosul-china/. Acesso em 29 de setembro de 2024.

Chade, Jamil. “Embaixadora dos EUA não garante Brasil no Conselho de Segurança.” Disponível em: https://noticias.uol.com.br/colunas/jamil-chade/2024/09/12/embaixadora-dos-eua-nao-garante-brasil-no-conselho-de-seguranca.htm. Acesso em 20 de setembro de 2024.

Cervo, Amado Luiz. *Inserção Internacional – formação dos conceitos brasileiros*. São Paulo: Ed. Saraiva, 2008.

Cervo, Amado e Bueno, Clodoaldo. *História da política exterior do Brasil*. Brasília: Ed. UnB. 5ª ed. revisada e ampliada. 2015.

Cervo, A. L., & Lessa, A. C. O declínio: inserção internacional do Brasil (2011-2014). *Revista Brasileira De Política Internacional*, *57*(2), 133–151. 2014. Disponível em: https://doi.org/10.1590/0034-7329201400308. Acesso em 01 de setembro de 2024.

China Daily, “Full text: China’s Policy Paper on Latin America and the Caribbean (Xinhua)”. Disponível em: https://www.chinadaily.com.cn/china/2008-11/06/content_7179488_2.htm. Acesso em 20 de maio de 2024.

Chodor, Tom. *Neoliberal hegemony and the pink tide in Latin America-breaking up with TINA?* London: Palgrave Macmillan. 2015.

Cohen, Joel. "The Rise of Geopolitical Swing States". Goldman Sachs. 2023. Disponível em: https://www.goldmansachs.com/insights/articles/the-rise-of-geopolitical-swing-states. Acesso em 10 de fevereiro de 2024.

Côrtes, Otavio H. D. G. A política externa do governo Sarney: o início da reformulação para a inserção internacional do Brasil sob o signo da democracia. Brasília: Ed. FUNAG. 2010.

Costa, Darc. *Estratégia Nacional: A Cooperação Sul-Americana para a Inserção Internacional do Brasil.* Porto Alegre, L&PM, 2003.

Costa, Hugo Bras Martins da and Duarte, Rubens de Siqueira. "Global South versus

Geopolitical South: A Debate on the Analytical Relevance of the Concepts". *AUSTRAL: Brazilian Journal of Strategy & International Relations*, *12*(24). https://doi.org/10.22456/2238-6912.132863

Council on Foreign Relations. Global Brazil and US-Brazil Relations. Disponível em: https://www.cfr.org/report/global-brazil-and-us-brazil-relations. Acesso em 23 de maio de 2024.

Crandall, Britta H. *Hemispheric Giants - the misunderstood history of US-Brazilian Relations.* Rowan & Littlefield Publishers inc. NY: 2011.

Danese, Sergio. Diplomacia Presidencial: história e crítica. 2° ed. Brasília: Ed. Funag. 2017.

Dantas. Aline C. "Cooperação Sul-Sul entre Brasil e China: uma análise das iniciativas em ciência, tecnologia e inovação" in Castro, Ana C., Loureiro, Marcia (orgs). *Brasil e China 50 anos: trajetória e perspectivas.* Brasília: FUNAG, 2024. p. 185-220.

Ellis, Evan R. "The impact of China on the Latin American security Environment". R. Esc. Guerra Nav., Rio de Janeiro, v. 24, n. 2, p. 456-462. maio/agosto. 2018.

Ellis, Evan P. *China Engages Latin America.* Carlyle: Palgrave MacMillan. 2022.

Embaixada e Consulados dos EUA no Brasil. GROWTH IN THE AMERICAS. 2020. July 13, 2021. https://br.usembassy.gov/pt/perguntas-frequentes-faq/.Acesso em 10 de julho de 2024.

Enlai, Zhou. "Main Speech by Premier Zhou Enlai, Head of the Delegation of the People's Republic of China, Distributed at the Plenary Session of the Asian-African Conference," April 19, 1955, History and Public Policy Program Digital Archive, Translation from China and the Asian-African Conference (Documents) (Peking: Foreign Languages Press, 1955), 9-20. Disponível em: https://digitalarchive.wilsoncenter.org/document/main-speech-premier-zhou-enlai-head-delegation-peoples-republic-china-distributed-plenary. Acesso em 23 de março de 2024.

Fao. "Declaração de Roma Sobre a Segurança Alimentar Mundial e Plano de Acção da Cimeira Mundial da Alimentação". Disponível em: https://www.fao.org/4/w3613p/w3613p00.htm. Acesso em 01 de setembro de 2024.

Fang, Ning (ed). China's Political System (China Governance System Research Series) (English Edition) 1st ed. 2020 Edição, eBook Kindle. Springer.

Farias, Rogério de Souza. "O Brasil e a OMC" in *Política externa brasileira em debate: dimensões e estratégias de inserção internacional no pós-crise de 2008* / organizadores: Walter Antonio Desiderá Neto... [et al.]; prefácio de Rubens Barbosa. – Brasília : Ipea : Funag, 2018. p.103-134.

Farias, Helio C., & Alves, L. P. (2022). The decline in Brazil´s international influence: from an emerging country to an inward-looking state. *AUSTRAL: Brazilian Journal of Strategy & International Relations*, *9*(17). https://doi.org/10.22456/2238-6912.100702

Fei G, Giannattasio ARC, Peiqing G. Brazil-China Cooperation in the Arctic Region: A Prospective Analysis of a Practical Agenda for Mutual, Local and Community Interests. Rev bras polít int [Internet]. 2023;66(1):e005. Disponível em: https://doi.org/10.1590/0034-7329202300105. Acesso em 10 de setembro de 2024.

Ferreira, Felipe. R. G. O sistema do tratado da Antártica: evolução do regime e seu impacto na política externa brasileira. Brasília: Fundação Alexandre de Gusmão, 2009. Disponível em: https://www.funag.gov.br/loja/download/609Sistema_do_tratado_da_Antartica_O.pdf. Acesso em 29 de agosto de 2024.

Franchini, Matías; Viola, Eduardo; Barros-Platiau, Ana Flavia. "The Challenges of the Anthropocene: From International Environmental Politics to Global Governance. Ambient. soc., São Paulo, v. 20, n. 3, p. 177-202, Setembro de 2017. Disponível em http://www.scielo.br/scielo.php?script=sci_arttext&pid=S1414- 53X2017000300177&lng=en&nrm=iso>. Acesso em 13 de julho de 2024.

Freitas, Jorge M da C. *A escola geopolítica brasileira.* Rio de Janeiro: Bibliex. 2004.

Friedberg, Aaron L. "A World of Blocs". The Marshall Papers. CSIS. 2023. Disponível em: https://www.aei.org/articles/a-world-of-blocs/. Acesso em 20 de fevereiro de 2024.

Fukuyama, Francis. "The end of history?". *The National Interest*, no. 16, Summer,1989. p. 3-18.

FUNAG. Discursos Selecionados do Presidente Fernando Henrique Cardoso - 1995-2003. 2010. Disponível em: https://funag.gov.br/biblioteca-nova/produto/1-537-discursos_selecionados_do_presidente_fernando_henrique_cardoso. Acesso em 29 de setembro de 2024.

Fung, K. C.; Garcia-Herrero, A. (ed.). *Sino Latin-American Economic Relations*. London/New York: Routledge, 2012.

G1. "Embraer vai receber US$ 150 milhões da Boeing em acordo para encerrar processo de arbitragem." Disponível em: https://g1.globo.com/sp/vale-do-paraiba-regiao/noticia/2024/09/16/boeing-vai-pagar-usd-150-milhoes-para-embraer-em-acordo-para-encerrar-processo-de-arbitragem.ghtml. Acesso em 17 de setembro de 2024.

G1b. "FAB inicia estudos para avaliar compra de caças americanos F-16 usados." Disponível em: https://g1.globo.com/politica/noticia/2024/06/16/fab-inicia-estudos-para-avaliar-compra-de-cacas-americanos-f-16-usados.ghtml. Acesso em 01 de agosto de 2024.

Saab. "Primeiro F-39 Gripen produzido no Brasil avança para a montagem final." Disponível em: https://www.saab.com/pt-br/markets/brasil/noticias/2024/primeiro-f-39-gripen-produzido-no-brasil-avanca-para-a-montagem-final#:~:text=O%20primeiro%20Gripen%20E%20produzido,iniciar%C3%A1%20a%20produ%C3%A7%C3%A3o%20em%20julho. Acesso em 01 de agosto de 2024.

G1c. "Avibras recebe nova proposta para venda de empresa após empresa australiana desistir da compra diz Ministro da Defesa." Disponível em: https://g1.globo.com/sp/vale-do-paraiba-regiao/noticia/2024/06/17/avibras-recebe-nova-proposta-para-venda-da-empresa-apos-companhia-australiana-desistir-da-compra-diz-ministro-da-defesa.ghtml. Acesso em 01 de agosto de 2024.

G1d. "Brasil faz exercício militar em Goiás com tropas da China pela primeira vez". Disponível em: https://g1.globo.com/politica/noticia/2024/09/07/brasil-faz-exercicio-militar-em-goias-com-tropas-da-china-pela-primeira-vez.ghtml. Acesso em 15 de setembro de 2024.

G1e. "BYD oficializa início das obras de complexo fabril na Bahia; investimento na instalação da fábrica foi de R$ 3 bilhões". Disponível em: https://g1.globo.com/ba/bahia/noticia/2024/03/05/byd-oficializa-inicio-das-obras-de-complexo-fabril-na-bahia.ghtml. Acesso em 28 de agosto de 2024.

G7. "CARBIS BAY G7 SUMMIT COMMUNIQUÉ- Our Shared Agenda for Global Action to Build Back Better". 18 de julho de 2021. https://www.g7uk.org/wp-content/uploads/2021/06/Carbis-Bay-G7-Summit-Communique-PDF-430KB-25-pages-1-2.pdf.

Gaddis, John Lewis. *We now know*. Oxford: Clarendon Press, 1998.

Garcia A., Wilkinson J., Escher, Fabiano, Rodrigues, Maria Elena. "O lugar do Brasil para a China: diplomacia, investimentos, agricultura e energia" in Castro, Ana C., Loureiro, Marcia (orgs). *Brasil e China 50 anos: trajetória e perspectivas*. Brasília: FUNAG, 2024. p. 61-86.

George W. Bush White House Archives. State of the Union. 2006. Disponível em: https://georgewbush-whitehouse.archives.gov/stateoftheunion/2006/. Acesso em 28 de setembro de 2024.

George W. Bush White House Archives. "National Security Strategy, 2002." Disponível em: https://georgewbush-whitehouse.archives.gov/nsc/nss/2002/. Acesso em 25 de junho de 2024.

George W. Bush White House Archives. "National Security Strategy, 2006." Disponível em: https://georgewbush-whitehouse.archives.gov/nsc/nss/2006/. Acesso em 25 de junho de 2024.

Gu, Tiejun (org). *Opiniões de acadêmicos brasileiros sobre a China*. Porto Alegre: Editora da UFRGS/Instituto Confúcio UFRGS, 2019.

Guimarães, Samuel Pinheiro. *Quinhentos anos de periferia: uma contribuição ao estudo da política internacional*. Porto Alegre/ Rio de Janeiro: Ed. da Universidade/ UFRGS / Contraponto, 1999.

Guimarães, Samuel Pinheiro. *Desafios Brasileiros na era dos gigantes*. Rio de Janeiro: Ed. Contraponto. 2006.

Haibin N. Emerging global partnership: Brazil and China. Rev bras polít int [Internet]. 2010 Dec; 53(spe): 183–92. Disponível em: https://doi.org/10.1590/S0034-73292010000300011

Haug, Sebastian, Braveboy-Wagner Jacqueline & Maihol, Günther. "The 'Global South' in the study of world politics: examining a meta category", *Third World Quarterly*, 42:9, 1923-1944, 2021. DOI: 10.1080/01436597.2021.1948831

Hiratuka, Celso e Sarti, Fernando. "Relações econômicas entre Brasil e China: análise dos fluxos de comércio e investimento direto estrangeiro". *Revista Tempo Do Mundo*, 2(1), 83-98. Disponível em: https://www.ipea.gov.br/revistas/index.php/rtm/article/view/50. Acesso em 01 de setembro de 2024.

Hirst, Monica e Pinheiro, Letícia. "A política externa do Brasil em dois tempos". *Revista Brasileira de Política Internacional*, 38 (1). 1995. p. 5-23.

Hirst, Monica. *The United States and Brazil*. Routledge: New York: 2005.

Hirst, Monica. E. S. Emerging powers and peace negotiations: The experience of Brazil in the nuclear talks with Iran. *AUSTRAL: Brazilian Journal of Strategy & International Relations*, *8*(15). https://doi.org/10.22456/2238-6912.91944

Hirst, Monica E.S e Pereira, L. V. "Making sense of United States–Brazil relations under Bolsonaro." *Lat Am Policy*. 2022;13:432–446.

Hirst, Monica. E. S. "A política externa de Lula 3.0 além do horizonte". *Cadernos Adenauer XXIV* n°1. 2023. Disponível em https://www.kas.de/documents/265553/19294631/Cadernos+1-2023+-+cap+5.pdf/cc1e72c8-2299-9206-5683-bff860f1735c?t=1682363360257. Acesso em 15 de dezembro de 2023.

Holanda, Francisco M B de. "Relações Brasil-China: Elementos de Aproximação e Diferenciação Brasil e China no reordenamento das relações internacionais: desafios e oportunidades." Brasília: Fundação Alexandre de Gusmão, 2011.

Huntington, Samuel P. *O choque de civilizações e a recomposição da ordem mundial*. Rio de Janeiro: Objetiva, 1997.

IBRACHINA. "Conheça as novas parcerias Brasil-China, assinadas pelo vice-presidente Alckmin em visita a Beijing". Disponível em: https://ibrachina.com.br/conheca-as-novas-parcerias-brasil-china-assinadas-pelo-vice-presidente-alckmin-em-visita-a-beijing/. Acesso em 07 de agosto de 2024.

Ikenberry, John G. *Liberal Leviathan: The Origins, Crisis, and Transformation of the American World Order*. Princeton University Press: New York. 2012.

Ikenberry, John G. "Three Worlds: the West, East and South and the competition to shape global order". *International Affairs* 100: 1 (2024) 121–138. 2024. Disponível em: DOI: 10.1093/ia/iiad284

Instituto Humanistas Unisinos. "A Terceira Guerra Mundial Começou0 Entrevista com Emannuel Todd". Disponível em: https://www.ihu.unisinos.br/categorias/625841-a-terceira-guerra-mundial-comecou-entrevista-com-emmanuel-todd. Acesso em 10 de fevereiro de 2024,

Jabbour, Elias, Gabriele Alberto. *China - O Socialismo do Século XXI*. São Paulo: Boitempo. 2023.

Jabbour, Elias, Moreira, Wallace. "Apresentando ao Brasil: Sistema Nacional de Inovação Tecnológica e "projetamento novo" na China" in Castro, Ana C., Loureiro, Marcia (orgs). *Brasil e China 50 anos: trajetória e perspectivas*. Brasília : FUNAG, 2024. p. 113-143.

Kalout, Hussein & Hugo Bras Martins da Costa. "A rivalidade China-EUA e os interesses estratégicos do Brasil." *CEBRI-Revista* Ano 1, Número 2 (Abr-Jun): 70-89. 2022.

Kennedy, Paul. *Ascensão e queda das grandes potências*. Campus, Rio de Janeiro, 1991.

Kissinger, Henry. *Diplomacy*. Simon and Schuster, NY, 1994.

Khanna, Parag. *O segundo mundo*. Rio de Janeiro: Ed. Intrinseca, 2008.

Kissinger, Henry. *On China*. New York: Penguin Press. 2011.

Lafer, Celso. "A política externa brasileira no governo Collor". *Política Externa*, 1(4), Março 1993. p. 95-105.

Lago, André Aranha Côrrea do. *Estocolmo, Rio, Joanesburgo – O Brasil e as Três Conferências Ambientais das Nações Unidas*. Brasília: IRBr/FUNAG, 2006.

Lampreia, Luiz Felipe. *Diplomacia brasileira* – palavras, contextos e razões. Rio de Janeiro: Lacerda Editores, 1999.

Leme, Letícia Frazão. "O dilema de segurança alimentar da China e o casamento Brasil-China em agricultura" in Castro, Ana C., Loureiro, Marcia (orgs). *Brasil e China 50 anos: trajetória e perspectivas*. Brasília : FUNAG, 2024. p. 87-112.

Lessa, Antônio Carlos. A diplomacia universalista do Brasil: a construção do sistema contemporâneo de relações bilaterais. *Revista Brasileira de Política Internacional*, vol. 48, 1998. Disponível em: http://www.scielo.br/scielo.php?script=sci_arttext&pid=S0034-73291998000300003&lng=pt&nrm=iso. Acesso em 01 de setembro de 2024,

Levitsky, Steven e Ziblatt, Daniel. *Como as democracias morrem*. Rio de Janeiro: Zahar Ed. 2018.

Lima, Sergio. E. M. (org.). *Brasil e China*: 40 anos de relações diplomáticas: análises e documentos. Brasília: FUNAG, 2016.

Lima, Maria Regina. S. "A dialética da política externa de Lula 3.0". *CEBRI Revista*, Ano 2 / N° 5 / Jan-Mar 2023 · 79 Disponível em: https://cebri.org/revista/media/revistas/arquivos/CEBRI-Revista_5a_edicao_Jan-.pdf. Acesso em 15 de dezembro de 2023.

Lyrio, Mauricio Carvalho. *A ascensão da China como potência: fundamentos políticos internos*. Brasília: Ed. FUNAG, 2010.

Mackinder, H.J. *The geographical pivot of history*. London: Cosimo Books. 2020.

Magnotta, Fernanda P (Org). *Uma parceria bicentenária: passado, presente e futuro das relações Brasil-Estados Unidos*. Brasília: Ed. FUNAG. 2024.

Malamud, Andrés. "A leader without followers? The growing divergence between the regional and global performance of Brazilian foreign policy". *Latin American Politics and Society*, 53:3, 2011. p. 1-20.

Mares, David R. e Trinkunas, Harold A. *Aspirational power- Brazil on the long Road to global influence*. Washington: The Brookings Institution. 2016.

Mariano, K. P., Bressan, R. N., & Luciano, B. T.. (2021). Liquid Regionalism: a typology for regionalism in the Americas. *Revista Brasileira De Política Internacional*, *64*(2), e004. https://doi.org/10.1590/0034-7329202100204

Martins, José Quedi Miguel e Nunes, Raul Cavedon. "Política externa, política de defesa e modelo de desenvolvimento no Brasil: do Estado Desenvolvimentista ao Estado Logístico (1930/2017)." *Austral: Revista Brasileira de Estratégia e Relações Internacionais*. v.6, n.12, Jul./Dez. 2017. p.190-221.

McKinley, P. M. "Inflection point- The challenge facing Latin America and US policy in the region." Disponível em: https://csis-website-prod.s3.amazonaws.com/s3fs-public/2023-09/230907_McKinley_Inflection_Point.pdf?VersionId=gy6r_u3uK.WuI8z.F7Ru7dBz4LcawFG5. Acesso em 20 de outubro de 2023.

Mearsheimer, John J. "Bound to fail- the rise and fall of the liberal international order". *International Security*, Vol. 43, No. 4 (Spring 2019), pp. 7–50.

Medeiros, Carlos A. "Crescimento, inserção externa e estratégias de desenvolvimento no Brasil e na China" in Guimarães, Samuel P. (org) *Brasil e China: Multipolaridade*. Brasília: IPRI, FUNAG, 2003.

Reis Melo, F. A geopolítica das terras raras. *Carta Internacional*, *12*(2), 219–243. 2017. Disponível: https://doi.org/10.21530/ci.v12n2.2017.634

Mello F de C. The OECD enlargement in Latin America and the Brazilian candidacy. Rev bras polít int [Internet]. 2020;63(2):e011. Disponível em: https://doi.org/10.1590/0034-7329202000211. Acesso em 02 de agosto de 2024.

Mello, Patrícia Campos. "Brasil ficará de fora do Conselho de Segurança da ONU ao menos até 2033." Folha Digital. 04/04/2017. Disponível em: https://www1.folha.uol.com.br/mundo/2017/03/1867280-brasil-ficara-de-fora-do-conselho-de-seguranca-da-onu-ao-menos-ate-2033.shtml. Acesso em 10 de janeiro de 2024.

Mello, Patrícia Campos. "Brasil antecipa volta para o Conselho de Segurança da ONU para 2022". Folha Digital. Março 2018. Disponível em: https://www1.folha.uol.com.br/mundo/2018/03/brasil-antecipa-volta-para-o-conselho-de-seguranca-da-onu-para-2022.shtml. Acesso em 10 de janeiro de 2024.

Mello, Patrícia Campos. "EUA querem parceria com Brasil para minerais críticos, diz embaixadora americana". Disponível em: https://www1.folha.uol.com.br/mundo/2024/05/eua-anunciarao-compra-de-minerais-cruciais-do-brasil-diz-embaixadora-do-pais.shtml. Acesso em 29 de setembro de 2024.

Milan, Marcelo. "Restauração oligárquica e retomada neoliberal plena: um ensaio sobre as origens das crises gêmeas e do golpe de Estado de 2016 no Brasil". *AUSTRAL: Brazilian Journal of Strategy & International Relations*, *5*(9). https://doi.org/10.22456/2238-6912.66485

Milani, Carlos R. S. and Pinheiro, Letícia. "The politics of Brazilian Foreign Policy and its Analytical Challenges." *Foreign Policy Analysis*, 2016. p. 1-19.

Milani, Carlos R, S. & Kraychete, Elsa S.Apresentação. In: MILANI, C. & KRAYCHETE, E. (Org.) *Política Externa e Desenvolvimento no Sul Geopolítico*. Salvador: EDUFBA. 2022.

Miller, Chris. *A Guerra dos Chips*. Rio de Janeiro: Globo Livros 2023.

Moraes L de CG. Nas Asas do Capital: EMBRAER, financeirização e implicações sobre os trabalhadores1. *Cad CRH* [Internet]. 2017Jan;30(79):13–31. Disponível: https://doi.org/10.1590/S0103-49792017000100002

Moura, Gerson. *Autonomia na dependência: a política externa brasileira de 1935 a 1942*. Rio de Janeiro: Nova Fronteira, 1980.

Moura, Gerson. *O alinhamento sem recompensa*. São Paulo: Edusp. 2021. Disponível em https://www.edusp.com.br/livros/alinhamento-sem-recompensa/. Acesso em 15 de março de 2024.

Myers, Margaret and Wise, Carol (ed). *The political economy of China-Latin American relations in the new millennium - Brave New World*. New York: Routledge. 2017.

Myers, Margaret, Melguizo, Ángel and Wang, Yfan. "New infrastructure- Emerging Trends in Chinese Foreign Direct Investment." 2024. Disponível em: https://www.thedialogue.org/analysis/new-infrastructure-emerging-trends-in-chinese-foreign-direct-investment-in-latin-america-and-the-caribbean/. Acesso em 29 de setembro de 2024.

Nações Unidas Brasil. Objetivos do Desenvolvimento Sustentável. Disponível em: https://brasil.un.org/pt-br/sdgs. Acesso em 01 de setembro de 2024.

Nayyar, Deepak. *Catch up - developing countries in the world economy*. Oxford: OUP. 2013.

Nye Jr., Joseph S. *Bound to lead*. Basic Books: New York. 1990.

Nye Jr. Joseph S. *The future of power*. New York: Public Affairs. 2011.

Obama Whitehouse. "National Security Strategy 2010". Disponível em: https://obamawhitehouse.archives.gov/sites/default/files/rss_viewer/national_security_strategy.pdf. Acesso em 01 de dezembro de 2023.

Oliveira, Henrique. A. de . Brasil-China: trinta anos de uma parceria estratégica. *Revista Brasileira De Política Internacional*, 47(1), 2004, 7–30. https://doi.org/10.1590/S0034-73292004000100002

Oliveira, Henrique. A. de . Brasil-China: uma parceria predatória ou cooperativa? *Revista Tempo do Mundo*, v.2, n1. Jan. 2016. p. 143-160.

Oliveira Henrique A de. Brasil e China: uma nova aliança não escrita?. Rev bras polít int [Internet]. 2010;53(2):88–105. Disponível em: https://doi.org/10.1590/S0034-73292010000200005

Oliveira, Marcelo Fernandes de. "Multilateralismo, Democracia e Política Externa no Brasil: Contenciosos das Patentes e do Algodão na Organização Mundial do Comércio (OMC)." *Contexto Internacional*, vol. 29, nº 1, janeiro/junho 2007, p. 7-38.

Paiva, Marcos Caramuru de. "China-EUA: uma leitura da trajetória da disputa pela hegemonia." *CEBRI-Revista*, Ano 1, Número 2 (Abr-Jun): 53-69. 2022.

Patriota, Antonio de Aguiar. "O Brasil e a Política Externa dos Estados Unidos" *Política Externa*, Rio de Janeiro: Paz e Terra, 17 (1). Jun/Julho/Agosto 2008. p. 97-109.

Patriota, Antonio de Aguiar. "O Brasil e a Política Externa do governo dos EUA no Governo Obama" in *III Conferência Nacional de Política Externa e Política Internacional*. Brasília: FUNAG, 2009. 19-31.

Patriota, Antonio de Aguiar. "Política externa dos anos Dilma (2011-2016): um Brasil com influência global;" *CEBRI-Revista* Ano 2, Número 6: 16-39. 2023.

Pecequilo, Cristina Soreanu. "A política externa do Brasil no século XXI: os eixos combinados de cooperação horizontal e vertical." Rev. bras. polít. int. 51 (2) • Dez 2008; DOI https://doi.org/10.1590/S0034-73292008000200009

Pecequilo, Cristina Soreanu. *A política externa dos EUA*. Porto Alegre: Ed. UFRGS. 3º ed. 2011.

Pecequilo, Cristina Soreanu. *As relações bilaterais Brasil-Estados Unidos*. Belo Horizonte: Ed. Fino Traço. 2012.

Pecequilo, Cristina. S. "Brazilian foreign policy: from the combined to the unbalanced axis (2003/2021)". Revista Brasileira de Política Internacional [online]. 2021a, v. 64, n. 1 [Accessed 13 December 2022], e011. Disponível em: <https://doi.org/10.1590/0034-7329202100111>. Acesso em 01 de setembro de 2024.

Pecequilo, Cristina. S. The Brazil-United States Bilateral Relations in the Dilma Rousseff Administration, 2011-2014. *AUSTRAL: Brazilian Journal of Strategy & International Relations*, *3*(6). https://doi.org/10.22456/2238-6912.49932

Pecequilo, Cristina S. "O Brasil e a China: convergências e potencialidades" in Gu,Tiejun (org). *Opiniões de acadêmicos brasileiros sobre a China*. Porto Alegre: Editora da UFRGS/Instituto Confúcio UFRGS, 2019. p. 155- 195.

Pecequilo, Cristina S. *Temas da agenda internacional - o Brasil e o Mundo*. Curitiba:Ed. Intersaberes. 2ª edição ampliada e atualizada. 2019.

Pecequilo, Cristina. S. *A reconfiguração do poder global em tempos de crise*. Rio de Janeiro: Ed. Altabooks. 2023.

Pecequilo, Cristina. S. "EUA e Brasil nos governos Lula (2003-2010, 2023-atual): reflexões de uma parceria" in Magnotta, Fernanda P (Org). *Uma parceria bicentenária: passado, presente e futuro das relações Brasil-Estados Unidos*. Brasília: Ed. FUNAG. 2024. p. 249-264.

Pecequilo, Cristina Soreanu e Carmo, Corival Alves do. *O Brasil e a América do Sul*. Rio de Janeiro: Ed. Altabooks. 2015.

Pecequilo, Cristina S. e Marzinotto Jr, Francisco Luiz. "A Geopolítica da Economia Digital e os Estados Unidos: pressões internas e externas sobre a Meta Platforms e o TikTok (2018-2023). Revista de Geopolítica, 14, n. 4, 2923. DOI: 10.29327/2283050.14.4-1

Pereira, Analúcia D. *Relações Exteriores do Brasil III (1964/1990)*. Petrópolis: Ed. Vozes, 2010.

Pereira, Analucia D., & Medeiros, Klei. The Emergence of the Periphery in the World System: From the Bandung Conference to the Buenos Aires Conference (1955-1978). *AUSTRAL: Brazilian Journal of Strategy & International Relations*, 4(7). https://doi.org/10.22456/2238-6912.56965. 2015.

Pereira, Lia Valls. “A “ampla agenda de comércio” Brasil-China: mapeamento das principais questões” in Castro, Ana C., Loureiro, Marcia (orgs). *Brasil e China 50 anos: trajetória e perspectivas*. Brasília : FUNAG, 2024. p. 31-60.

Pinheiro, Leticia.; Lima, Maria Regina. S. de. “Between autonomy and dependency: the place of agency in Brazilian foreign policy”. *Brazilian Political Science Review*. 2018, 12 (3). e0003- 1/22.

Poh, Angela and Li, Mingjiang. “A China in transition: the rhetoric and substance of Chinese foreign policy”. *Asian Security*, 13:2, 2017.

Pré-Sal Petróleo, Regime Fiscal. Disponivel em: https://www.presalpetroleo.gov.br/contratos-de-partilha-eproducao/o-regime-fiscal/. Acesso em 01 de setembro de 2024.

Ramos, Leonardo, Leite, Alexandre and Mendonça, Filipe. “Brazil and the China–US rivalry: There and back again” in Xing, Li, Vadell (ed). *China–US Rivalry and Regional Reordering in Latin America and the Caribbean*. London: Routledge. 2024. p. 172-190.

Rice, C. “Rethinking the national interest”. Foreign Affairs, July/August, 2008. Disponível em: https://www.foreignaffairs.com/united-states/rethinking-national-interest. Acesso em 10 de novembro de 2023.

Rinaldi, A. L. *O Brics nas relações internacionais contemporâneas- alinhamento estratégico e balanceamento de poder global*. Curitiba, PR: Appris, 2021.

Rinaldi, Augusto. L. ; Pecequilo, CRISTINA SOREANU . The Contemporary World Order, BRICS and the R2P+ Principle: the Cases of Brazil and China (2005/2017). *COLOMBIA INTERNACIONAL*, v. 1, p. 3-28, 2021.

Rolf, Steve; Schindler, Seth. “The US–China rivalry and the emergence of state platform capitalism”. Environment and Planning. Economy and Space, 0(0), 2022.

Rocha, Maria Laura da. “Um outro aniversário nos 50 anos: vinte anos de COSBAN” in Castro, Ana C., Loureiro, Marcia (orgs). *Brasil e China 50 anos: trajetória e perspectivas*. Brasília: FUNAG, 2024. p. 21-30.

Rodrigues, Gilberto. M. A. “Brasil: Política exterior y autonomia pragmática em um orden internacional em crisis”. In Sanahuja, José Antonio y Stefanoni (eds). *América Latina en el interregno: política, economía e inserción internacional. Informe Anual 2023-2024*. Fundación Carolina. p. 125-137.

Roett, Riordan.; Paz, G. (ed.). *China's expansion into the Western hemisphere – implications for Latin America and the United States*. Washington: Brookings Institution Press, 2008.

Shangai Cooperation Organization. Disponível em: https://eng.sectsco.org/. Acesso em 20 de maio de 2024.

Sauvy, Alfred. “Trois mondes, une planète”. In: Vingtième Siècle, revue d'histoire, n°12, octobre-décembre 1986. *Dossier: Retour au tiers monde*. pp. 81-83; Disponível em: https://www.persee.fr/doc/xxs_0294-1759_1986_num_12_1_1516. Acesso em 01 de fevereiro de 2024.

Shixue, Jiang. “Relações de investimento entre Brasil e China em direção ao século XXI” in Guimarães, Samuel P. (org) *Brasil e China: Multipolaridade*. Brasília: IPRI, FUNAG, 2003

Silva, André Luis Reis. *Do otimismo liberal à globalização assimétrica*. Curitiba: Ed. Juruá, 2009

Singh, Ajit. 2020. “The Myth of 'Debt-Trap Diplomacy' and Realities of Chinese Development Finance.” *Third World Quarterly* 42 (2): 239–53. DOI:10.1080/01436597.2020.1807318.

Skidmore, Thomas. *Brasil: de Getúlio a Castello (1930-64)*. São Paulo: Ed. Companhia das Letras, 2010.

Smith, Peter H. *Talons of the eagle- dynamics of U.S-Latin American relations*. OUP, NY, 1996.

Søndergaard N, Barros-Platiau AF, Park H. When only China wants to play: Institutional turmoil and Chinese investment in Brazil. Rev bras polít int [Internet]. 2022;65(2):e020. Disponível em: https://doi.org/10.1590/0034-7329202200220. Acesso em 10 de setembro de 2024.

Spektor, M. “The United States and Brazil aligned: opportunities and challenges?” *Cebri: Brazilian Center for International Relations*, February 3, 2020. Acesso em 30 de agosto de 2021. Disponível: https://www.cebri.org/br/doc/45/are-the-united-states-and-brazilaligned- opportunities-and-challenges. Acesso em 10 de setembro de 2024.

Spektor, M. “Strategies of rising Brazil: postmortem review, looking forward.” *Contemporary Politics*, August 14, 2021. DOI: https://doi.org/10.1080/13569775.2021.1961452

Spence, Jonathan. *Em busca da China Moderna*. São Paulo: Companhia das Letras. 1996

Theory China. “Full text of Xi's remarks at Session I of G20 summit in Bali.” Disponível em: https://en.theorychina.org.cn/c/2022-11-16/1454372.shtml. Acesso em 01 de setembro de 2024

The State Council. The People´s Republic of China. Full text: China's Policy Paper on Latin America and the Caribbean (Xinhua). Disponível em: https://english.www.gov.cn/archive/white_paper/2016/11/24/content_281475499069158.htm#:~:text=In%202008%2C%20 the%20Chinese%20government,Latin%20American%20and%20Caribbean%20countries. Acesso em 20 de maio de 2024.

THE STATE COUNCIL. THE PEOPLE´S REPUBLIC OF CHINA. 2-11. "China´s Peaceful Development." Disponível em http://english.www.gov.cn/archive/white_paper/2014/09/09/content_281474986284646.htm. Acesso em 10 de março de 2024.

THE STATE COUNCIL. THE PEOPLE´S REPUBLIC OF CHINA. 2015. Full text: Action plan on the Belt and Road Initiative. Disponível em: http://english.www.gov.cn/archive/publications/2015/03/30/content_281475080249035.htm. Acesso em 10 de março de 2024.

THE TIMES. "Ashtiani freed after 9 years on death row." Disponível em: https://www.thetimes.co.uk/article/ashtiani-freed-after-9-years-on-death-row-5gk8c3nnds7. Acesso em 20 de maio de 2024.

The United States of America. *Remarks by the President Barack Obama to Parliament in London*. Washington, DC, 2011. Accessed on September 17, 2021. Available from: https://obamawhitehouse.archives.gov/the-press-office/2011/05/25/remarks-presidentparliament- london-united-kingdom. Acesso em 17 de setembro de 2024.

The White House. "National Strategy to Secure 5G of the United States of America." 2020. Disponível em: https://www.federalregister.gov/documents/2020/05/28/2020-11398/the-national-strategy-to-secure-5g-implementation-plan#:~:text=The%20Strategy%20is%20focused%20on,development%20and%20deployment%20of%205G. Acesso em 05 de agosto de 20204.

The White House. "Remarks by President Lula and President Luiz Inácio Lula da Silva of Brazil before bilateral meeting." New York. Disponível em: https://www.whitehouse.gov/briefing-room/speeches-remarks/2023/09/20/remarks-by-president-biden-and-president-luiz-inacio-lula-da-silva-of-brazil-before-bilateral-meeting-new-york-ny/. Acesso em 10 de outubro de 2023.

The White House. National Security Strategy. October 2022. Disponível em: https://www.whitehouse.gov/wp-content/uploads/2022/10/Biden-Harris-Administrations-National-Security-Strategy-10.2022.pdf. Acesso em 10 de agosto de 2023.

Thomaz, Lais F., Vigevani. Tullo, Ferreira, Elisa C. "A política subordinada de Bolsonaro a Trump (2019-2020): Estudos de casos Embraer, Alcântara, RDT&E e Vistos." *Sul Global*. 2 (2): 199-231 [2021].

Trump White House. *National Security Strategy, 2017*. Washington. Disponível em: https://trumpwhitehouse.archives.gov/wp-content/uploads/2017/12/NSS-Final-12-18-2017-0905.pdf. Acesso em 29 de setembro de 2024.

UNCTAD. Digital Economy Report 2019: Value Creation and Capture: Implications for Developing Countries. United Nations, 2019.

UNFPA Brasil. "Objetivos do Desenvolvimento do Milênio." Disponível em: https://brazil.unfpa.org/pt-br/objetivos-de-desenvolvimento-do-milenio. Acesso em 13 de maio de 2024.

US Department of Defense. Combatant Commands. Disponível em: https://www.defense.gov/About/Combatant-Commands/. Acesso em 20 maio de 2024.

Vadell, Javier. El foro China-CELAC y el nuevo regionalismo para un mundo multipolar: desafíos para la Cooperación Sur-Sur. *Carta Internacional*, v. 13, n.1, p. 6-37. 2018. Disponível em: <https://www.cartainternacional.abri.org.br/Carta/article/view/733/372>. Acesso em: julho de 2018.

Valim, Alexandre B. e Mauad, Ana M. *New perspectives on the Good Neighbour Policy*. Londres: Galleys. 2023.

Ventura, D. F. L., and F. T. C. Bueno. "De líder a paria de la salud global: Brasil como laboratorio del 'Neoliberalismo Epidemiológico' ante la Covid-19. *Foro Internacional* 61, no. 2 (2021): 427-67. DOI: https://doi.org/10.24201/fi.v61i2.2835

Vigevani, Tullo e Cepaluni, Gabriel. "A política externa de Lula da Silva: a autonomia pela diversificação". *Contexto Internacional*, 29 (2), 2007.

Vigevani, Tullo, Mendonça, Filipe, Lima, Thiago. *Poder e comércio: A política comercial dos Estados Unidos*. São Paulo: Ed. Unesp. 2018.

Visentini, Paulo Fagundes. *A projeção internacional do Brasil: 1930 a 2012*. Rio de Janeiro: Elsevier, 2013.

Visentini, Paulo Fagundes. *O regime militar e a projeção mundial do Brasil- Autonomia nacional, desenvolvimento econômico e potência média*. 1 ed. São Paulo: Ed. Almedina, 2020. v.1, 344p .

Visentini, Paulo Fagundes. BRICS+: uma sigla, envolta em fantasias. Análise de Conjuntura NERINT. Disponível em: https://www.ufrgs.br/nerint/brics-uma-sigla-envolta-em-fantasias/. 2023a. Acesso em 20 de dezembro de 2023.

Visentini, Paulo Fagundes. "As Novas Clivagens do Sistema Mundial- crise sistêmica e alianças fluídas." Revista da Escola Superior de Guerra. v. 38 n. 84 (2023): DOI: https://doi.org/10.47240/revistadaesg.v38i84.1333. 2023b.

Wallerstein, Immanuel. *The World System Analysis- An Introduction.* Washington: Johns Hopkins.

Walt, Stephen. *Taming American power*. New York: W.W Norton & Company. 2006.

Weber, Isabella M. *Como a China escapou da terapia de choque*. São Paulo: Boitempo. 2023

WTO |Brazil-Member information. Disponível em: http://www.wto.org/english/thewto_e/countries_e/brazil_e.htm#disputes e https://www.wto.org/english/tratop_e/dispu_e/dispu_e.htm. Acesso em 09 maio de 2024.

Xing, Li, Vadell (ed). *China–US Rivalry and Regional Reordering in Latin America and the Caribbean.* London: Routledge. 2024.

Zakaria, Fareed. *The post American world.* NY: WW Norton, 2008.

Zhu, Zhiqun. China´s New Diplomacy. Farham: Ashgate: 2013.

Yee, Herbert S. "The Three World Theory and Post-Mao China's Global Strategy." International Affairs (Royal Institute of International Affairs 1944-), Vol. 59, No.2 (Spring, 1983), pp. 239-249. Stable URL: http://www.jstor.org/stable/2619937

Yergin, Daniel. "The global impact of US Shale" 2024. Disponível em: https://www.project-syndicate.org/magazine/daniel-yergin-traces-the-effects-of-america-s-shale-energy-revolution-on-the-balance-of-global-economic-and-political-power. Acesso em 28 de setembro de 2024.